电子商务服务设计与管理

左文明 著

科学出版社
北京

内 容 简 介

电子商务的蓬勃发展赋予了服务科学研究许多新的问题。本书尝试以B2C 电子商务为研究对象，对服务质量评价指标体系、从用户体验角度提高满意度、服务质量管理、服务流程设计、服务过程能力、基于流程的服务质量管理、基于网络口碑的服务质量管理、顾客累积满意度动态变化模型、基于前景理论构建网络消费者决策模型、服务证据等方面进行了较全面深入的研究。书中引用了一系列相关的研究方法与电子商务服务领域方面的研究，对其他服务或管理领域的研究与实践亦具有重要的参考价值。

本书可供从事电子商务与服务科学领域研究的学者与研究人员、电子商务和服务领域运营的实践从业人员阅读参考。对于相关专业的研究生和高年级本科生亦可作为学习的参考书。

图书在版编目(CIP)数据

电子商务服务设计与管理 / 左文明著. —北京：科学出版社，2017.2

ISBN 978-7-03-051649-7

I. ①电… II. ①左… Ⅲ. ①电子商务-商业服务-研究 ②电子商务-商业管理-研究 Ⅳ. ①F713.36

中国版本图书馆 CIP 数据核字(2017)第 017228 号

责任编辑：方小丽 李 莉 王景坤 / 责任校对：李 影
责任印制：张 伟 / 封面设计：无极书装

科 学 出 版 社 出版
北京东黄城根北街 16 号
邮政编码：100717
http://www.sciencep.com

北京虎彩文化传播有限公司 印刷

科学出版社发行 各地新华书店经销

*

2017 年 2 月第 一 版 开本：720×1000 B5
2022 年 1 月第五次印刷 印张：10 3/4
字数：220 000

定价：62.00 元

前　　言

有关服务的研究已经历了近半个世纪，但是在互联网环境下，服务问题被赋予了新的含义。由于电子商务的基础是消费者，因此基于互联网围绕消费者的服务问题成为各电子商务平台或企业关注的重要内容。

本书以基本的电子商务模式之一，即企业对客户（business to customer，B2C）模式为研究对象，从服务角度进行一系列的研究。最初从服务质量评价指标体系入手，接着开始持续深入的研究，包括从用户体验角度提高满意度、服务质量管理、服务流程设计、服务过程能力、基于流程的服务质量管理、服务证据及基于网络口碑的服务质量管理等。

首先，在明确服务质量含义的基础上，对 B2C 电子商务服务质量的相关研究进行详细回顾与总结，指出当前研究存在的不足，明确 B2C 电子商务服务质量研究的方向，即结合服务质量的含义与 B2C 电子商务的特性进行分析，并确定围绕电子商务服务的研究框架。以经典的服务质量模型 SERVQUAL 为基础，结合 B2C 电子商务的特性、服务过程、服务质量特征等因素，设计初步的 B2C 电子商务服务质量评价指标体系。对收集的调查问卷数据进行整理，并进行因子分析、信度与效度检验等分析，建立了 B2C 电子商务服务质量评价体系与模型。

其次，基于“服务即流程”的观点，应用服务蓝图法，详细分析 B2C 电子商务服务流程。将 B2C 电子商务服务分为决策、通达、交易、支付、物流和售后服务等 6 个子服务。针对各子服务，应用服务蓝图法进一步深入分析电子商务各子服务流程。

结合人因工程与用户体验理论，研究基于人因角度的商务网站用户体验。通过问卷调查收集用户体验数据，对商务网站从品牌、页面设计、流程设计和功能设计等方面总结和分析出有利于提高用户满意度的要素。基于量化的用户体验要素，以新蛋和凡客诚品作为 B2C 电子商务网站的代表进行全面的对比分析，验证基于人因工程的商务网站用户体验的客户满意度评价标准，并以南周商城为实际案例，分析提高用户体验的优化方案。

以电子商务服务流程为基础，应用人因工程理论，改进质量管理工具 QFD，建立基于人因工程的 B2C 电子商务服务质量管理框架。应用此框架，定性输入模糊的 B2C 电子商务服务质量需求，并筛选得到可信的服务质量需求，通过质量屋映射确定服务质量特性，定量输出 B2C 电子商务服务质量设计指标及其重要度。

由于面向工业生产的过程能力指数不适合服务行业度量其服务能力，研究服务能力指数，从整体上把握电子商务的服务现状。以美国 B2C 企业服务绩效作为参考系，改进已有服务能力指数公式，提出适合我国 B2C 电子商务行业的服务能力指数模型。基于电子商务服务的子流程，通过调查收集数据，验证模型对计算电子商务服务能力指数的有效性。基于计算得到的电子商务子流程服务能力指数值，分析国内电子商务服务的现状和不足。

以电子商务服务流程为依据，基于网络口碑研究电子商务服务质量提升策略。在确定 B2C 电子商务服务流程的基础上，对获取的网络口碑按各个子服务进行归类，构建 B2C 企业的网络口碑分类模型。以当当网为例，通过新浪微博平台获取与其服务相关的微博网络口碑数据，应用支持向量机和朴素贝叶斯分别构建分类器，实验结果表示采用支持向量机建立的分类器分类效果相对较好。利用情感分析工具确定各子服务中的负面网络口碑，发现物流与售后服务的负面口碑数量远高于其他四个子服务，并利用词频分析、共词分析等数据挖掘技术找出这两个子服务中存在的质量问题。最后，借助服务蓝图为当当网提升服务质量提供针对性的建议与对策。

研究单次多阶段服务情境下顾客累积满意度的动态变化模型。将单次服务按流程拆分，通过质量功能展开将顾客需求映射为不同服务特性并确定权重。考虑顾客的双重期望，建立分段函数讨论顾客感知参照不同期望值对顾客满意度的影响，进而构建结合顾客需求和双重期望、反映顾客累积满意度动态变化的测量模型。最后将模型应用于 B2C 电子商务，优化得到最佳的资源配置方案。结果表明，基于当前的 B2C 电子商务服务流程，改善物流环节的服务质量对提升顾客满意度有显著作用。同时，在资源有限的环境下，企业可以运用服务补救悖论在顾客需求分散的环节制造轻微的失误，而在顾客需求集中的环节进行高质量的补救，从而大幅提升顾客的整体满意度。

研究基于前景理论的网络消费者多属性行为决策模型。以 B2C 电子商务为研究对象，结合前景理论与模糊多属性决策，分析网络消费者复杂的行为决策过程及其影响因素。针对电子商务服务子流程分别建立改进的价值函数、权重函数和前景函数，同时定义多属性决策问题，通过构建针对网络口碑的服务流程分类器和挖掘网络口碑数据以量化行为决策模型，最后以京东等为例实现算例分析。结果表明，与基于期望效用理论构建的决策行为模型相比较，本书构建的基于前景理论的行为决策模型更能反映现实情况，并由此形成电子商务服务质量管理的实践启示。

最后，在明确服务概念的基础上，对服务证据进行深入分析。服务过程中的服务证据用于使顾客感受到服务存在且产生对服务质量的感知。因此进一步深入分析服务证据的含义，并从服务设计、服务质量管理、服务证据管理等方面全面综述与分析服务证据的相关研究，进而结合 B2C 电子商务服务流程的特点，分析新型服务情境下服务证据的特点，为电子商务服务质量管理提供了新的研究视角。

本书尝试深入地研究B2C电子商务服务设计与服务管理的相关内容，它是电子商务服务研究领域的重要组成部分。本书的研究和出版得到了相关项目的支持，在此感谢国家自然科学基金重大资助项目（编号：71090403/71090400）、国家自然科学基金国际（地区）合作与交流项目（编号：71420107024）、中央高校基本科研业务费项目（编号：2014HQPY04）、广东省哲学社会科学“十二五”规划项目（编号：GD15CGL17）等对本书的大力支持。

本书是由近年来笔者与所在课题组成员一起完成的相关研究成果汇编整理而成的。感谢笔者所在课题组的教师和研究生们多年来的辛勤工作和无私奉献，特别是近年来的几位学生，包括杨文富、殷瑛、黄秋萍、樊偿、张镇鹏、黄静云、王旭、莫小华、陈华琼、陈少杰等，他们坚持艰苦工作，与笔者共同为电子商务的相关研究作出努力，感谢他们！

由于笔者学识有限，眼界不够开阔，书中肯定存在诸多不足之处，恳请读者批评指正。

左文明

2016年1月完稿于华南理工大学

2016年3月定稿于英国杜伦大学

目　录

第 1 章　绪论 ………… 1

1.1　B2C 电子商务的发展现状 ………… 1

1.2　研究现状及关键问题 ………… 2

1.3　研究内容 ………… 4

1.4　章节安排 ………… 5

第 2 章　电子商务服务质量概述 ………… 7

2.1　服务与服务质量 ………… 7

2.2　服务质量评价 ………… 8

2.3　服务质量研究述评 ………… 13

2.4　本章小结 ………… 15

第 3 章　B2C 电子商务服务质量评价体系与模型 ………… 16

3.1　电子商务服务质量 ………… 16

3.2　调查设计和研究方法 ………… 17

3.3　实证分析 ………… 19

3.4　本章小结 ………… 22

第 4 章　B2C 电子商务服务流程设计 ………… 23

4.1　服务流程研究概述 ………… 23

4.2　服务流程与服务蓝图 ………… 24

4.3　B2C 电子商务服务流程分析 ………… 26

4.4　本章小结 ………… 35

第 5 章　基于人因角度的服务流程设计 ………… 36

5.1　用户体验研究概述 ………… 36

5.2　人因工程与用户体验理论 ………… 38

5.3　调查与结果分析 ………… 39

5.4　调查结果验证与结论 ………… 41

5.5　南周商城的网站用户体验方案 ………… 44

5.6　本章小结 ………… 47

第 6 章　基于人因工程的 B2C 电子商务服务质量管理 ………… 48

6.1　结合人因工程的服务质量 ………… 49

6.2　QFD 与 Kano 模型……50
6.3　应用于 B2C 电子商务服务质量管理的 QFD……53
6.4　应用改进的 QFD 研究 B2C 电子商务服务质量……57
6.5　本章小结……65
第 7 章　电子商务服务过程能力指数……67
7.1　过程能力指数……67
7.2　服务能力指数……69
7.3　B2C 电子商务服务能力……72
7.4　本章小结……77
第 8 章　基于网络口碑的服务质量管理……79
8.1　网络口碑……79
8.2　基于网络口碑的服务质量问题挖掘方法……82
8.3　基于网络口碑的 B2C 企业服务质量问题挖掘……85
8.4　基于网络口碑的服务质量管理策略……94
8.5　本章小结……101
第 9 章　顾客累积满意度动态变化的测量模型……103
9.1　服务的顾客满意度……103
9.2　单次服务多阶段下累积满意度模型……107
9.3　模型的应用：B2C 电子商务服务情境下的资源规划……110
9.4　本章小结……115
第 10 章　基于前景理论的 B2C 消费者行为决策模型……116
10.1　理论基础……116
10.2　基于前景理论的模型构建……120
10.3　基于网络口碑的决策模型确立……125
10.4　B2C 消费者行为决策模型算例分析……128
10.5　本章小结……136
第 11 章　电子商务服务证据……137
11.1　服务与服务证据……137
11.2　服务证据与服务设计……139
11.3　服务证据与服务质量……141
11.4　服务证据的管理……144
11.5　服务证据与电子商务……146
11.6　本章小结……149
参考文献……151

第1章　绪　　论

1.1　B2C 电子商务的发展现状

电子商务是信息化环境下的新型经济活动。发展电子商务是应对经济全球化挑战、促进信息化与工业化融合、转变经济发展方式的必然选择，是加快现代服务业发展、增强中心地区集聚辐射能力和综合服务功能的战略举措。如今电子商务能力不仅是企业竞争力的重要表现形式，更关乎国家综合竞争能力。发达国家其电子商务的发展处于领先位置，电子商务交易规模和应用水平等均大幅度领先于发展中国家。其中，美国、日本、韩国、欧洲等国家和地区的电子商务发展水平最高，且纷纷把电子商务作为牵引新经济发展的战略制高点。例如，美国拥有全世界 3/4 以上的互联网资源，多年来网上交易额始终占 B2B 全球交易额的 50%以上；欧洲有约 50%的企业进行网上采购，约 17%的企业实现在线销售商品和服务。

随着社会的发展，第三产业尤其是服务业在国民经济中所占的比重越来越高。近年来，中国的服务业发展迅速，加上互联网用户规模日渐增大，电子商务作为一种新的服务行业，处于蓬勃发展阶段。2016 年 1 月，中国互联网络信息中心（CNNIC）在京发布《第 37 次中国互联网络发展状况统计报告》。报告显示，截至 2015 年 12 月，中国网民规模达 6.88 亿人，互联网普及率为 50.3%。手机网民规模达 6.2 亿人，网民中使用手机上网人群占比由 2014 年的 85.8%提升至 90.1%。而国内知名电子商务研究机构中国电子商务研究中心发布的《2015 年（上）中国电子商务市场数据监测报告》显示，2015 年上半年，中国电子商务交易额达 7.63 万亿元，同比增长 30.4%。其中，B2B 交易额达 5.8 万亿元，同比增长 28.8%。网络零售市场交易规模达 1.61 万亿元，同比增长 48.7%。

B2C 电子商务增长迅速，并逐渐成为网购市场的主流。易观智库 EnfoDesk 发布的《中国网上零售 B2C 市场季度监测报告 2015 年第 3 季度》显示，2015 年第 3 季度，中国网上零售 B2C 市场交易规模为 5036 亿元人民币，同比增长 49.7%。同时，B2C 市场的竞争也最为激烈。中国电子商务研究中心的《2015 年（上）中国网络零售市场数据监测报告》显示，2015 年上半年，中国 B2C 网络零售市场上，天猫排名第一，占 57.7%的市场份额；京东名列第二，占 25.1%的市场份额；苏宁易购位于第三，占 3.4%的市场份额。位于第 4～10 名的电商依次为：唯品会、国美在线、1 号店、当当、亚马逊中国、聚美优品、易迅网。其中，大部分B2C 网站获得了资金的支持，如易讯网被腾讯收购、京东获得第六轮价值 4 亿美元的融资、凡客诚品获得沃尔玛注资等。可以看出，其他电商企业追赶天猫商城的步伐在不断加快，竞争十分激烈。

艾瑞咨询曾在《2011～2012 年中国网络购物行业年度监测报告》指出，我国B2C 电子商务发展主要存在几个特点：①政府对电子商务行业的重视程度进一步提高；②资本市场助推电商行业发展，未来更趋审慎；③网络购物行业发展势头强劲；④传统企业加速涉网并发力电商；⑤网络购物行业的创新模式不断涌现。在其后相继发布的《2012～2013 年中国网络购物年度监测报告》、《2014 年中国网络购物行业年度监测报告》和《2015 年中国网络购物行业年度监测报告》指出，网络购物行业继续保持高速发展势头；网络购物交易规模在社会消费品零售总额中的占比持续提升；行业内竞争更为激烈，核心网络购物企业发起数轮价格战和促销；随着网络购物意识的逐渐成熟及网络购物行为的日趋理性，产品品质及服务水平成为影响网络购物用户购买决策的重要因素。

尽管国内 B2C 电子商务发展迅速，但网上零售业还不成熟，还没有出现大规模盈利的企业。B2C 电子商务企业面临着物流、信息化、信任、服务质量等问题，而其中服务是最重要的问题。在个人信息化水平不断提高的时代，同质化竞争日趋激烈，如何提高 B2C 电子商务服务水平是重要的研究课题。

1.2　研究现状及关键问题

电子商务是重要的现代服务业分支。目前关于电子商务服务质量的研究正成为热点问题，而针对电子商务的研究是由对传统服务的研究发展而来的，因而成为服务研究史上的重要阶段。Moussa 和 Touzani（2010）、Chase 和 Apte（2007）、Ng 等（2011）曾分别对服务研究的历史进行分析，其中 Moussa 和 Touzani（2010）的总结最为全面。他们将服务研究分为三个阶段：

第一阶段为 1999 年前，被喻为人类起源阶段中的“从诞生到直立行走”。服务研究的初次出现可以追溯到 20 世纪 60 年代，且在 80 年代到 90 年代出现大量重要的理论成果。许多重要的服务问题，如服务质量、服务设计等在 1999 年前就已得到研究，而且成果影响深远。

第二阶段为 2000～2003 年，被称为回顾与发展时期。此阶段社会生活极大丰富，涌现了很多新鲜事物。传统的服务理论需要结合新时期的发展特点进行扩充研究。

第三阶段为 2004 年至今，是服务研究飞速发展的阶段。各方面的成果不断涌现，从而推进服务的研究上升为一种科学的研究（service science）。

在第一阶段中，主要有三个研究的热点。第一个热点是关于服务的定义，其研究最早追溯到 Adam Smith，随后里根（1963 年）、裘德（1964 年）、白瑟姆（1973 年）、布洛斯（1974 年）、斯坦顿（1974 年）、莱蒂宁（1983 年）、科特勒（1984 年）、谷姆森（1987 年）、格罗鲁斯（1990 年、2000 年）、韦福祥（2005 年）等学者也都分别对服务进行了定义。随着研究的深入，服务的定义日渐明确。第二个热点是从 20 世纪 70 年代开始对服务质量的研究。学者们试图从不同角度对服务质量进行解释。影响最为深远的是 1988 年 Parasuraman、Zeithaml 和 Berry（PZB）提出 SERVQUAL，该工具被广泛应用于不同行业的服务质量评测。第三个热点是服务流程的设计，Shostack（1982 年、1984 年、1987 年、1992 年）提出服务蓝图法，用于对服务流程的详细设计，随后 Berry 和 Parasuraman（2004）、Bitner（1993）、Piccoli 等（2001）在此基础上进行了深入的研究。除此之外，还有诸如服务价值链、服务补救、服务保证等的研究。

在第二阶段中，世界正处于信息技术飞速发展的浪潮中，而服务的研究开始注重与信息技术相结合，出现对电子服务的研究（Rust and Lemon，2001；Rust and Kannan，2002）。学术界针对电子服务的特点，一方面回顾传统服务理论，另一方面希望能做到推陈出新。例如，电子商务作为新兴服务行业，其服务质量的研究逐渐成为新的热点。关于电子商务的服务质量研究，存在 Barnes 和 Vidgen（2001，2002）的 WebQual 模型，H. W. Webb 和 L. A. Webb（2004）提出的 SiteQual 模型等，这些对电子商务服务质量的评价研究都提供了有价值的方法模型。

第二阶段中另外一个研究热点是顾客管理的研究。其中，人因工程学是一门重要的工程技术学科，已被广泛应用于制造、产品设计和人机交互过程中的产品和过程提升。按照 PZB 的观点，服务质量就是一种感知质量，被认为是消费者的感知与期望之差。因此电子商务服务质量也应从提高客户满意度出发，Milner 和 Wheeler（2001）提出将人因与系统工程整合，并且说明了三个原则：人是系统的组成部分；应理解系统将运作的商业环境；人因应与系统工程产品和过程进行整合。Miles 等（2000）介绍，www.hcibib.org 收集了有关人因的参考资料，usableweb.com 提供了关于人因资源的门户网站，world.std.com 则提供了聚焦于 web 的人因资源，如人因接口工程。

服务研究的第三阶段即从 2004 年开始至今，服务科学作为一门学科出现。服务主导逻辑（service-dominant logic）（Vargo and Lusch，2004）取代商品主导逻辑已经被广泛认可，电子商务服务管理与服务设计成为研究的重点和难点。曾提出经典服务质量评价工具 SERVQUAL 的 Parasuraman、Zeithaml 在 2005 年与 Malhotra 共同提出电子服务质量模型基本测度工具 E-S–QUAL 和测度售后服务质量的标准 E-RecS-QUAL。Ostrom 等（2015）指出，服务传递和体验的情境发生了根本性的变化，技术尤其是信息技术的快速发展导致各种变革性服务的快速扩散。促进服务创新、促进服务化和服务注入、理解与有效服务相关的组织与员工的问题、开发服务网络与系统、运用服务设计、利用大数据推进服务、理解价值创造、加强服务体验、通过变革性服务提升生活水平、度量和优化服务绩效与影响、理解全球化的服务和运用技术推进服务等是快速变化情境下服务研究的前沿问题（Ostrom et al.，2015）。

就电子商务服务管理而言，依旧存在许多问题，有待深入研究。根据上述对服务研究的综述，可以总结出电子商务服务设计与服务管理研究的关键问题：

（1）现阶段始终没有形成一个经典的标准工具用于服务质量的评价，尤其是电子商务服务质量的评价，而且现存的各种方法或工具都存在着一定的缺陷，无法有效地对电子商务服务质量进行评价。

（2）尽管 Parasuraman 等于 2005 年提出应用于电子商务的服务质量模型 E-S-QUAL，其他学者也提出了一些方法或工具，但这些模型或工具都是定性基础的评价工具。尚未出现从客户角度出发，全面科学地组织服务流程的量化性研究。因此，如何将电子商务的服务质量落实到具体且可操作的量化指标是重要的研究课题。

（3）目前尚未见到全面整合人因工程的电子商务服务质量或服务流程的研究。有关人因工程的资源只提供了通用的人因设施或参考资料，有些专用于信息检索，但几乎没有为电子商务的客户和销售者阐述基于人因的设计事项。另外，如何将人因工程与电子商务的服务质量实施全面结合，从目前可见文献中尚未见到相关系统论述。

（4）如何分析电子商务服务流程更为合理？有些学者提出服务设计的方法，包括服务蓝图、服务原型、服务仿真模型等（Ostrom et al.，2010）。但在电子商务服务过程中如何应用这些工具或方法，或者是否存在其他更为合适的设计工具，仍需探讨。

（5）社交网络发展迅速，而电子商务的蓬勃发展与社交网络之间亦存在着密切的联系。社交网络，如微博、论坛、博客等传播了许多有价值的信息，包括网络口碑等。如何利用网络口碑以发现和定位服务问题，进而研究针对性的解决方案是电子商务服务管理的重要课题。

1.3 研究内容

有关电子商务服务设计与管理的研究内容，主要分为五个部分。

（1）B2C 电子商务服务质量的研究。虽然 Parasuraman 等（2005）提出电子服务质量模型 E-S-QUAL，但是电子商务服务质量研究依旧存在很多问题。在对电子商务服务质量概述的基础上，结合考虑B2C商务网站的特点与性质，构建评价B2C电子商务服务质量的多层次指标体系，进而建立相应的综合评价模型，以期丰富国内B2C电子商务服务质量评价的理论，对国内B2C商务网站开展完善的服务起到积极的指导作用。

（2）B2C电子商务服务流程的研究。服务可以被视为由一系列或多或少具有无形特性的活动而构成的过程，因此，基于研究提出的B2C商务网站服务质量评价模型，对B2C电子商务服务过程进行研究。通过对B2C电子商务进行流程的细分，并针对每个子流程进行研究，为企业开展B2C电子商务提供指导意见。另外，结合流程的研究，对服务过程能力进行定量的研究，以电子商务发达国家作为参考，尝试推导出适用于我国B2C电子商务服务过程能力的评价公式，为我国B2C电子商务企业服务流程设计提供评价工具。

（3）基于人因工程的B2C电子商务服务质量研究。将人因工程与电子商务服务质量进行有机结合，尝试提出全面系统地组织B2C电子商务服务流程的优化模型并应用于实践中，为企业更好地开展电子商务服务提供指导。提出应用人因工程和计算智能方法于电子商务服务质量管理，为企业管理研究提供新的方法与技术，这对于进一步发展企业管理学科具有重要的理论参考价值。

（4）基于服务流程的服务质量管理。基于工业生产的服务过程能力指数不适应服务行业，因此构造一个新的服务能力指数模型来把握电子商务行业的服务现状，指出各电子商务服务流程存在的不足，进而从微观层面来研究电子商务企业的服务质量管理。随着互联网技术的应用发展，越来越多的消费者将自己的评论发表于互联网上，口碑也就突破了传统的口头传播的形式，成为影响力更大的网络口碑。研究如何利用网络口碑来定位服务质量问题所在的服务流程，进而运用服务蓝图来分析如何提高服务质量。另外基于电子商务服务的特性，研究单次多阶段服务情境下的顾客累积满意度模型，构建基于前景理论的消费者行为决策模型，并将模型应用于电子商务服务质量管理。

（5）服务证据与B2C电子商务服务证据。服务证据是指服务过程中保证服务进行的、对顾客服务感知有影响的有形实体。在B2C电子商务环境下，服务证据相比传统的服务证据有很大的不同。本书主要从服务设计、质量评价、证据管理、消费者体验四个方面对服务证据的相关研究进行回顾与综述，并研究B2C电子商务环境下的服务证据的具体表现，以及其如何影响服务质量，从而为企业进行B2C电子商务服务流程设计提供参考。

1.4 章节安排

本书围绕电子商务服务进行深入、详尽的研究，具体内容分为11章，包括绪论、电子商务服务质量概述、B2C 电子商务服务质量评价体系与模型、B2C 电子商务服务流程设计、基于人因角度的服务流程设计、基于人因工程的 B2C 电子商务服务质量管理、电子商务服务过程能力指数、基于网络口碑的服务质量管理、顾客累积满意度动态变化的测量模型、基于前景理论的 B2C 消费者行为决策模型和电子商务服务证据等。

本书也可简单分为以下几个部分。

本书第一部分主要研究电子商务服务质量的问题。第 2 章首先对电子商务服务质量的研究进行概述，主要介绍服务质量内涵、服务质量研究过程中的经典服务质量评价方法，以及在电子商务环境下服务质量评价的新内容、新方法。随后在第 3 章中，通过参考相关研究文献，结合考虑 B2C 商务网站的管理过程、特点等因素，构建评价 B2C 商务网站服务质量的多层次指标体系，并利用因子分析对指标体系进行定量分析，建立相应的综合评价模型，以期能丰富国内 B2C 商务网站服务质量评价理论，对国内 B2C 商务网站开展完善的服务提供实践参考。

第二部分主要研究了当前服务研究的热点——服务流程的设计。在第 4 章中，采纳“服务即流程”的观点，并应用服务蓝图法，详细描绘分析 B2C 电子商务服务总流程。在此基础上，根据相关理论与统计资料，进一步应用服务蓝图法，对电子商务服务过程中的各子服务流程进行详细的分析。

第三部分结合人因工程理论对电子商务的服务进行详细研究。在第 5 章中，结合人因工程与用户体验理论，研究基于人因角度的商务网站用户体验。验证基于人因工程的商务网站用户体验的用户满意度评价标准，从页面设计、流程设计和功能设计等方面分析提出用户体验优化方案。第 6 章从质量管理角度研究 B2C 电子商务服务，应用人因工程理论，改进质量管理工具 QFD，建立基于人因工程的 B2C 电子商务服务质量管理框架。应用此创新的框架，得到 B2C 电子商务服务质量特性设计指标体系。

第四部分是以电子商务服务流程为基础，从宏观和微观两个层面来研究电子商务的服务设计与管理。在第 7 章中，针对 B2C 电子商务服务流程，借鉴工业界广泛应用的生产能力指数，推导出用于评价 B2C 电子商务服务过程能力的服务过程能力指数。第 8 章阐述日趋流行的社会化电子商务服务，研究社会网络中的网络口碑对 B2C 电子商务服务质量的影响，并指出如何利用网络口碑进行有效的服务管理。第 9 章研究如何构建顾客累积满意度模型，并将模型应用于电子商务服务质量管理。第 10 章研究基于前景理论的 B2C 消费者行为决策模型，从理解消费者决策过程的角度把握电子商务的服务管理。

第五部分即最后一章全面深入地综合有关服务证据的研究，研究分析 B2C 电子商务服务过程中的服务证据。

第 2 章　电子商务服务质量概述

从 20 世纪 70 年代开始，对服务质量的研究始终是一个很热门的话题，学者们试图从不同角度对服务质量进行解释。韦福祥（2005）在其《服务质量评价与管理》一书中对从 1972 年利维（Levitt）提出的“服务质量是指服务结果能符合所设定的维度”，到 2000 年格罗鲁斯（Gronroos）提出的良好服务质量评价的 7 个维度的相关观点或理论，进行总结与列表，其中列出 29 位学者独立或合作提出的共 25 个相关的观点或看法。

由于电子商务的兴起与发展，对于电子商务这一新兴行业的服务质量评价成为新的研究热点。为研究 B2C 电子商务服务质量模型，本章先对相关研究进行回顾与综述：从服务与服务质量的概念出发，介绍服务质量涉及的内容，之后详细地介绍电子商务服务质量相关的研究，最后对目前相关的研究进行总结。

2.1　服务与服务质量

对服务的界定是从 Adam Smith 开始，马克思、西尔等经济学家都对服务的内容作出过自己的解释。1960 年美国市场营销学会提出的定义是：服务是伴随货物销售一并提供给顾客的利益、满足及其他活动。里根、裘德、白瑟姆、布洛斯、斯坦顿、莱蒂宁、科特勒、谷姆森、格罗鲁斯、韦福祥等学者也分别对服务进行了定义。

牛津词典中对于服务（service）的解释是“sth. done to help or benefit another or others”或“benefit，use，advantage”，其含义是为其他人提供帮助或利益，简短的解释就是利益、用处和好处。韦福祥（2005）总结为：服务（service）是一种活动（activity）、过程（process），它是一个行为主体（服务提供者）为另一个行为主体（服务对象）提供利益的活动。

总结有关服务的观点，可以将其简述为：服务是服务提供者为服务对象提供利益的活动。它应该由三方组成：主体（服务提供者）、客体（服务对象）以及服务内容即利益。因此对于服务的理解不应该舍弃这三个要素中的任何一个。

在明确服务概念的基础上，如何理解服务质量呢？按照 PZB 的观点，服务质量就是一种感知质量（Parasuraman et al.，1988）。感知质量是消费者对于一个实体的整体优越性（excellence）或优秀性（superiority）的判断，不同于客观质量。它是一种看法（attitude），与满意度（satisfaction）相关但不等同于满意度，其结果取自消费者对于性能的期望与感知之差。

感知服务质量被认为是消费者的感知与期望相差的程度与方向，用公式表示为：

$$Q = P - E \tag{2-1}$$

式中，P 和 E 分别是感知值与期望值。

尽管格罗鲁斯、服务管理研究组合 PZB、鲁斯特、约翰逊等著名学者对感知服务质量提出了各自的观点，但总体上服务质量应具有几个特性（韦福祥，2005）：

（1）服务质量是一种主观质量：它与可以用客观标准度量的有形产品质量有明显不同。

（2）服务质量是一种互动质量：服务具有生产与消费的同时性，服务质量是在服务提供者与顾客互动的过程中形成的。

（3）过程质量在服务质量构成中占极其重要的地位：由于服务质量是一种互动质量，因此服务过程在服务质量形成过程中起着异常重要的作用。过程质量是服务质量构成中极其重要的组成部分，但同时不能忽视结果质量。

2.2　服务质量评价

在明确服务和服务质量的概念后，对于各行业、企业的服务质量评价成为诸多学者关心的研究课题。本部分将对服务质量以及 B2C 商务网站服务质量涉及的评价工具进行回顾与介绍，其中包括由 PZB 提出的应用于离线服务质量评价的经典工具 SERVQUAL，以及 2005 年 Parasuraman 等提出的应用于电子服务质量的工具 E-S-QUAL。

2.2.1　SERVQUAL

对感知服务质量维度研究最具代表性的工作是由 PZB 完成的。1988 年 PZB 提出 SERVQUAL 模型，将服务质量的内涵分为 5 个维度：有形性、可靠性、响应性、保证性和移情性，从 22 个方面将客户的期望与感知之差定义为服务质量评价值（表 2-1）。PZB 将 SERVQUAL 方法应用于银行、信用卡、维修与养护公司以及长途电话公司等的服务质量评价。

自 PZB 组合提出 SERVQUAL 测度工具以后，绝大多数学者在进行服务质量管理和评价时，基本上都采用这 5 个维度。但学者们对测度采用的项目或多或少地作出一些修改以适应不同行业服务质量测评的需要（Zeithaml et al.，2002）。

表 2-1　SERVQUAL 量表

维度	组成项目
有形性	1．有现代化的服务设施 2．物质设施应在视觉上具有吸引力 3．员工们衣着整齐 4．公司的物质设施与他们所提供的服务类型相匹配
可靠性	1．公司向顾客承诺的事情都能及时地完成 2．顾客遇到困难时，能表现出关心并提供可靠帮助 3．公司是可信赖的 4．能准时地提供所承诺的服务 5．正确记录相关的服务
响应性	1．不能指望他们告诉顾客提供服务的准确时间* 2．期望他们提供及时的服务是不现实的* 3．员工并不总是愿意帮助顾客* 4．员工因为太忙以至于无法立即提供服务，满足顾客的需求*
保证性	1．员工是值得信赖的 2．与公司员工从事交易时顾客会感到放心 3．员工是有礼貌的 4．员工可从公司得到足够的支持，以提供更好的服务
移情性	1．公司不会针对不同的顾客提供个别的服务* 2．员工不会给予顾客个别的关怀* 3．不能期望员工了解顾客的需求* 4．公司没有优先考虑顾客的利益* 5．公司提供的服务时间不能符合所有顾客的需求*

注：问卷采用 7 分制，7 表示完全同意此项，1 表示完全不同意此项，中间分数表示介乎其中的程度；*表示这些问题的评分是反向的，在数据分析前应转为正向得分

资料来源：Parasuraman 等（1988），引自《服务质量评价与管理》（韦福祥，2005）

2.2.2　在线服务质量评价

2002 年，Zeithaml（2002）对在线服务质量（或称为电子服务质量，e-service quality，e-SQ）进行了如下定义："the extent to which a web site facilitates efficient and effective shopping，purchasing，and delivery"，意即网站提供高效的挑选、购买以及递送的便利程度。Kim 等对 1999～2004 年关于在线服务质量研究的相关文献进行了回顾与总结，并且指出这些评价工具中提出的维度基本上没有相同点（Kim et al.，2006）。例如，1999 年，Chen 和 Wells 提出评价工具 AST，从 3 个方面，即娱乐、信息量以及组织评价网站；2001 年，Yoo 和 Donthu 提出包含 4 个维度，即易用性、美感设计、处理速度和安全性的评价工具 SITEQUAL；2002 年，Loiacono 等提出包括 12 个维度的在线服务质量评测工具 WebQual；2004 年，Kim 和 Stoel 提出从 3 个方面，即恰当的信息、交易能力、响应时间进行评价。

曾提出经典的服务质量模型 SERVQUAL 的学者 Parasuraman、Zeithaml 在 2005 年与 Malhotra 共同提出电子服务质量模型新工具：E-S-QUAL。

2.2.3 E-S-QUAL

E-S-QUAL 是 Parasuraman 等（2005）提出的评价商务网站服务质量的基本工具。研究 E-S-QUAL 的过程包括如下几步：

第 1 步：根据对公开文献的深入分析以及广泛的定性研究确定电子服务质量（e-SQ）的含义及涉及的范围。

第 2 步：从概念属性出发初步确定 e-SQ 包括的 11 个方面的内容，包括可靠性、响应、访问、灵活性、导航、效率、保证性/信任、安全/隐私、价格、站点美工和个性化等，提出包含 121 个项目的标准体系。

第 3 步：对初步形成的标准体系开展在线的全国性调查。

第 4 步：通过迭代过程提出一个简约的标准，此迭代过程包括：考查 α 系数以及项目与整体标准的相关性；删除指标项目；通过 EFA（探索性因子分析）考查维度；再次分配指标项目并重建各维度，得到包括 4 个维度、22 个指标项目的标准 E-S-QUAL，以及 3 个维度、11 个项目的 E-RecS-QUAL 标准。

第 5 步：对最后的标准进行 CFA（验证性因子分析）以及有效性测试。

E-S-QUAL 是度量电子服务质量的最基本工具，如果涉及售后服务则进一步应用另一个度量标准 E-RecS-QUAL，这两个标准包括的内容分别如表 2-2、表 2-3 所示。

表 2-2　E-S-QUAL 标准

要素	组成项目
高效性（Efficiency）	EFF1 站点中很容易找到客户需要的内容
	EFF2 容易到达站点中的任何地方
	EFF3 能让客户很快地完成交易
	EFF4 网站的信息组织得很好
	EFF5 装载页面迅速
	EFF6 网站使用简单
	EFF7 能很快连上网站
	EFF8 网站组织结构好
系统可用性（System Availability）	SYS1 网站总是可用
	SYS2 站点能很快启动与运行
	SYS3 网站不会崩溃
	SYS4 输入订购信息页面不会停滞不动
履行性（Fulfillment）	FUL1 按承诺递送订单
	FUL2 在适当的时间范围内准备好要递送的物品
	FUL3 快速发送订购物品

要素	组成项目
履行性 （Fulfillment）	FUL4 发送的是订购的物品 FUL5 声明有的物品不会无库存 FUL6 提供的物品是真实的 FUL7 对商品的递送承诺准确
隐私性 （Privacy）	PRI1 保护客户的网上购物信息 PRI2 不与其他网站分享个人信息 PRI3 网站保护客户信用卡信息

注：网站性能评分采用 5 分制标准，1 表示完全不同意，5 表示完全同意
资料来源：Parasuraman 等（2005）

表 2-3　E-RecS-QUAL 标准

要素	组成项目
响应性 （Responsiveness）	RES1 提供方便的退货选项 RES2 能很好地处理退货 RES3 网站提供有意义的保证 RES4 如果交易未被处理会告诉客户该做什么 RES5 能迅速处理问题
补偿 （Compensation）	COM1 网站能补偿由它自身产生的问题而导致的损失 COM2 能赔偿由于商品未能及时送达的损失 COM3 能接收退货
联系 （Contact）	CON1 网站提供公司的电话号码 CON2 网站有客户服务代表在线 CON3 如果客户有问题能提供人工服务

注：网站性能评分采用 5 分制标准，1 表示完全不同意，5 表示完全同意
资料来源：Parasuraman 等（2005）

2.2.4　WebQual

对网上零售即商务网站的服务质量评价是 Barnes 和 Vidgen（2001，2002）一直关注的内容，他们不断地推出评价方法 WebQual 新的版本。在 WebQual 4.0 中，他们总结了其他学者，包括 Bailey、Pearson、Davis、Parasuraman、Zeithaml、Wang 等的研究，得出包含 22 个问题的表格（表 2-4），从 3 个大的方面，即可用性（usability）、信息（information）以及服务交互（service interaction）对网站进行评价，并用此工具对 3 个网上书店 Amazon、BOL（Bertelsmann Online）、IBS（the Internet Bookshop）进行综合评价（Barnes and Vidgen，2002）。

表 2-4　WebQual 4.0 问题列表

类别	WebQual 4.0 问题
可用性	1．我觉得网站容易学会使用 2．与网站的交互是清晰且可理解的 3．我觉得网站导航性好 4．我觉得网站容易使用 5．网站界面吸引人 6．网站的设计与其类型相匹配 7．网站传达信任感 8．网站给我一个正面的经历
信息	9．提供准确的信息 10．提供可信的信息 11．提供及时的信息 12．提供有关的信息 13．提供容易理解的信息 14．提供足够详细的信息 15．以一种适当的形式呈现信息
服务交互	16．享有好的声誉 17．对完成交易感觉安全 18．个人信息感觉是安全的 19．个性化 20．传达群体感 21．容易交流 22．对承诺的货物/服务送达有信心

2.2.5　SiteQual

H. W. Webb 和 L. A. Webb（2004）提出消费者对 B2C 网站的感知影响因素概念模型。此概念模型由两个主要质量构成部分组成，第一部分集中于信息，第二部分集中于过程。B2C 网站服务质量模型的构成描述如图 2-1 所示。

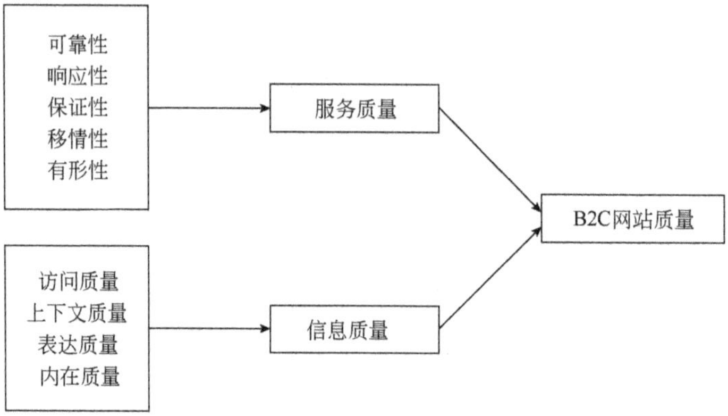

图 2-1　影响 B2C 网站质量的因素

H. W. Webb 和 L. A. Webb（2004）认为，对于 B2C 商务网站的质量评价包括两个主要方面，其中服务质量是指 PZB 提出的由 5 个维度，即可靠性、响应性、保证性、有形性和移情性表示的评价要素，而信息质量则包括：

（1）访问质量：涉及数据的可访问性与安全性。

（2）上下文质量：涉及信息的及时性、数量、完整性以及数据的相关性。

（3）表达质量：涉及数据的可理解性、解释性以及一致性。

（4）内在质量：考查数据的准确性、客观性以及可信性。

2.2.6　其他研究

在由 PZB 提出的经典服务质量模型中，有形性是其中的一个维度。Melián-Alzola 和 Padrón-Robaina（2006）对 B2C 电子商务中作为质量因素的有形性（tangibility）进行详细的研究，得出 B2C 商务网站的有形性项目：

（1）视觉上吸引人的设计；

（2）网站的直觉导航和统一的风格（导航元素，如菜单、链接的统一外观与位置，清晰的视觉层次，容易理解的词句）；

（3）在任何时刻客户都能知道处于所在站点的什么地方；

（4）快速的页面下载；

（5）页面的定位与分类是有序的且有逻辑性；

（6）网站提供必要的手段以使客户能全面而完整地访问到信息（提供搜索引擎、菜单等）；

（7）在确认订单前能够实施或退回购买步骤（取消/增加/修改/删除前面选择的选项或细节，甚至整个交易）；

（8）在站点内页面移动速度（从一个页面切换到另一个页面或在购买过程中能很快地从一个步骤转到另一个步骤）；

（9）在任何时刻的解释和定位（显示每个部分的内容，说明如何投诉、咨询、询问具体细节信息等）。

2.3　服务质量研究述评

国外学者对电子服务质量的研究相对起步较早。虽然他们已作出大量的研究，但始终没有形成一个统一的或经典的标准工具。他们提出的各种方法或工具都各自存在着一定的局限。例如，Loiacono 等（2002）提出 WebQual 量表工具的主要目的是为网站设计提供信息而不是为度量客户经历的服务质量；Barnes 和 Vidgen（2001，2002）提出的 WebQual 工具量表设计也存在一定的问题，即被调查者不用完成整个交易过程就可以回答调查表中的提问，因此不是对网站服务质量的全面评价；Yoo 和 Donthu（2001）提出 SITEQUAL 量表工具也是出于方便地采集数据的目的，因此 SITEQUAL 不能涵盖购物的全过程，故不能用于全面评价网站的服务质量；Szymanski 和 Hise（2000）只考虑了网站的评价，没有涉及客户服务，而且度量的是满意度而不是服务质量；Wolfinbarger 和 Gilly（2003）提出的 eTailQ 考虑了 4 个因素：网站设计、可靠性/履行、安全/隐私以及客户服务，他们提出的维度有待进一步考证。

Parausuraman 等在 2005 年提出的 E-S-QUAL 工具已成为很多学者或应用者用于电子商务服务质量评价的重要参考（Ingle and Connoll，2006；Boshoff，2007；Ho and Lin，2010），但仔细考究其模型中的指标项目，发现有些项目在含义上有相近或内容交叉之处，如“this site makes it easy to find what I need”（此站点很容易让我找到需要的东西）和“this site is simple to use”（此站点使用简单）；“it makes it easy to get anywhere on the site”（很容易到达站点的任何地方）和“information at this site is well organized”（站点的信息组织良好）等。

综上所述，这些量表或模型提供了评价网站质量的工具，但它们没有提供足够的信息让研究者们彻底地区分服务属性，而且在线零售商们难以利用这些量表工具来评价服务性能。

近年来，国内出现了对于 B2C 商务网站服务质量评价的研究（张大陆和姚进，2005；张满林和付铁山，2006；冯亚北等，2009）。服务质量是一种感知质量，即在主观上对被提供服务的期望与感知的差异，而国内一些研究主要集中于网站的评价（黄爱白和赵冬梅，2006；王知津和李明珍，2006；贺婷婷和闫永君，2006），提出一系列的指标体系。汪祖柱和胡兵（2010）建立了包括电子商务服务质量、网站系统质量、网站信息质量在内的电子商务网站服务质量评价体系。

有关商务网站服务质量评价标准和体系都不同程度地存在一些局限性，如指标设计不完整、指标体系中的指标设计不科学、指标体系的结构设计不合理等问题。最为重要的是，这些标准或指标体系没有很好地结合服务质量的评价构造一个面向客户的电子商务服务质量模型。

在分析服务质量以及电子服务质量的含义后，总结国内外对于 B2C 商务网站服务质量的研究。接下来的工作就是分析 B2C 电子商务网站的特点，尤其是在国内网络营销市场中销售份额居于前列的网站，如当当网、京东等；参考关于网站评价的重要研究成果，如 Lightner（2004）结合客户服务生命周期提出的一个具体针对 B2C 商务网站的具有 50 个指标的评价体系；结合服务质量的含义，认真分析 B2C 商务网站服务质量应涉及的内容，进而设计与建立服务质量模型以用于具体的商务网站服务质量评价。

2.4 本 章 小 结

本章对电子商务服务质量相关的研究进行了综述，明确了服务质量的含义，即服务感知与服务期望的差距。服务质量是研究的热点，而电子商务是新兴的行业和发展的趋势。因此本章对服务质量模型 SERVQUAL 和电子服务质量模型，包括 E-S-QUAL、WebQual、SiteQual 和其他相关研究进行全面的介绍，总结电子商务领域存在的服务质量研究的不足，从而引出本书的相关研究。

第3章　B2C电子商务服务质量评价体系与模型

通过综述相关研究成果，结合考虑B2C电子商务的管理过程、特点等因素，构建了一个评价B2C商务网站服务质量的多层次指标体系，并利用因子分析对指标体系进行定量分析，建立相应的综合评价模型。

3.1　电子商务服务质量

从20世纪70年代开始，服务质量成为一个很热门的研究话题，学者们试图从不同角度对服务质量进行解释。1988年，PZB（Parasuraman、Zeithaml和Berry）提出的SERVQUAL工具，被广泛应用于不同行业的服务质量评测。韦福祥对从1972年利维（Levitt）提出的“服务质量是指服务结果能符合所设定的维度”，到2000年格罗鲁斯（Gronroos）提出的良好服务质量评价的7个维度的相关理论与观点，进行总结与列表，其中列出29位学者独立或合作提出的共25个相关的观点或看法。

正如第2章所述，随着电子商务的兴起与发展，对电子商务这一新兴行业的服务质量评价成为新的研究热点。2002年，Zeithaml对在线服务质量（或称为电子服务质量，e-service quality，或简称e-SQ）给出了这样一个定义：“the extent to which a web site facilitates efficient and effective shopping, purchasing, and delivery.”意即网站提供高效的挑选、购买以及递送的便利程度。Kim等（2006）对1999～2004年关于在线服务质量研究的相关文献进行了回顾与总结，并且指出这些评价工具中提出的维度基本上没有相同点。曾提出经典的服务质量评价工具SERVQUAL的学者Parasuraman、Zeithaml与Malhotra在2005年提出评价电子服务质量的一个新工具：E-S-QUAL。

Barnes和Vidgen不断地推出评价方法WebQual的新版本。在WebQual 4.0中，他们总结了其他学者，包括Bailey、Pearson、Davis、Parasuraman、Zeithaml、Wang等的研究，得出了从可用性（usability）、信息（information）以及服务交互（service interaction）3个方面进行评价的标准工具（表2-4），并用此工具对3家网上书店Amazon、BOL（Bertelsmann Online）、IBS（the Internet Bookshop）进行综合评价。

H. W. Webb和L. A. Webb（2004）提出消费者对B2C网站的感知影响因素概念模型。他们认为，对于B2C商务网站的质量评价包括两个主要方面，其中服务质量是指 PZB 提出的由 5 个维度，即可靠性、响应性、保证性、有形性和移情性组成的评价要素。Melián-Alzola 和 Padrón-Robaina 对 B2C 电子商务作为质量因素的有形性（tangibility）进行了详细的研究，得出 B2C 商务网站的有形性项目。

2010 年前，国内对 B2C 商务网站的评价研究较多，但对电子商务的服务质量评价的研究相对较少。可见文献中，张大陆和姚进（2005）分析了电子商务环境下面向顾客的服务质量评价体系，张满林和付铁山（2006）将 Parasuraman 等提出的经典服务质量评价体系引入网络零售商的评价，苏秦等（2009）从服务交互的角度分析了 B2C 电子商务服务质量，而 B2C 电子商务服务质量的研究成为当时的热点之一（刘晓峰和白雪娇，2015）。

本章介绍 2010 年左右所做的研究，旨在理解电子商务服务质量并研究其指标体系。研究的步骤包括两轮调查和相应的统计分析处理。第一轮的调查用于筛选掉不重要的指标项目，在此基础上进行第二轮的调查以收集反映商务网站服务质量特性的数据。

3.2　调查设计和研究方法

3.2.1　调查设计

由于 SERVQUAL 已成为众多行业服务质量评价的经典标准工具，因此对于服务质量的评价自然应从其构成的 5 个维度入手。申文果等（2007）通过对旅行社网站进行调查分析，指出网络企业也适用于传统的服务质量量表体系 SERVQUAL。因此在总结相关研究成果的基础上，通过咨询有关专家，设计了由有形性、可靠性、响应性、保证性、移情性这 5 个维度 36 个题项构成的评价指标体系，进而设计了 B2C 电子商务服务质量指标重要性的调查问卷，每个题项采用 Likert 7 分制设计，对 154 名电子商务专业的学生（包括本科生和研究生）进行了问卷测试与调查。根据调查结果并采用保留得分值在 5 分以上指标的原则删除了 3 个指标，确定了 33 个项目。确定的 5 个维度 33 个指标项目如表 3-1 所示。

表 3-1　初步的 B2C 商务网站服务质量指标体系

要素	组成项目
有形性	1. 有良好的可感知的网站形象，域名容易记忆（X1） 2. 页面布局合理，长度合适（X2） 3. 产品信息丰富、准确、容易查看（X3） 4. 直观而简单的导航（统一风格的导航元素，使之容易学会使用）（X4） 5. 导航工具能使用户完整而快速地访问到站点的信息和各个区域（X5） 6. 网站内容的一致解释与定位（每个区域的预览和描述、解释怎样投诉、咨询、询问具体信息，指导整个购买过程）（X6）

续表

要素	组成项目
可靠性	7. 网站是可信赖的（X7） 8. 按网站承诺的时间提供服务（X8） 9. 在承诺为客户做某事情时他们做了，如订单的履行（X9） 10. 准确地保存相关的记录（X10） 11. 顾客遇到困难时，能提供可靠帮助，如网上咨询、电话咨询等（X11） 12. 准确的支付（X12） 13. 能随时查看交易情况（X13） 14. 可接受的退货政策（X14）
响应性	15. 在线的技术支持（X15） 16. 及时回复客户提出的关于服务的每一个问题（X16） 17. 同意帮助客户（X17） 18. 配送速度（X18） 19. 信息下载等待时间短（X19） 20. 交易过程简单，容易操作（X20） 21. 能够正确地解答客户提出的问题（X21） 22. 公司能够以友好的方式处理抱怨（X22） 23. 搜索所需信息容易（X23） 24. 容易取消订单（X24）
保证性	25. 网站容易连接，能保证不掉线（X25） 26. 交易的安全性（X26） 27. 在交易过程中感觉安全（X27） 28. 保证隐私（X28） 29. 网站提供的信息是值得信赖的（X29） 30. 多种多样的送货选项（X30）
移情性	31. 网站能提供个性化的服务，包括提供个性化的页面、保存浏览历史、保存购物历史（X31） 32. 网站愿意了解顾客的需求，如登记缺货（X32） 33. 网站应优先考虑顾客的利益（X33）

调查结果显示，网站是可信赖的（X7）、准确的支付（X12）、交易的安全性（X26）、在交易过程中感觉安全（X27），这 4 个调查项平均得分分别为 6.20、6.21、6.29、6.06，说明受调查者对这 4 个指标最为关注；其他各调查项平均分都在 5 分以上，说明受调查者亦很注重这些指标，认为其对 B2C 商务网站来说很重要。

总的说来，所选 33 个调查项均值均在 5 分以上，说明受调查者对这些调查项的关注度较高，这也从侧面反映出调查选项能很好地表达受调查者的意愿，从而印证了调查项的合理性。

3.2.2 研究方法

2009 年 12 月 31 日至 2010 年 1 月 12 日，通过网上和线下的方式共发放调查问卷 300 份，调查对象包括在校学生、网站建设人员、企业管理人员、科研院所研究人员（用户数所占比例分别约为 80%、10%、6%、4%）等，最终得到有效问卷为 269 份，回收有效率为 89.7%。调查选项采用 Likert 等级表示方式，要求受调查者对于每一个指标以 1～7 分按照最不重要到重要进行打分。为了防止指标的遗漏，问卷末尾还专门设计了一个开放性问题，即请接受调查者补充认为遗漏的指标并给予打分。

收集到调查数据后，采用统计软件 SPSS 和结构方程模型分析软件 AMOS 分析数据。统计方法主要有：探索性因子分析（EFA），用于量表开发的探索性数据分析阶段；信度分析，采用克朗巴哈 α 系数，检验量表选项的内部一致性；验证性因子分析，检验量表的结构效度。

3.3 实证分析

3.3.1 探索性因子分析

在进行因子分析之前，首选需要利用巴特勒球形检验（Bartlett Test of Sphericity）和 KMO（Kaiser-Meyer-Olkin）检验法对数据的合适性进行检验。结果显示，样本 KMO 值为 0.992，大于 0.9 表示适合做因子分析。此外巴特勒球形检验的统计量值为 5561.819，显著性系数为 0.000，小于设定的显著性水平，代表各指标间存在明显的线性关系，适合做因子分析。

在 SPSS 中使用主成分分析法获取初始的因子分析结果，然后采用正交旋转中的方差最大法对初始因子进行旋转。选择特征值大于 1 的因子，并根据较高因子负载的变量对因子命名。选择负载值大于 0.5，即因子说明力（communality）大于 0.5 的变量。根据以上标准，删除了 7 个不符合标准的选项，最后得到由 26 个选项构成的 6 个因子。每个因子特征值都大于 1，累计方差贡献率达 64.567%。各选项在相应因子上具有较大的荷载，为 0.500～0.816。

3.3.2 信度分析

信度分析是为了验证各个观察指标的可靠性。可靠性是指不同测量者使用同一测量工具的一致性水平，用以反映相同条件下重复测量结果的近似程度。可靠性一般可通过检验测量工具的内部一致性来实现。信度检验的常用方法是用 L.J.Cronbach 所创的 α 系数来衡量，α 系数值为 0～1。一般认为，α 系数值大于 0.5 就是可以接受的，然而对有些探索性研究来说，α 值为 0.5～0.6 就可以接受（张同键等，2008）。通过对剩余 26 个选项进行信度分析，发现各因子的克朗巴哈 α 值均大于 0.6（表 3-2），表明量表选项设计是合理有效的。

表 3-2　探索性分析与信度分析结果

维度（因子）名称及指标选项	特征值（方差贡献率）	因子说明力	因子负载值	α
维度 1：可靠性	13.284（40.255）			0.912
1．产品信息丰富、准确、容易查看		0.611	0.528	
2．网站是可信赖的		0.722	0.796	
3．按网站承诺的时间提供服务		0.561	0.573	
4．能完成对客户承诺的事情		0.679	0.705	
5．准确的支付		0.682	0.549	
6．交易的安全性		0.799	0.816	
7．在交易过程中感觉安全		0.700	0.675	
8．保证隐私		0.678	0.662	
9．网站提供的信息是值得信赖的		0.613	0.654	
维度 2：移情性	2.233（6.767）			0.805
10．多种多样的送货选项		0.682	0.500	
11．网站能提供个性化的服务，包括提供个性化的页面、保存浏览历史、保存购物历史		0.621	0.708	
12．网站愿意了解顾客的需求，如登记缺货		0.755	0.784	
13．网站应优先考虑顾客的利益		0.573	0.640	
维度 3：响应性	1.875（5.681）			0.837
14．顾客遇到困难时，能提供可靠帮助，如网上咨询、电话咨询等		0.630	0.508	
15．有在线的技术支持		0.598	0.624	
16．能及时回复客户提出的关于服务的每一个问题		0.683	0.640	
17．愿意帮助客户		0.728	0.641	
维度 4：简易性	1.494（4.527）			0.776
18．直观而简单的导航（统一风格的导航元素，使之容易学会使用）		0.629	0.712	
19．交易过程简单，容易操作		0.604	0.610	
20．搜索所需信息容易		0.704	0.618	
21．容易取消订单		0.627	0.514	
维度 5：保证性	1.330（4.031）			0.762
22．能随时查看交易情况		0.678	0.726	
23．可接受的退货政策		0.654	0.557	
24．配送速度		0.615	0.639	
维度 6：有形性	1.091（3.306）			0.691
25．有良好的可感知的网站形象，域名容易记忆		0.642	0.733	
26．页面布局合理，长度合适		0.682	0.697	

3.3.3　验证性因子分析

为了进一步得到可靠的模型和验证模型可靠性，根据探索性因子分析与信度分析的结果，利用 AMOS 软件对量表进行验证性因子分析。

AMOS 软件输出的拟合指数中，常用的拟合指数有：

比较拟合指数（comparative fit index，CFI），是从设定模型的拟合与所有变量之间没有相关关系的独立模型拟合之间的比较中取得，其取值范围为 0～1，CFI 越接近于 1，模型拟合程度越好。

规范拟合指数（bentler-bonett normed fit index，NFI），通过对设定模型的值与独立模型的值的比较来评价，其取值范围为 0～1，NFI 越接近于 1，模型拟合程度越好。

增量拟合指数（incremental fit index，IFI），由于 NFI 与样本正相关，Bollen 提出一种能减少 NFI 指数的平均值对样本容量依赖并考虑设定模型自由度影响的指数，同样其值越靠近 1 说明模型拟合程度越好。

近似误差均方根（root mean square error of approximation，RMSEA），该指数受样本容量的影响比较小，是应用较为广泛的拟合指数之一。当 RMSEA 值为 0.05 以下，且 RMSEA 的 90%（双侧）置信区间上限在 0.08 以下时，表示模型拟合得较好。一般情况下，RMSEA 低于 0.1 表示好的拟合。

由表 3-3 的计算结果可以看到，利用探索性因子分析和信度分析后的结果构建模型，CFI、NFI 和 IFI 均接近 1，而 RMSEA 低于 0.1，综合以上指数进行判断，该模型拟合程度比较高。

表 3-3　常用拟合指数计算结果

项目	常用指数			
拟合指数	CFI	NFI	IFI	RMSEA
指标值	0.821	0.769	0.823	0.097

经过探索性因子分析和验证性因子分析，证实了 6 个维度 26 个选项组成的量表具有良好的信度和一定的结构效度。本书创建的 B2C 商务网站服务质量评价量表，能够为今后 B2C 商务网站服务质量的评价提供一个实用工具。

3.3.4　研究结论

本书得到的主要结论如下：

（1）由 PZB 提出的经典的服务质量模型出发，通过调查分析，得出构成 B2C 商务网站服务质量的 6 个因素：可靠性、移情性、响应性、简易性、保证性和有形性。

（2）验证了构成 B2C 商务网站服务质量的各因素之间的相对重要性，实证结果显示，B2C 商务网站服务质量的 6 个因素的相对重要性从大到小依次为：可靠性、移情性、响应性、简易性、保证性、有形性。

（3）分析结果显示，可以提出 B2C 商务网站服务质量的对策建议：第一，B2C 商务网站要重视可靠性方面的建设，只有较高的可靠性，才能为 B2C 商务网站开展商业活动提供可靠的保障。第二，B2C 商务网站也要着重强调个性化即移情性，将用户的个性需求放在首位，提供多种多样的个性服务。第三，B2C 商务网站开展商业活动，还应该重视与客户的交互性，当用户遇到问题时，不仅要做到能够及时处理，而且还应该让用户感到满意。第四，B2C 商务网站操作的简便性也是相当重要的，简便的操作能够为客户购物带来极大的方便。第五，B2C 商务网站还应重视对客户的承诺，尽全力提供高质、高效、满意的商品和服务。第六，在 B2C 商务网站的建设过程中，网站页面的外观也是不容忽视的。

3.4 本章小结

本章构建了 B2C 商务网站服务质量评价模型，并经验证得到了 6 个维度 26 个选项的评价工具，不仅概括以往电子商务服务质量文献中所涉及的因素，而且还从 B2C 商务网站的管理过程、特点等因素考虑，增添了新的内容。这为 B2C 商务网站服务质量的研究发展提供了有意义的参考。

考虑到电子商务发展非常迅速，而且消费者的服务需求亦不断变化，因此在研究和实践电子商务服务质量管理时，应多从顾客角度出发对电子商务服务质量进行评价。企业首先应该主动了解顾客的需求，结合自身资源和先进技术，选择和自己商业发展模式相匹配且与顾客需求相吻合的服务质量指标，从而获得持续的竞争优势（刘晓峰和白雪娇，2015）。

第 4 章　B2C 电子商务服务流程设计

基于 Shostack（1987）提出的“服务即流程”的观点，并应用服务蓝图法，详细描绘分析 B2C 电子商务服务总流程。根据该总流程中的 6 个子流程，将 B2C 电子商务服务分为决策服务、通达服务、交易服务、支付服务、物流服务以及售后服务等 6 个子服务。针对以上 6 个子服务，再依据服务蓝图法，进一步深入描绘出各自的服务流程。

4.1　服务流程研究概述

第 3 章描述了研究得到的 B2C 商务网站服务质量评价模型，共包括 6 个维度，相对重要性从大到小依次为：可靠性、移情性、响应性、简易性、保证性和有形性。该模型可实现全面衡量服务质量，有助于深入地理解顾客感知质量，追踪服务质量的变化趋势，定位产生服务质量问题的根源。

至于如何根据 B2C 企业存在的服务质量问题，定量优化 B2C 电子商务服务质量，达到 B2C 电子商务服务质量最优，是目前研究领域内需要解决的重要问题。Yang 等（2005）指出很少有文献研究对于最大化电子商务在提高商业服务质量方面的潜力；从定性的角度分析并从消费者需求角度进行实证研究成为阻碍 B2C 企业发展的障碍。为了提高企业的服务质量，他们从建立服务目标、网站推广、创建铺开的物流系统、先进的技术支持、建立信任和服务提升等方面进行详细分析。

在电子商务领域，很多学者认识到了流程的重要性。Li（2006）等指出对于商业流程的研究成为热点。信息技术领域和商业工程领域的专家们都认为成功的商业系统始于对组织的商业流程的深刻理解。Jansen-Vullers 等（2004）学者关注商务的流程背景，他们指出当引入电子技术时通常重新设计流程的准则，而这种重新设计是为了满足商业合作伙伴的期望。Zhao 等（2008）提出一个适合中国 B2B 电子商务市场的概念模型。

夏长清（2006）指出流程管理缺位是造成服务失败的重要原因，如服务传递过程中一线员工的保证性、响应性、移情性等，都会影响顾客感知服务质量，进而造成服务失败。

因此，在 B2C 电子商务领域，研究分析 B2C 电子商务服务，定量分析 B2C 电子商务服务流程，进而控制、优化 B2C 电子商务服务流程以提高服务质量是重要的研究方向。

4.2　服务流程与服务蓝图

4.2.1　服务流程

从流程的角度来理解服务，可追溯到早期对服务的定义。1964 年，麦克卢汉（Mcluhan）指出“服务过程就是产品，服务是一种过程而非实物”。北欧学者克里斯廷·格罗鲁斯在总结前人定义的基础上指出“服务是由一系列或多或少具有无形特性的活动所构成的一种过程”（Gronroos，1998）。格罗鲁斯直接把服务定义为一种过程，即从流程的角度来理解服务。

更进一步的研究主要是通过对服务流程分类来分析。美国亚利桑那大学教授蔡斯依据顾客和服务体系的接触程度把服务流程划分为高、中、低三个层次（Chase，1977）；施曼纳教授提出服务流程矩阵，根据服务流程矩阵中服务性企业的劳动密集程度、顾客和服务人员的相互交往程度、服务定制化程度来认识服务（Schmenner，1986）；Lovelock（1984）以“标准化”和“顾客化”来定义服务流程的两个极端。

以肖斯塔克（G. Lynn Shostack）的研究为代表，服务流程研究进入深化阶段。1987 年，肖斯塔克指出：服务即流程，可以通过主体行为的步骤和顺序以及行为的“复杂性”（complexity）和“歧异性”（divergence）来描述流程，即可以通过完成服务所需的步骤和行为的“复杂性”（complexity）和“歧异性”（divergence）来描述服务。他同时指出虽然流程可以简化为行为的步骤和顺序，但服务应被看成相互依赖的、交互的系统，而不是分离的各部分。据此，提出用“服务蓝图法”来描绘服务。

4.2.2　服务蓝图

20 世纪 80 年代，美国学者 Shostack 和 Brundage 等将工业设计、决策学、后勤学和计算机图形学等学科的有关技术应用到服务设计方面，为服务蓝图法的发展作出开创性的贡献。另两位在服务质量管理和服务营销领域里进行研究长达 20 年之久的 Zeithaml 和 Bitner 在 1995 年出版的《服务营销》一书中，对服务蓝图法作出综合性陈述。

服务蓝图是一种准确地描述服务体系的工具，它借助于流程图，通过持续地描述服务提供过程、服务遭遇、员工和顾客的角色以及服务的有形证据来直观地展示服务。经过服务蓝图的描述，服务被合理地分解成服务提供过程的步骤、任务及完成任务的方法，使服务提供过程中所涉及的参与者都能客观地理解和处理它。更为重要的是，顾客同服务人员的接触点在服务蓝图中被清晰地识别，从而达到通过这些接触点来控制和改进服务质量的目的。

如果用此方法描述服务，则整个服务蓝图被 3 条线分成 4 个部分，自上而下，它们分别是顾客行为、前台接触员工行为、后台接触员工行为以及支持过程，如图 4-1 所示。

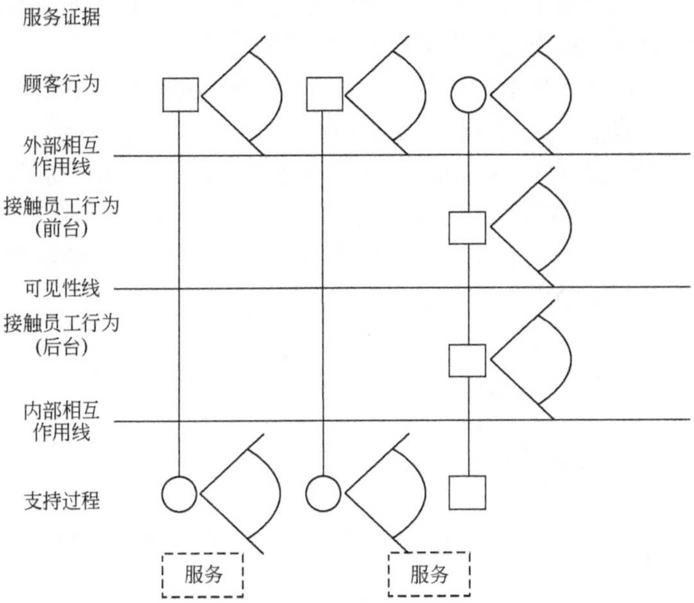

图 4-1　服务蓝图的组成

（1）最上端的部分是顾客行为，这一部分紧紧围绕着顾客在消费过程中所采取的一系列步骤、所做的一系列选择、所表现的一系列行为以及它们之间的相互作用来展开。

（2）接下来的部分是接触员工行为的前后台员工行为。在接触人员的行为和步骤中，顾客看得见的部分是前台员工行为。

（3）另一种顾客不可见的支持前台活动的接触员工行为为后台员工行为。

（4）最后一部分是服务的支持过程，这一部分覆盖了在传递服务过程中所发生的支持接触员工的各种内部服务、步骤和它们之间的相互作用。

分隔 4 个关键行动领域的是 3 条水平线，最上面的一条线是“外部相互作用线”，它代表了顾客和服务企业之间直接的相互作用，一旦有垂直线和它相交叉，服务遭遇即顾客和企业之间的直接接触就发生了。中间的一条水平线是“可见性线”，它把所有顾客看得见的服务活动与看不见的分隔开来，通过分析有多少服务发生在“可见性线”以上及以下，可以直观地明确为顾客提供服务的情况，并且区分哪些活动是前台接触员工行为，哪些活动是台后接触员工行为。第三条线是

“内部相互作用线”，它把接触员工的活动同对它的服务支持活动分隔开来，是“内部顾客”和“内部服务人员”之间的相互作用线，如有垂直线和它相交则意味着发生了内部服务遭遇。

另外，服务蓝图的最顶端部分可以显示有关服务证据方面的内容，它表示顾客在整个服务体验过程中所看到的或所接受到的服务的证据；服务蓝图的最下部分的虚线框可以显示服务总流程中相关子流程所属的子服务。

在图 4-1 中，如果扇形附在圆圈上，表示一系列可能发生的事件；如果扇形附在正方形上，表示一系列可能发生的动作。

本书以肖斯塔克（G. Lynn Shostack）的研究为基础，采纳“服务即流程”的观点，并采用服务蓝图法进一步分析 B2C 电子商务服务流程。另外笔者认为 B2C 电子商务服务的提供者是运营 B2C 购物网站的企业，而 B2C 购物网站是指直接把商品或服务售卖给消费者的网站。

4.3　B2C 电子商务服务流程分析

4.3.1　B2C 电子商务服务蓝图

应用服务蓝图法分析 B2C 电子商务服务流程，B2C 电子商务服务蓝图亦被 3 条线分成 4 个部分，自上而下分别是顾客行为、前台 B2C 网站行为、后台 B2C 网站行为以及支持过程。

1. 顾客行为

围绕着顾客购物过程中在 B2C 网站上所采取的一系列步骤、所做的一系列选择、所执行的一系列行为以及它们之间的相互作用来展开。

2. 前台 B2C 网站行为

围绕 B2C 网站前台与顾客的交互关系展开，即在 B2C 网站上，顾客看得见的部分是前台 B2C 网站行为。

3. 后台 B2C 网站行为

围绕支持 B2C 网站前台的行为展开，对顾客不直接可见。

4. 服务的支持过程

覆盖了在传递服务过程中所发生的支持 B2C 网站服务的各种内部服务、步骤和各种相互作用，即 B2C 企业线下资源对线上 B2C 网站服务的支持。

4.3.2 B2C 电子商务服务总流程

基于以上对 B2C 电子商务服务蓝图的分析，可以根据 B2C 网站顾客和服务系统之间的交互行为，分析 B2C 电子商务服务总流程。

顾客行为从顾客产生购物需求开始，而顾客在产生购物需求之后通常面临相应的决策考虑，第一是通过网上购物还是传统渠道购物的决策；第二是如果网上购物，则面临着选择哪家网站购物的决策。因此，顾客行为的第一部分是选择购物渠道，第二部分是访问 B2C 网站。

顾客进入 B2C 网站后，随即进行 B2C 网上购物活动。在此，分析总结顾客在当当、卓越、京东等国内最具影响力的 B2C 网站上的购物流程，一般为：客户注册会员—商品搜索选购—下订单即把购买商品放进购物车—结账—选择送货方式—支付—购物完成—订单查询。

由于客户注册会员、商品搜索选购、下订单（放进购物车）等步骤都围绕着顾客与商品展开，故将其归类为顾客进行交易活动；而收银结账、选择送货方式、支付、购物完成等步骤都围绕着顾客与支付展开，故将其归类为顾客进行支付活动。因此，顾客行为的第三部分是进行交易活动，第四部分是支付活动，随后即是顾客等待商品、接收商品以及反馈商品信息。

在 B2C 电子商务服务总流程的服务蓝图中，顾客行为分别是：选择购物渠道、访问 B2C 网站、进行交易活动、支付、等待商品、接收商品以及反馈商品信息。而围绕着以上顾客行为，可以分别画出相关的前台 B2C 网站行为、后台 B2C 网站行为以及支持过程，并得到 B2C 电子商务服务总流程的服务蓝图（图 4-2）。

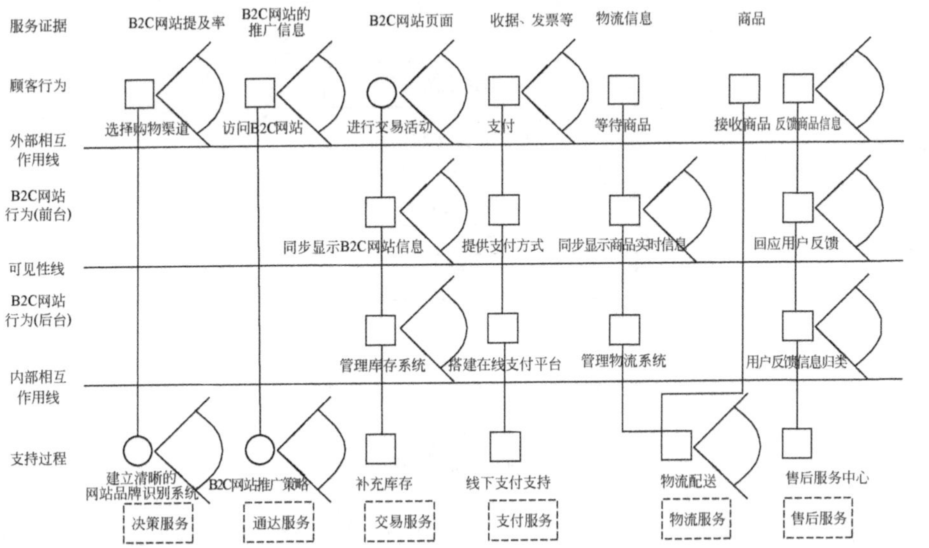

图 4-2 电子商务服务总流程

基于图 4-2 所示的 B2C 电子商务服务总流程的服务蓝图，可以看出围绕着顾客行为，B2C 电子商务服务总流程可以分为选择购物渠道、访问 B2C 网站、进行交易活动、支付、等待商品、接收商品以及反馈商品信息等 7 个子流程。根据服务即流程的观点，可以根据以上 7 个子流程将电子商务服务分为决策服务、通达服务、交易服务、支付服务、物流服务以及售后服务。由于等待商品子流程与接收商品子流程的相关度较大，因此它们都可被认为属于物流服务。针对以上 B2C 电子商务子服务，应用服务蓝图法可进一步详细分析与描述顾客与系统的交互过程。

4.3.3 B2C 电子商务子流程

1. 决策服务

消费者在网上购物之前通常面临两个方面的考虑，第一是通过网上购物还是传统渠道购物的决策，第二是网上购物选择哪家网站购物的决策。此时，网站品牌在网络购物中起到非常独特的作用，因为一个强势的品牌形象能增加消费者对网络虚拟环境的信任感，并减少对将来未知风险的顾虑（李业和严明，2006）。

企业可以通过构造品牌识别系统，最大限度地发挥品牌资本对市场的影响力，在消费者心中建立预期的品牌关系，从而树立良好的品牌声誉和形象（陈永清，2009）。

品牌识别系统是在品牌战略的指导之下，按照品牌核心信息的内容进行设计。品牌战略为品牌识别系统的设计明确方向，品牌核心信息为品牌识别系统设计提供品牌和消费者之间相关联的信息基础。完整的品牌识别系统的整体架构见图 4-3。

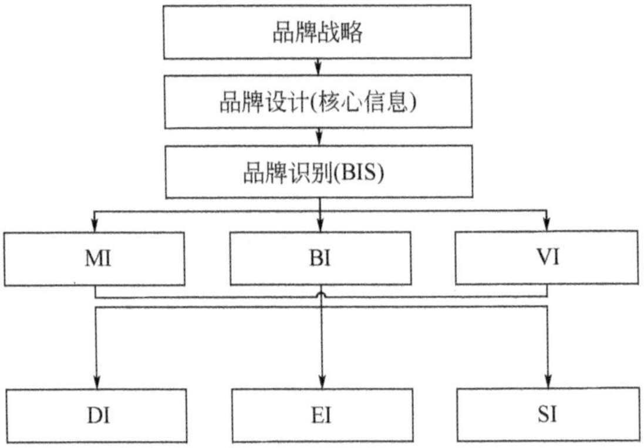

图 4-3　品牌识别系统整体架构图

品牌识别系统的构成要素分为两个层级——基本要素层和集成要素层（商涛，2007）。基本要素层包括理念识别（mind identity，MI）、行为识别（behavior identity，

BI）和视觉识别（vision identity，VI）三个要素，是 BIS 的构建基础。MI 为品牌之“心”，是品牌识别系统的精神内涵，是一切品牌识别系统构建活动的理念指导；BI 为品牌之“行”，是品牌经营所应遵循的行为准则；VI 为品牌之“相”，是从视觉角度来构建的外在形象。

集成要素层包括产品的设计识别（design identity，DI）、终端的体验识别（experience identity，EI）和服务识别（service identity，SI）三个要素。设计识别（DI）是以产品为载体，从产品体系角度对品牌经营的不同类别、不同档次的产品之间的设计关系进行周密策划、系统控制，从而形成风格统一、特色鲜明的识别特征，促使市场和消费者体验和感知到品牌独特的内涵及价值。体验识别（EI）是以顾客价值为核心，在与消费者直接接触的终端环境下，通过对视觉、行为等可感知因素的设计和控制，让消费者形成对品牌形象、文化及价值理念的独特体验。服务识别（SI）是以顾客价值为核心，在产品同质化的大环境下，基于规范一致的服务行为、服务标准等不同要素的管理，以提供给顾客绝对优质、相对独特的服务，从而形成鲜明的品牌识别特征（商涛，2007）。

从品牌识别系统整体架构图可以总结出，建立品牌识别系统分为品牌战略、品牌核心信息设计以及品牌识别系统三个部分。

可以得到 B2C 电子商务服务的决策服务蓝图，如图 4-4 所示。

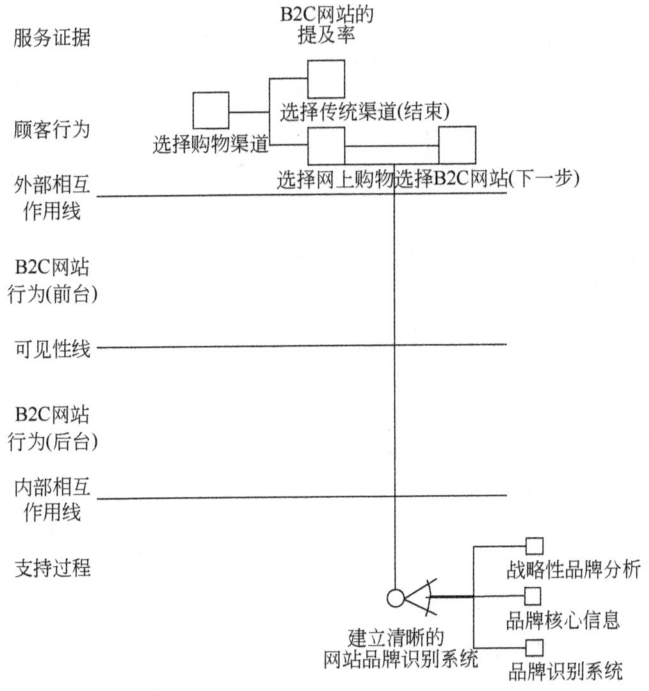

图 4-4　B2C 电子商务决策服务

大多数 B2C 购物网站在网购用户中的品牌渗透率不高（品牌渗透率是指半年内在网上买过东西的用户数量占网民数量的比例），除了天猫和京东的品牌渗透率更高些外（分别为 69.7%和 45.3%），其他平台如唯品会（18.8%）、当当（16.2%）、苏宁易购（14.2%）、1 号店（12.9%）和亚马逊（12.6%）的品牌渗透率都未达到 20%（中国互联网络信息中心，2015）。可见，B2C 电子商务的决策服务还有很大的提升空间。

2. 通达服务

消费者在确定在某家 B2C 网站上购物后，就需要去访问该 B2C 网站。顾客可能会通过手动输入 B2C 网站网址、使用搜索引擎（如谷歌、百度、搜狗等）查找、通过相关网站链接（如门户网站的链接）、使用导航网站（如 hao123 等目录型导航网站）、点击网络广告（在各类网站上的广告链接）和使用社交网站、BBS、博客、微博及社会化电子商务平台（如美丽说和蘑菇街）等途径去访问 B2C 网站。

中国互联网络信息中心（2016）发布的《第 37 次中国互联网络发展状况统计报告》的数据显示，截至 2015 年 12 月，中国域名总数为 3102 万个，其中“.CN”域名总数为 1636 万个；中国网站总数为 423 万个，其中“.CN”下网站数为 213 万个。由此可见，欲使 B2C 网站在茫茫网海中能被客户寻找到、被更多的用户了解到，离不开有效的网站推广。B2C 网站需要通过网站推广为顾客提供访问其网站的便利途径，让客户从众多的网站中找到自己的网站。然而，网站的推广不能盲目跟随潮流，要主动分析好自己网站的特点与优势，然后制订一个完整的网站推广计划，并在实施中根据现实情况作出修改，当然制订好的计划要严格执行（杨冬梅，2010）。

可以得到通达服务的服务蓝图，如图 4-5 所示。

3. 交易服务

交易活动中包括客户注册会员、商品搜索选购、下订单（放进购物车）等购物步骤，因此可以画出交易服务蓝图。其中，顾客会根据需要，采用多种浏览商品的方式。依然分析总结顾客在当当、卓越、京东等国内最具影响力的 B2C 网站上浏览商品的方式，包括分类浏览商品、搜索浏览商品、浏览历史记录、浏览推荐商品，以及进一步查看商品详细信息。B2C 网站会按照一定的布局，显示一系列商品的信息，而针对特定的商品，能显示描述、图片、评论以及库存等协助顾客进行决策的信息。进一步，B2C 网站能绑定顾客，根据顾客的爱好为顾客提供商品目录服务。

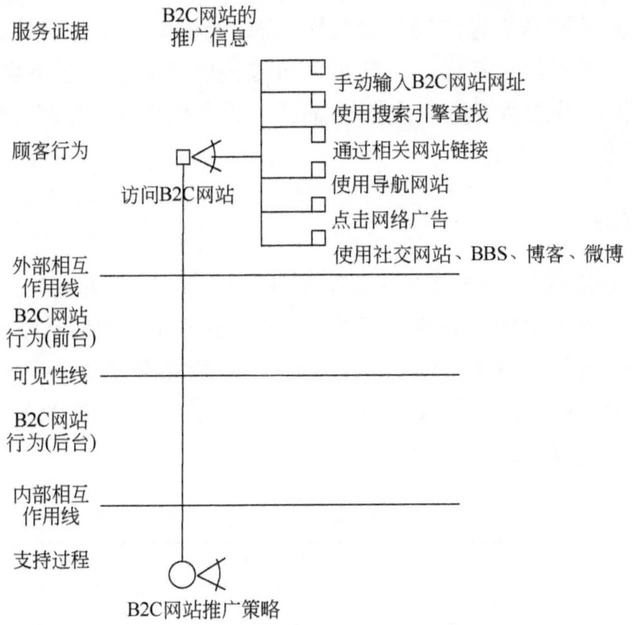

图 4-5　B2C 电子商务通达服务

顾客选购商品并下订单后，由 B2C 网站后台进行订单处理：订单受理、查询商品库存。若库存无货，即生成采购单、确认入库、库存综合查询。若库存有货，即进入库存系统、生成销售单、确认出库。

可以得出电子商务交易服务蓝图，如图 4-6 所示。

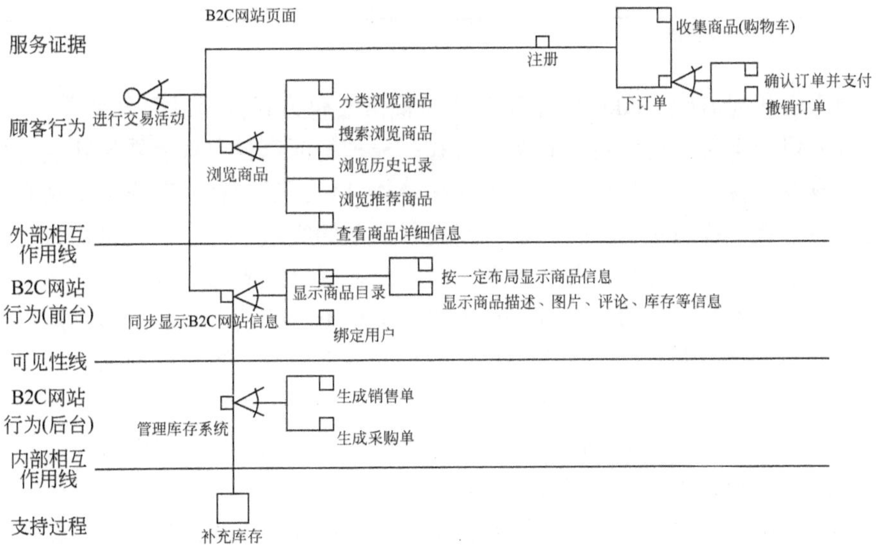

图 4-6　交易服务

B2C 电子商务网站为客户提供交易服务时，能否做到注册手续的简便和快速；能否显示清晰、足够的链接结构；能否尽可能提供商品的全面信息，包括图片、用途、客户评价以及消费者购买决策中需了解的个性信息，对客户感知 B2C 电子商务服务质量有关键作用。

4. 支付服务

各个 B2C 网站接受的支付方式会根据业务特点、客户的定位、分布的实际不同而有所不同（周庆山和周城雄，2003）。根据中国互联网信息中心 2009 年的调研报告，国内网络购物渗透率排名前 8 位的 B2C 网站分别是当当网、卓越网、京东商城、红孩子、99 网上书城、云网、麦网、新蛋网。本书对这 8 个 B2C 网站列示的支付方式进行了统计，结果如表 4-1 所示。

表 4-1　网站列示的支付方式

网站	现金	银行卡	手机卡	储值卡	邮政汇款	银行汇款	票据支付	其他支付
当当网	√	√	—	√	√	√	Z	D
卓越网	√	√	—	√	√	√	Z	D
京东商城	√	√	√	—	√	√	Z	—
红孩子	√	√	√	—	—	√	—	—
99 网上书城	√	√	—	√	√	√	—	—
云网	—	√	—	√	√	√	—	—
麦网	√	√	—	—	√	√	—	D
新蛋网	√	√	—	√	√	—	—	—

注：Z 为支票，D 为代币券

周庆山和周城雄（2003）将 B2C 电子商务支付方式分为以下五大类：

（1）现金支付。在运用中有两种形式：一种是商家自己或者委托其他机构主动上门收取，客户处于被动状态，因此是被动支付；另一种是客户主动到商家所在的场所付款，称为主动支付。在我国电子商务的实践中，被动支付均为货到付款，即一手交钱一手交货，并且大多数商家都接受这种支付方式。

（2）卡类支付。目前主要有三种形式：银行卡、手机卡和商户自己发行的储值卡。其中，储值卡支付仅指商户自己发行的用于向自己提供的商品进行支付的储值卡。

（3）汇兑支付。大部分的商户都将汇兑列示为自己接受的付款方式，并且绝大多数同时接受邮政汇款和银行汇款方式。

（4）票据支付。在电子商务网站标示的付款方式中很少出现，支票支付风险较高，成为商家不愿意接受支票支付的重要原因。

（5）其他支付。在其他支付方式中委托收款的特点是只能在费用发生之后支付，因此在电子商务中的运用并不多；目前有少数机构发行代币券以吸引客户。

不过随着第三方支付的兴起，第三方支付逐渐成为支付的主要方式。例如，中国互联网络信息中心（2015）发布的《2014 年中国网络购物市场研究报告》数据显示，第三方支付账户（如支付宝等）支付仍然是主流的支付方式，用户使用率占比 82.9%；网上银行支付（如借记卡、信用卡），使用率占比 65.3%；使用快捷支付/卡类支付、手机支付和货到付款的用户占比相差不多，分别为 53.8%、52.6%和 49.7%。

我国现阶段在技术、法律、信用等方面存在的问题使电子商务支付方式的网下支付与网上支付同时并存。B2C 网站需要分析其顾客群的支付方式，为顾客提供便利的支付途径。在 B2C 网站前台，需要为顾客提供不同的支付方式选择；在 B2C 网站后台，建立在线支付平台，并且需要有对线下支付方式的支持。

可以得出支付服务蓝图，如图 4-7 所示。

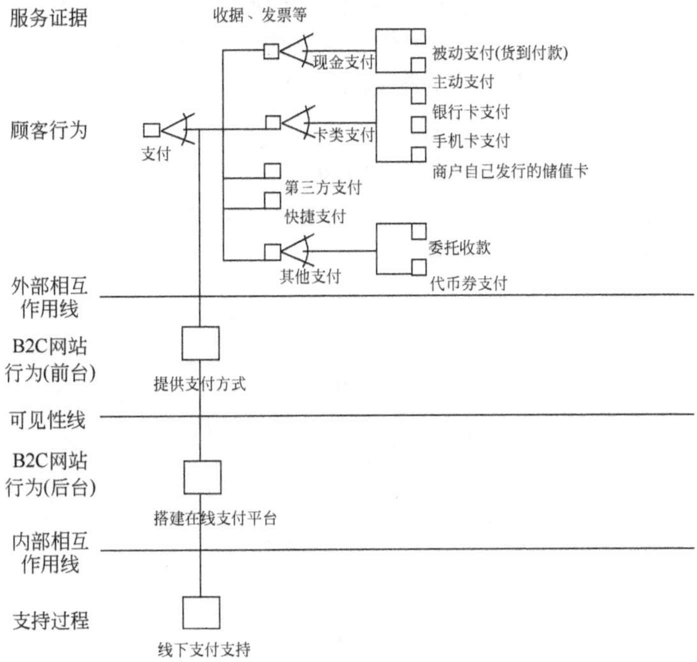

图 4-7　支付服务

5. 物流服务

支付步骤完成后，即进入等待商品的阶段。目前，大多数网站上，顾客在下订单后，在“我的订单”跟踪页上，可以跟踪商品的物流信息，顾客能查找到发货单号、配送站电话、配送公司、配送员姓名及联系方式等所有信息。这样能保证物流配送的信息透明，以方便查找货物配送的进度，即 B2C 网站前台需要显示订单相关信息，这需要 B2C 网站后台数据库系统、线上支付平台系统以及物流系统的支持。

在电子商务环境下有以下物流模式类型：企业自己建立 B2C 实物配送体系模式、第三方物流以及共同配送模式（祝明慧，2011）。

2016 年 3 月初，国家邮政局公布了 2015 年快递服务满意度和时限准时率测试结果。调查显示，用户对于快递行业的服务品质基本认可，快递服务总体满意度得分连续 7 年稳步提升，2015 年快递服务总体满意度得分为 74.0 分，较 2014 年提升 0.3 分。其中，公众满意度为 79.4 分，时测满意度为 68.5 分。

但是，中国电子商务投诉与维权公共服务平台监测数据显示，2015 年上半年网络购物投诉占电子商务类投诉的 33.86%，占最大的比例；O2O 生活服务电商紧随其后，占 26.90%；第三位是海淘，为 16.55%；第四位是网络贸易，占比为 3.80%；第五位是互联网金融，占比为 2.88%；第六位是微商，占比为 2.30%；第七位是 3G 门户诈骗，占比为 1.52%；而物流快递等其他类电商投诉占比为 12.46%。

物流快递更多的问题集中在物流服务态度和送货可靠性方面。相对而言，B2C 购物网站自建物流的方式能够满足用户一定的送货需求。但目前的物流体系无论是服务态度还是质量方面都还不能完全满足目前的市场需要。B2C 企业需要权衡各方面因素，选择适合自身的物流配送模式，为顾客提供优质的物流配送服务。

可以得出物流服务蓝图，如图 4-8 所示。

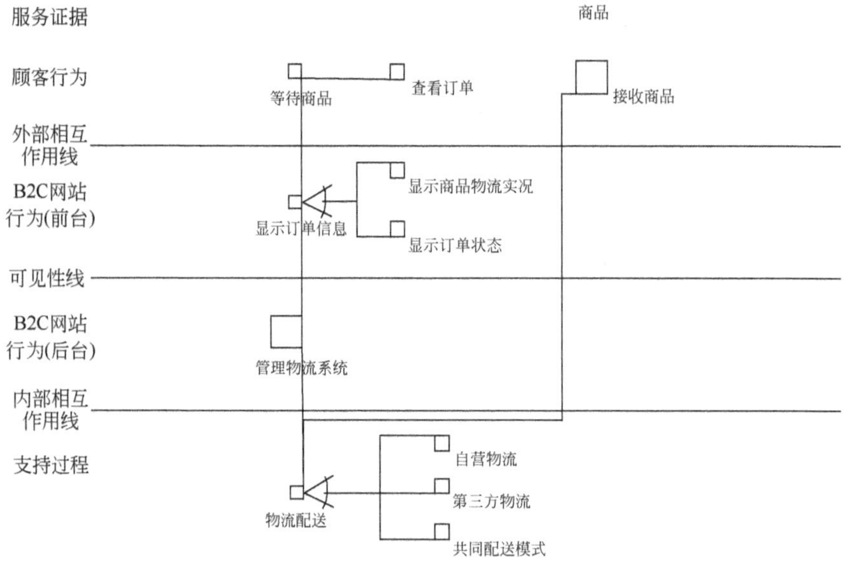

图 4-8　物流服务

6. 售后服务

顾客在当当、卓越、京东等国内最具影响力的 B2C 网站，可以通过两种方式反馈商品信息，分别是在 B2C 网站上反馈和线下通过联系售后服务中心，而 B2C 网站可以通过在网站上直接回应顾客和通过在线客服回应顾客。

如果对售后服务进行描述，可以得到售后服务蓝图，如图 4-9 所示。

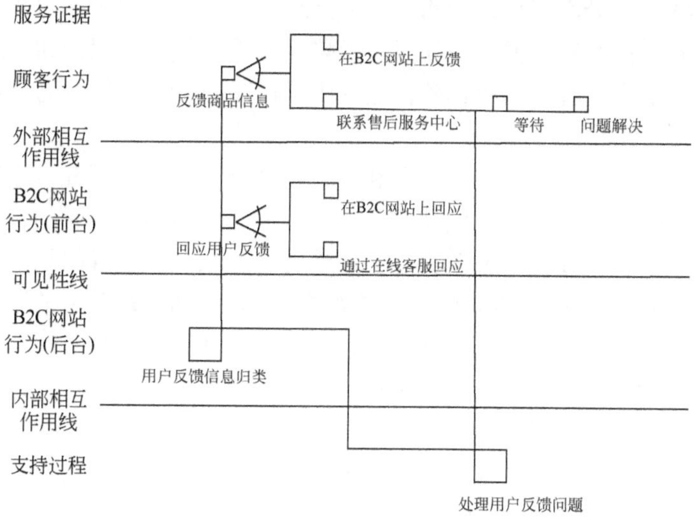

图 4-9 售后服务

网购用户反映最突出的问题是售后问题，售后服务差成为制约 B2C 购物网站满意度提升的关键因素。目前，我国网络购物的售后服务体系还很不完善，市场上对网站经营者和网购商家在售后服务的责任归属上还没有统一的标准。B2C 网站用户往往将购物网站作为主要的售后服务提供者。然而，因为很多平台是由进驻的商家来销售的，所以大部分的产品售后服务可能由厂家提供。在购物网站和商家的信息沟通中，产生的延误和推诿会使用户感受到售后服务的不便，影响购物体验。

4.4 本 章 小 结

本章对 B2C 电子商务的服务流程从理论上进行较规范的详细描述。利用服务蓝图法详细分析了总的流程，将 B2C 电子商务服务分为决策服务、通达服务、交易服务、支付服务、物流服务以及售后服务等 6 个子服务。针对以上 6 个子服务，再利用服务蓝图法，进一步深入描绘出各自的服务流程。服务流程的分析为后面基于人因工程的服务质量管理、服务证据、基于网络口碑的服务质量管理和顾客满意度的研究奠定了基础。

第 5 章　基于人因角度的服务流程设计

在电子商务发展迅速的今天，商务网站要作出自己的品牌和特色，就必须从用户角度出发，充分考虑用户的需求，才能设计和运营用户满意的商务网站。而用户满意度直接影响网站的服务质量进而影响其盈利能力，因此如何迎合用户对系统各方面的需求，提高用户体验，是各电子商务网站为之努力的目标（Nielsen and Loranger，2007）。

行为运作管理是结合认知心理学和社会心理学的理论来研究运作管理的新方法（Gino and Pisano，2008）。它研究人的行为和认知对运作系统的设计、管理与改进产生影响的相关属性，并研究这些属性与运作系统及进程的相互作用（刘作仪和查勇，2009）。当前许多领域，如经济学、金融学和市场营销的运作管理等都已开展对人的行为的研究，而运作管理的工具和技术是否成功，理论是否精确，在很大程度上取决于对人的行为的理解。

结合以上背景，本书提出基于人因角度进行商务网站的用户体验设计。人因工程是一个追求人-机-环境相互作用的管理科学（Wickens et al.，2004），本书试图从这种新的角度去量化用户体验，研究网站设计的各个因素对用户体验的影响。

在本章中，结合人因工程与用户体验理论，研究基于人因角度的商务网站用户体验。通过问卷调查得到 300 份有效用户体验数据，对商务网站从品牌、页面设计、流程设计和功能设计等方面总结和分析出有利于提高用户满意度的要素。基于量化的用户体验要素，对新蛋网和凡客诚品网这两个典型的电子商务网站进行全面的对比分析，验证本书提出的基于人因工程的商务网站用户体验的用户满意度评价标准，并以南周商城为实际案例，从页面设计、流程设计和功能设计等方面分析提出用户体验优化方案。

5.1　用户体验研究概述

5.1.1　国外有关研究

用户体验对信息服务的作用已引起国内外学术界的关注，相关学者在理论研究方面进行了大量的探索，包括用户体验的定义、内容、特征、模型及评价等（邓胜利，2008）。Garrett（2003）认为用户体验包括用户对品牌特征、信息可用性、功能性、内容性等方面的体验。Norman（1999）把用户体验的内容扩展到用户与产品互动的各个方面。Hassenzahl 和 Tractinsky（2006）认为用户体验包括三个方面的内容：超出设备（整体的、美学的和享乐的）、情感与影响（主观的、积极的、前因与后果）、体验（动态的、复杂的、独特的和暂时有限的）。Mahlke（2004）提出基本的用户体验过程模型，如图 5-1 所示。

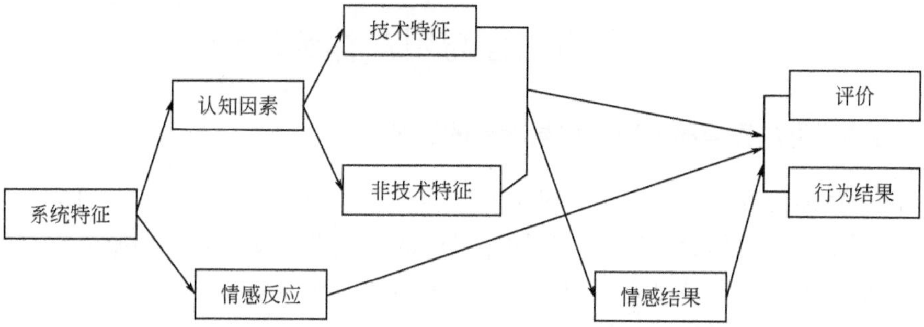

图 5-1　用户体验模型

5.1.2　国内有关研究

国内关于用户体验的研究主要体现在产品设计层面上。在“产品服务”时代，为用户提供个性化的内容及体验服务是企业优化用户体验的最佳方式。用户对产品和服务的忠诚度，也更多地来自于良好的体验带来的用户黏性。而国内近年在互联网自主开发、设计产品的流程中，已经自觉地认识到产品的“易用”“好用”的重要性。但设计和实施这些因素的主导者却仍为工程师和产品经理。这令设计对人因的思考局限于可用性的基本层面。高层次的“融合”中包含人类复杂的“情感”因素，而情感因素需要通过“艺术”而非“技术”的方式解决，因此，工程师注定不能成为用户体验设计师。当今，国内大多数设计师由于对自身职业认知、行业定位的限制，并不能完成用户体验设计的职责。

以“用户体验”作为关键词，曾对中国期刊全文数据库（2003～2011 年）进行精确式的文献检索，检索结果为 248 篇学术论文。这些论文涉及电信、印刷、装饰、信息技术和图书情报等领域，多数是介绍某一领域新推出的一种产品及解决方案，但是它们并没有对用户体验进行深入、细致的理论研究，只是抽象地利用概念。其中 22 篇文献是关于电子商务这一主题，基本上是从国外对用户体验研究中得到启发。它们在网站设计、信息构建和信息资源整合中引入了用户体验的相关理论和相关技术方法，进行了初步研究。

总结当前相关研究的不足之处表现在：

（1）缺乏完整的用户体验的理论体系；

（2）当经济从以产品为主导逻辑转向以服务作为主导逻辑尤其以信息服务为主导时，用户体验成为体验经济的重要构成要素，但我国缺乏对体验经济的深入研究；

（3）信息服务领域对用户获取信息过程中的反馈、跟踪等后续行为缺乏研究，导致技术的提升并不能带来积极的用户体验。

5.2　人因工程与用户体验理论

5.2.1　用户界面的人因工程学设计的原则

网站页面的界面设计属于人机软件界面设计中的一类。从人因学的角度去研究商务网站的用户体验，把人作为网站设计的出发点，使网站的功能分布、色彩搭配等更好地适应和满足人类的生理和心理需要，从而使商务网站更加人性化、贴合用户的需求，提供更有价值的服务。

用户界面的人因工程学设计应该基于一定的原则：

（1）确定用户：用户对界面的使用情况会受到个体因素和背景的影响，如年龄、性别、受教育程度、知识和经验等（杨明朗和王红，2007），因此确定用户是进行系统分析和设计的第一步，即确定使用应用系统的用户，不同的用户会有不同的经验、能力和要求。

（2）减少用户的负担：在设计用人机系统来完成一定的任务时，应该让计算机发挥更大的作用，更积极主动地完成更多的工作，而让用户尽可能少做工作（孙林岩等，1997；孙林岩，2005）。

（3）应用程序和用户界面分离：数据的存储组织、查询、管理由数据库管理系统完成，应用程序不处理与数据管理相关的工作，而集中实现应用功能。

（4）一致性：用户界面的一致性主要体现在输入、输出方面，即在应用程序的不同部分，甚至不同应用程序之间，具有相似的界面外观、布局、人机交互方式以及信息显示格式等（贾增岁，2007）。

（5）提供反馈：人机交互系统的反馈是指用户从计算机一方得到信息，表示计算机对用户的动作所作出的反应。

（6）及时的纠错和帮助功能：系统设计应该能够对可能出现的错误进行检测和处理，出错信息应清楚、易理解，其内容应包含出错位置、出错原因及修改建议等方面的内容。

5.2.2　基于人因角度的商务网站用户体验的评价

用户体验评价是一种用户感受的量化，这种量化需要一些因素作为评价参考指标。总结基于人因角度的用户体验文献，得出影响用户体验的因素有以下两项：

（1）认知因素（Tullis and Albert，2009）：包括人机互动的技术因素和非技术因素，技术因素的标准，如系统的有用性和易于使用性；非技术因素的标准，如享受性、视觉的美感性和内容的吸引性。

（2）情感因素：一方面包括直接和间接的情感反应，另一方面包括由认知评价过程产生的更为复杂的情感结果。

而在商务网站中量化用户体验还有 4 个互相关联的重要因素：

（1）品牌：体现在网站名、域名方面，是用户对网站品牌的认可。

（2）可用性：体现在网站设计风格，是否为用户容易接受，容易操作。

（3）功能性：体现在网站的功能设计上，是否为用户提供方便齐全的功能。

（4）内容：网站的内容也是影响用户体验度的重要因素，是用户对网站是否感兴趣的根本原因。

5.3　调查与结果分析

商务网站中，用户的购物过程大概可以包括吸引进入、决定购买、执行购买、等待 4 个阶段，而在不同阶段，用户会与网站发生一系列的交互。为对商务网站的各个方面如何结合人因工程进行分析和研究，本书以网购次数较多的用户作为调查对象，抽取了 300 人进行问卷调查，以更加清楚地了解用户需求和更客观地进行客户满意度对比分析。

本次调查对象中男性 183 人，占总数的 61%，女性 117 人，占总数的 39%；而年龄段为 20 岁及以下的占 7%，年龄段为 21～30 岁的占 81%，年龄段为 31～40 岁的占 8%，年龄段为 41 岁以上的占 4%。这个数据比较客观地反映了目前各年龄段网民的网购比例。

调查问卷涉及网站名长度及域名长度、页面设计、流程设计等问题，从而得到基于人因角度的用户体验度数据，如对网站名长度的用户调查的结果如图 5-2 所示、对网页长度的调查结果如图 5-3 和图 5-4 所示。

如图 5-2 所示，有 41.3%的用户选择“3 字”（如亚马逊），36.3%的用户选择“2 字”（如新蛋），20%的用户选择“4 字”（如凡客诚品），最后只有 2.3%的用户选择“5 字或以上”。由此可得，基于人因角度的用户满意度中网站名的长度为 2 字或 3 字更能让用户记住。

对于网站网页的长度调查，针对问题“您认为商务网站页面长度多长比较合适？”的调查结果如图 5-3 所示。

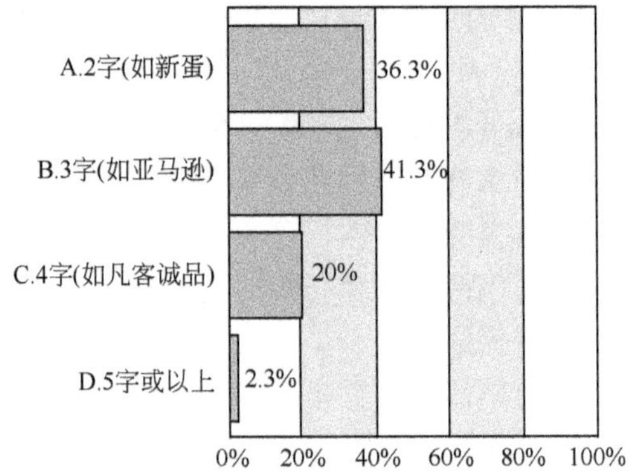

图 5-2　网站名长度用户调查结果

资料来源：问卷星，www.sojump.com

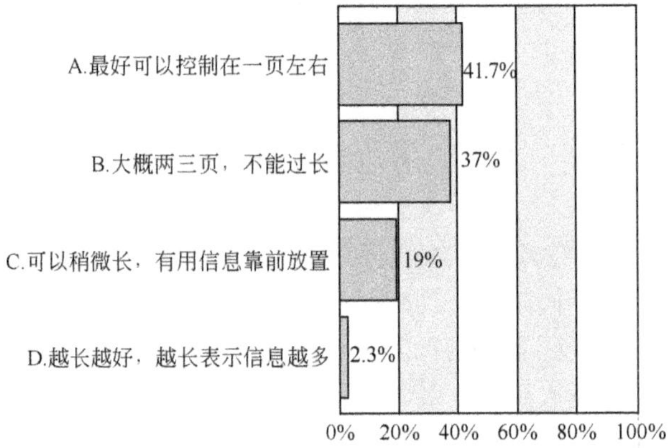

图 5-3　网站网页长度用户调查结果（首页）

资料来源：问卷星，www.sojump.com

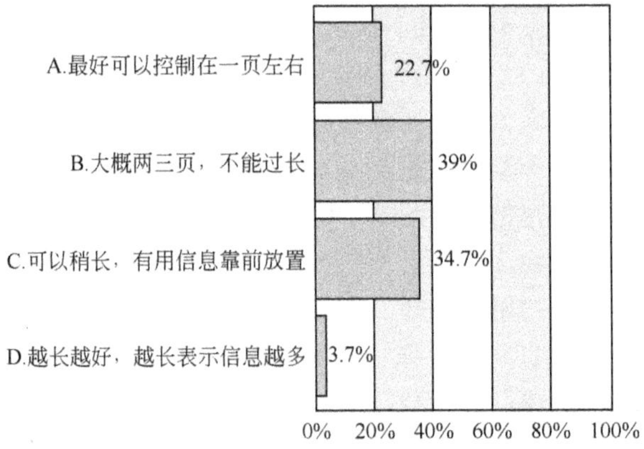

图 5-4　网站网页长度用户调查结果（商品页）

资料来源：问卷星，www.sojump.com

对于首页的页面长度，最多的是 41.7%的用户选择“最好可以控制在一页左右”，而对于商品页的页面长度调查，最多的是 39%的用户选择“大概两三页，不能过长”。所以，在网页长度的设置上，根据不同的页面设置不同的网页长度是前提条件，在这个基础上，页面不能过长。

对所有的调查结果进行总结和分析，得到如表 5-1 所示结果。

表 5-1　基于人因工程的商务网站用户体验内容及调查结果分析

范畴	题项内容	调查结果	结果分析	理论依据
网站品牌	网站中文名长度	2～3 个字（如京东、亚马逊、新蛋）	网站名长度为 2 字或 3 字更能让用户记住	科特勒，2002；张海昕等，2007
	网站域名长度	4 个字母（如 ebay）	网站域名长度最好在 4 个字母以内，越长越难记住	
网站页面设计	网页风格	色彩丰富，表现形式简洁	网页设计中色彩丰富，表现形式简洁的页面更易让用户感到舒服	张凤荣等，2002；常广庶，2004；邓明明等，2009；斯科特等，2009；王巍，2007；卡尔巴赫，2009
	导航栏	商品分类简单而具概括性	导航栏的设计简单而具概括性更容易贴合用户的需求	
	首页页面长度	最好控制在 1 页	根据不同的页面设置不同的网页长度是前提条件，在这个基础上，页面不能过长	
	商品页页面长度	最好不超过 3 页		
	图片摆放位置	图片摆在显眼的地方，旁边有文字描述	图片摆放最重要的是充分展示商品，让用户有很直观的认识	
网站流程设计	注册的必要信息	“用户名”“密码”“电子邮箱”	用户在注册时更偏向于填写最基本的信息，即简化的注册流程	杨达，2010
	注册后发确认邮件到邮箱	必要，以增加安全性	注册流程同时要考虑到用户对于账户安全的需求	
	理想的购物流程	放进购物车—去结算中心—确认地址和送货方式以及付款方式—接收发货邮件—收货并评价	用户希望购物过程可以相对简单，但是购物车、配送及支付方式、完成订单并支付这三个步骤缺一不可	
网站功能设计	页面跳转时间	3 秒以内	用户在购物时页面跳转越快，用户感觉会越好	本书设计
	提示窗体和文字	弹出提示窗口能纠正操作错误	在网站操作过程中，根据提示内容的重要性，设计提示窗口或者文字是非常必要的	
	自动计算	商务网站应提供此功能	当用户进行商品数量修改或者商品移除时，系统会对商品的运费、总价等信息自动计算并更新，减少用户计算负担	

5.4　调查结果验证与结论

根据基于人因工程的商务网站设计原则，以及用户调查得到的结论，基本上可以得出一套评价商务网站用户体验的标准。为验证该标准，以新蛋网（图 5-5）

与凡客诚品网（图 5-6）为例，进行基于人因工程的用户满意度的评价并作对比分析。如表 5-2 所示，评分标准为 1～5 分，分数越高，表明网站项目越符合人因角度的用户体验原则。

图 5-5　新蛋网首页

图 5-6　凡客诚品网首页

通过以上评分，可以总结出新蛋网在用户体验方面的总得分为 68，平均得分为 4；凡客诚品网总得分为 81，平均得分为 4.8。凡客诚品网的客户体验满意度比新蛋网高出 19.1%。

表 5-2　新蛋网和凡客诚品网用户体验评价结果对比

项目	新蛋网	凡客诚品网	结果分析
网站名	5	4	各具特色：新蛋中文名为 2 个字，域名为其英文翻译，易记；凡客诚品虽为 4 个汉字但凡客是 VANCL 的音译，也较容易记忆
网站域名	4	5	
确定用户	3	5	在确定用户方面，新蛋网的用户定义不明确，进入网站时基本不能感受到网站是面对哪类用户，而凡客诚品网整个网站风格在初见时就能强烈地感受到主要用户群是年轻人； 在减少用户的负担方面，两个网站都能提供很好的用户操作，过程中基本上不存在疑问，可是凡客诚品网能比较直观地提供更详细的信息，让用户负担减到最小； 在应用程序和用户界面分离、网站的一致性、及时提供反馈等方面，两个网站都做得很好； 在及时纠错和帮助功能方面，凡客诚品网更加注重从客户角度出发，帮助信息相对比较直观、详细
减少用户的负担	4	5	
应用程序和用户界面分离	5	5	
一致性	5	5	
提供反馈	5	5	
及时的纠错和帮助功能	4	5	
页面整体风格	3	5	新蛋网页面的整体风格在颜色以及样式的搭配上都不如凡客诚品，凡客诚品基本上符合用户需求，色彩丰富，表现形式简洁； 导航栏设计方面，新蛋的导航栏从一级导航到二级导航分类相对明晰，而凡客诚品的二级导航相对比较混乱； 页面长度方面，两个商务网站因为要展示的东西比较多，所以都较长； 在图片摆放方面，新蛋网表现得有些杂乱无章，一眼望去容易产生眼花缭乱的感觉，三栏四栏图片随意跳跃，而凡客诚品网在图片摆放方面相对比较规律，用户体验很好
导航栏设计	5	4	
页面长度	4	4	
图片摆放	3	5	
用户注册	5	4	都包括最基本信息填写，新蛋网完全符合用户对简单注册的要求，而凡客诚品网则需要输入验证码，如果从用户体验角度考虑，新蛋网的注册流程更为简单，用户体验更好； 注册以后，两个商务网站都跳回原来的页面，然后邮件通知，因此在信息确认方面都比较符合用户满意的需求
注册确认	5	5	
页面跳转速度	4	5	凡客诚品网的跳转速度比新蛋网速度快，而且时间相对稳定
提示窗口和文字	5	5	弹窗都不多，都是在必需的时候才有弹窗提醒，基于人因的角度，两个网站在这个方面的设计都比较合理
自动计算	5	5	两个网站都提供自动计算，并不需要手动更新

根据 CNNIC 的《2010 年中国网络购物市场研究报告》，在网络购物市场上，凡客诚品网的用户渗透率为 1.5%，新蛋网的用户渗透率仅为 0.3%；凡客诚品网用户单一度为 23.3%，新蛋网用户单一度仅为 2.9%；凡客诚品网的品牌转化率达 54.8%，新蛋网的品牌转化率为 45.3%；购物网站新增用户中，10.9%的新增用户最近半年开始使用凡客诚品网，仅 1.1%的新增用户最近半年开始使用新蛋网。可

见，凡客诚品网的认知、情感、品牌、可用性、功能性、内容各方面指标均高于新蛋网，体现为凡客诚品网的整体用户满意度高于新蛋网。

可以得出基于人因工程的商务网站用户体验的评价用户满意度标准，如图 5-7 所示。

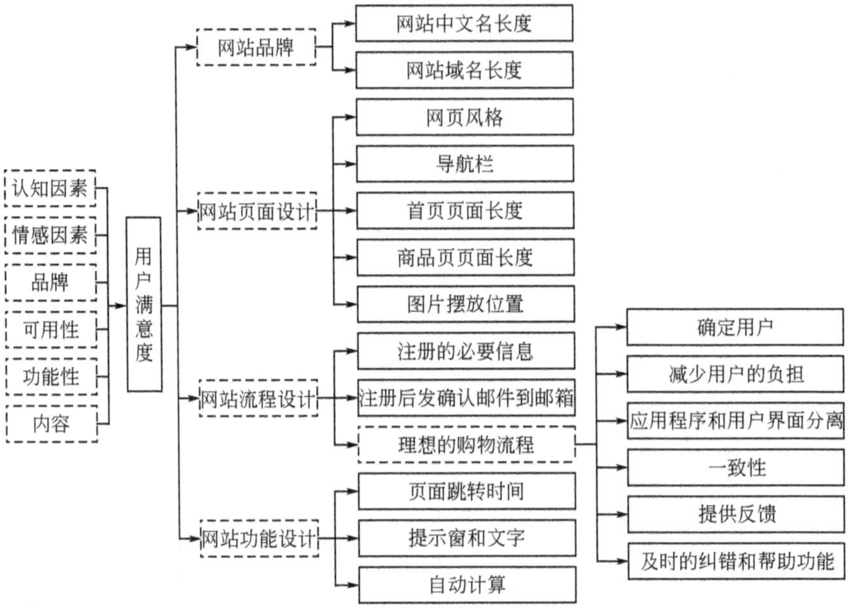

图 5-7　基于人因工程的商务网站用户体验的评价用户满意度标准

从图 5-7 可知，商务网站的认知因素、情感因素、品牌、可用性、功能性以及内容影响着商务网站的用户满意度。根据以上 6 个因素，调查用户购物过程中影响用户满意度的具体指标，并归纳为网站品牌、网站页面设计、网站流程设计以及网站功能设计 4 个维度。根据基于人因工程的商务网站用户体验的评价用户满意度标准，可以分析得出商务网站当前的用户满意度水平，并为商务网站提出建议，提高用户满意度水平。

5.5　南周商城的网站用户体验方案

南周商城（shop.infzm.com）（首页如图 5-8 所示）是南方周末新媒体有限公司依托南方报业的强大资源以及南方日报出版社的优质图书出版体系搭建的在线商城，提供南方周末报系一报两刊：《南方周末》、《南方人物周刊》和《mangazine|名牌》的订阅、过刊零售服务，还提供图书网络首发、在线订购服务；同时是南方周末周边商品的唯一指定的在线销售平台。

图 5-8　南周商城首页

南周商城是一个针对性强、市场定位非常明确的网站，主要销售南方传媒集团旗下的文化书籍与刊物，受众比较明确。

笔者曾经通过浏览和体验，从基于人因工程的用户体验角度出发，发现当时网站存在需要改进的地方，具体的用户体验改进方案见表 5-3。

表 5-3　南周商城的网站用户体验改进方案

项目	现状	改进建议	建议分析
网站名	5	5	南周商城网站（简称南周）名为 4 个字，“南周”凭借着“南方周末”报纸的高知名度被用户记住，而“商城”体现了网站的 B2C 性质，因此南周在网站名称上具有其优势。南周域名为 shop.infzm.com，自定义域名为 5 个字母，和南方周末网 www.infzm.com 属于同一个体系，因此域名也是该商城网站的优势
网站域名	4	4	
确定用户	0	4	在南周商城购物时不需要注册，所以不需要填写注册信息，导致网站无法对用户进行更进一步的了解，实施个性化的网络营销，建议南周商城提供注册登录购物功能，也提供直接购物功能，这样更容易把握一些忠实用户的信息； 南周商城购物流程采用最简单便捷的过程，在整个流程中只需用户填写最必要的信息，没有冗余步骤，是用户体验较好的流程设计； 基于人因角度的网站设计，南周网站比较符合“及时的纠错和帮助功能”原则
减少用户的负担	5	5	
应用程序和用户界面分离	5	5	
一致性	5	5	
提供反馈	5	5	
及时的纠错和帮助功能	4	4	

续表

项目	现状	改进建议	建议分析
页面整体风格	3	5	南周商城的页面色彩单一，表现形式简洁，在整体风格方面称不上用户体验良好的网站，建议南周商城在页面风格设计上可以对颜色加以运用，能够丰满地用色彩把网站的层次感体现出来； 在导航栏设计方面，南周商城的导航栏设计比较符合用户的需求。不过需要改进的是，一般用户习惯在网站顶部寻找导航栏，而南周商城的导航栏纵向排放，并且在最新公告的下面，建议南周商城将两者位置对调，突出导航栏； 在页面长度方面，南周商城的首页长度在两页左右，商品页长度为 3～4 页。这些都较符合调查所得的结论，即用户期望首页长度在 1 页以内或者 2～3 页，商品页为 2～3 页并且能充分展示商品； 在图片摆放方面，南周商城首页较整齐地陈列了商品，但在商品页面没有更多的商品图，这样使用户对商品信息的接受不全面，而且没有直观的图片展示商品，用户满意度会大大降低。商城应该放入更多商品图片，或者提供放大功能，让用户更加全面、直观地了解他们有意要购买的商品，优化用户体验
导航栏设计	4	5	
页面长度	4	5	
图片摆放	3	5	
用户注册	—	5	在南周商城购物时不需要注册，所以不需要填写注册信息； 可是对于部分用户，还是会希望可以在网站注册，进行一些积分的累积或者有用信息的获取，建议南周商城在直接购物功能的基础上，可以增加注册登录购物功能
注册确认	—	5	
页面跳转速度	5	5	经测试，南周商城的页面跳转时间平均值约为 1.24 秒，页面跳转较快，并且速度稳定，可以提供一个良好的用户体验
提示窗口和文字	5	5	在提示窗口和文字方面，当将商品加入购物车，或者商品缺货提醒的时候会出现弹框提示，文字提示较少
自动计算	5	5	南周商城购物车设计为提供自动计算，并不需要手动更新，所以在这方面用户体验良好

（1）商品较少，页面颜色单一，表现形式简洁。需要在页面风格设计上加强对颜色的运用，表现出网站层次感。

（2）要强调导航栏的作用，应该把最新公告与纵向的导航栏位置对调，突出导航栏。

（3）商品页图片太少，应该加入更多商品图片，或者提供放大功能，让用户更加全面、直观地了解商品。

（4）网站在直接购物功能的基础上，可以增加注册登录购物功能，这样更容易把握一些忠实用户的信息，进行个性化营销。

南周商城的总得分为 62，平均得分为 4.1；如果按照分析建议改进，可以实现总得分为 82，平均得分为 4.8。分析建议后的得分与凡客诚品网接近。因此，根据基于人因工程的商务网站用户体验的评价用户满意度标准，对南周商城进行改进，认知、情感、品牌、可用性、功能性、内容等各方面指标均会得到提高，并最终体现为总体用户满意度的提高。

5.6 本章小结

Web 2.0 时代的核心理念是真正以用户为中心和提供丰富的用户体验，这种新的理念直接促使业界采用新的网站设计方法。本书提出从人因角度来分析和评价商务网站的用户体验，提出从网站品牌、网站页面设计、网站流程设计和网站功能设计等 4 个方面构建用户体验的具体要素。基于相关结论，对新蛋网和凡客诚品网从用户体验方面进行较全面的比较，验证了本书提出的用户体验标准；并以南周商城为例，对商务网站的页面设计、流程设计和功能设计等方面进行用户体验研究，总结出南周商城用户体验优化方案。本书从行为运作管理角度，提出商务网站的量化的用户体验要素对于提高商务网站的用户满意度具有重要参考价值。

当然，现在的凡客诚品距离其辉煌的时候已很远。但自 2007 年 10 月 18 日正式上线以后，其年收入增长率达到惊人的 29 576.86%。2009 年在服装自有品牌 B2C 网站当中，凡客诚品更是以 28.4%的市场份额排名第一（罗文丽，2010）。可见，在 B2C 市场竞争相对并不激烈的时候，凡客诚品在其网站运营方面能够取得较高的客户满意度。

而在提高用户满意度方面，永远不存在完美用户体验的终点。本书基于用户体验的调查数据，从人因的角度去研究商务网站的用户满意度。本书没有考虑整个 B2C 电子商务服务流程，而只着眼于网站的用户体验方面，另外调查中个别题项设计得较为抽象。这些都是本书的局限所在。随着交互设计的重要性日益凸显，商务网站用户体验的研究将得到更好的重视，对于评价 B2C 电子商务服务流程用户体验的体系也将会得到进一步的完善。

第 6 章　基于人因工程的 B2C 电子商务服务质量管理

本章从质量管理角度研究 B2C 电子商务服务。基于前期的研究工作，包括构建 B2C 电子商务服务质量评价体系与模型和详细分析 B2C 电子商务服务流程，应用人因工程理论，改进质量管理工具 QFD，建立基于人因工程的 B2C 电子商务服务质量管理框架。

应用本书框架，定性输入模糊的 B2C 电子商务服务质量需求，确定质量特性，定量输出 B2C 电子商务服务质量特性设计指标，指导 B2C 电子商务网站提升其服务质量，达到管理 B2C 电子商务服务质量的目的。

其中，基于人因工程的 B2C 电子商务服务质量管理框架包括：B2C 电子商务服务质量需求的输入、B2C 电子商务服务质量特性的输入、B2C 电子商务服务质量特性设计指标的输出三部分。

在 B2C 电子商务服务质量需求输入部分，在根据“B2C 电子商务网站服务质量评价体系与模型”初步得出用户质量需求后，从人因工程的角度考虑，应用基于改进型 QFD 的质量需求获取方法，进一步提取质量需求，确保输入 QFD 的质量需求的全面性。整合 Kano 模型，筛选并确定可信用户质量需求权重，并根据现有 B2C 电子商务服务水平，修正可信用户质量需求权重，确保根据质量需求权数导出的质量特性重要度的合理性。

在 B2C 电子商务服务质量特性输入部分，根据 B2C 电子商务服务意象语意和可信用户质量需求抽取服务质量特性，确保输入 QFD 的质量特性的合理性。

在此，基于 QFD 中的质量屋（HoQ）技术，建立需求映射质量屋，将质量需求映射到质量特性，导出质量特性的重要度，确保将质量需求完整地传递到 B2C 电子商务服务过程中去。

在 B2C 电子商务服务质量特性设计指标输出部分，综合考虑质量特性的重要度以及等级，对比分析国内现有大型 B2C 电子商务网站，结合相关理论研究，分别提出质量特性具体设计指标，为国内 B2C 企业提供实践参考。

6.1　结合人因工程的服务质量

电子服务是一种交互式的、以内容为中心的基于互联网的客户服务。它由客户驱动，并与组织的相关客户支持过程与技术相集成（Ruyter et al.，2007）。电子服务质量被定义为网站提供的高效的挑选、购买以及递送的便利程度（Parasuraman et al.，2005），并且它对区别电子商务提供商和获得竞争性优势具有重要意义（Benaroch　and Appari，2011；Kim and Lee，2009；Shaaban and Hillston，2009）。

服务质量越来越被认为是电子商务的重要方面（Santos，2003），如果没有质量管理方法来保证系统、工作人员和提供商的质量，企业就不能提供适当水平的服务质量以满足客户（Cox and Dale，2001）。大量研究聚焦于确认电子服务质量的维度而未发现电子服务质量的哪些属性有助于提高质量（Heim and Field，2007；Van Riel et al.，2011；Santos，2003；Zhang and Prybutok，2005）。因此需要深入研究质量管理方法以根据客户满意需求来协助运营。

Forbes（2002）指出当电子服务与人的接触合理地集成在一起时，在最大化投入电子服务技术和呼叫中心的员工时，系统与人的协同作用可以创造更高水平的客户满意度。人因工程或人机工程运用有关人的能力与局限方面的知识来设计系统、组织、工作、机器、工具和消费产品，以提供安全、有效和合适的应用（Helander，1997）。随着人机知识和研究的发展，以及各种新问题的出现，人机工程学（或人因工程学）的应用已经历了较长时间的发展。Strawderman 和 Koubek（2008）提出基于人因工程来改进服务质量的评测工具。他们认为在大多数服务系统中存在人的成分，包括客户端和企业方。因为人的大量参与，所以这些系统中存在人因的应用就变得非常合理。相关文献已经指出应用人因工程提高电子服务质量的重要性，但尚未见到文献提出从服务流程角度应用人因工程。Shostack（1987）也认为有些词的应用模糊了服务的基本属性，那就是过程而不是具体的对象。本书提出基于人因工程来确定有关 B2C 电子商务服务过程的质量需求。

Miles 等（2000）提出在电子商务中理解人因工程的框架，聚焦于参与 B2C 电子商务的顾客，提出的框架分为 4 类：前端、策略管理、比较支持和市场。但他们只将人因工程学应用于用户使用购物网站的环节，具有局限性。本书针对 B2C 电子商务服务质量，在前期分析 B2C 电子商务服务流程的基础上，应用人因工程学于 B2C 电子商务服务总流程，即应用人因工程学理论、工具分析 B2C 电子商务服务总流程，得出 B2C 电子商务服务各子流程的质量设计目标，根据服务即流程的观点，通过控制服务流程来控制服务质量。

人因学专家通常采用质量功能展开 QFD 来制定系统规格。Barnes 和 Vidgen

（2001）提出 QFD 是被应用于确定用户需要的网站质量的框架，后续将这种研究置于更广的范围，通过考虑互动方面的因素，改进 WebQual 1.0，得到 WebQua 12.0。但是，这些研究只从信息的角度研究电子商务网站的质量，是具有局限性的。

Chang 等（2009）基于全面质量管理理论和工具从用户质量需求角度创建了电子商务网站质量模型，利用 QFD 工具得到定性指标，但并没有得出服务质量管理的相关定量指标。根据人因学相关理论，人因学专家采用系统设计把用户需求和目标转换成系统规格。本书利用 QFD 工具，并融合相关理论与调查结论，最终得出 B2C 电子商务服务质量管理的定量指标。

Matzler 和 Hinterhuber（1998）提出将 QFD 与 Kano 模型结合的方法来理解客户定义的质量，这可以深入理解客户需求和客户关注。Tan 和 Pawitra（2001）通过整合 SERVQUAL（Parasuraman et al.，1988）和 Kano 模型来研究服务的意义，指出将 Kano 模型和 SERVQUAL 整合到 QFD，可以更好地理解消费者需求。Parasuraman、Zeithaml 和 Malhotra 共同提出 E-S-QUAL 来评价电子商务的质量。在这些文献中，只是提出了整合服务质量评价模型与 Kano 模型的概念模型。本书在前期研究的基础上，把 B2C 电子商务网站服务质量评价体系与模型和 Kano 模型整合到 QFD 中，改进 QFD 并应用于 B2C 电子商务服务总流程，定量得出 B2C 电子商务服务各子流程的质量设计目标。

本书流程的框架如图 6-1 所示。

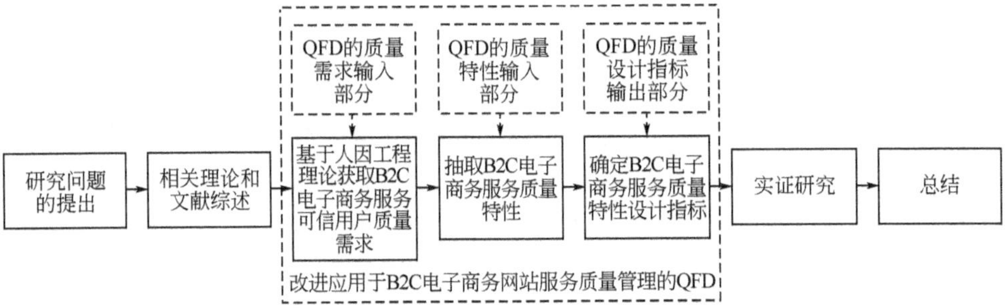

图 6-1　研究框架

6.2　QFD 与 Kano 模型

6.2.1　QFD

QFD 是由日本质量专家赤尾洋二于 1966 年首次提出的一种面向市场的产品设计与开发的设计过程。1989 年，Akao 总结了 Oshiumi 等的研究成果，提出质量展开（QD）并作出定义：将用户需求转换为对应的质量特征，确定完成产品的设计质量，并将这种质量系统地展开成为组件质量、单个部件质量和过程元素以及它们之间的关系。

质量功能展开（QFD）过程是通过一系列图表和矩阵来完成的，其中起重要作用的是质量屋（HoQ）（图 6-2），使用 HoQ 的目的是反映用户的需求和品位（Hauser and Clausing，1988；Shen et al.，2000）。在图 6-2 中，CQR（Credible Quality Requirement）代表可信服务质量需求，而 QC（Quality Characteristic）代表服务质量特性。

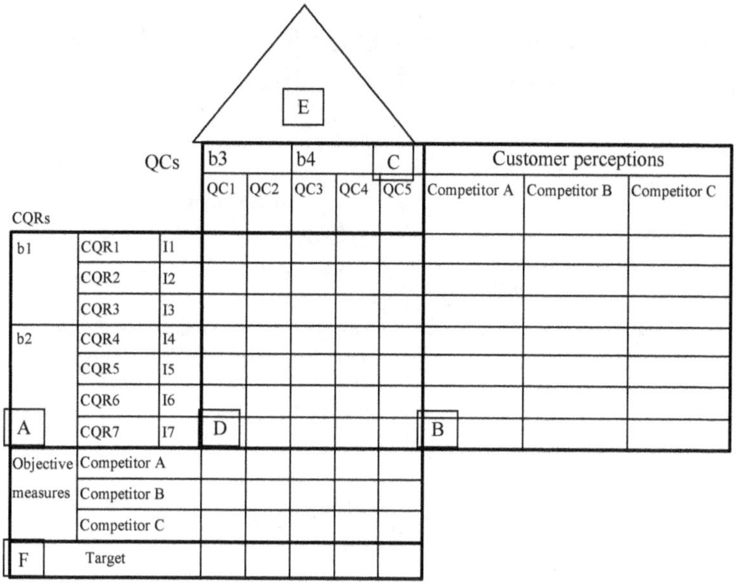

图 6-2　HoQ

其中，传统 QFD 的需求获取过程，通常结合 5W1H 和溯源法进行现场调查，之后通过 VOC（voice of customer）表转化原始数据，并运用 KJ 法（亲和图法）和树状图进行需求整理（图 6-3）。

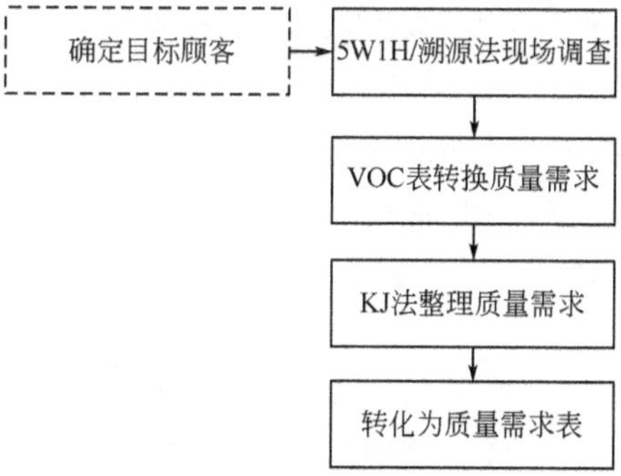

图 6-3　传统的 QFD 需求获取过程

在传统的 VOC 获取过程中，市场调查人员一般直接让顾客提出问题或者期望，然后通过 KJ 法的分组方式，总结顾客需求结构。从人因的角度考虑，顾客能够清晰陈述的需求只占其全部需求的很小一部分，故通过直接询问的方式获得的顾客需求往往是不全面的，本书将从人因工程的角度，改进传统 QFD 的需求获取过程。

6.2.2 Kano 模型

在 Kano 模型中，Kano 等（1984）根据不同类型的质量特性与用户满意度之间的关系，将产品或服务的需求分为三类，如图 6-4 所示。

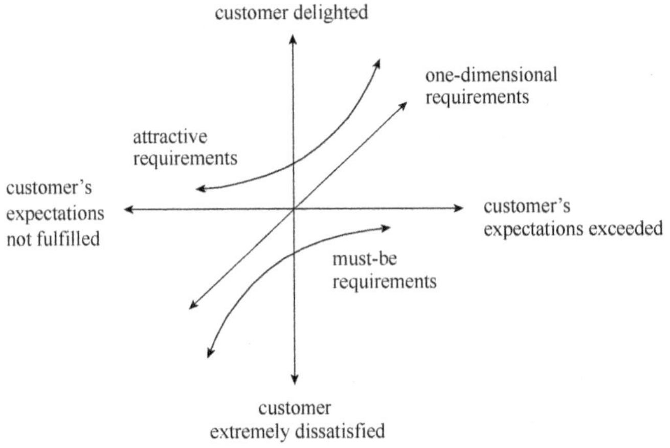

图 6-4　Kano 模型

基本型需求（must-be requirements）是用户认为产品或服务必须具有的属性或功能。不满足用户需求时，用户很不满意；满足用户需求时，无所谓满意不满意，用户充其量是满意。

期望型需求（one-dimensional requirements），用户的满意度与期望型需求的实现水平有关，当期望型需求能够满足时，会提高用户的满意度，不充分时会引起不满。

兴奋型需求（attractive requirements）要求提供给用户一些完全出乎意料的产品属性或服务行为，使用户产生惊喜。当其特性不充足并且是无关紧要时，用户无所谓；当产品提供了这类需求中的服务时，用户就会对产品非常满意，从而提高用户的忠诚度。

表 6-1 Kano 评分表有 6 个结果，其中有 3 种需求已提到：A 代表兴奋型需求（attractive requirements）、O 代表期望型需求（one-dimensional require-ments）、M 代表基本型需求（must-be requirements）。此外，Q 代表可疑结果，指用户的回答

自相矛盾，可疑结果共两个，即用户对正反两面的回答均为“我喜欢”或“我不喜欢”。R 代表逆向结果，指用户回答与调查问卷设计者的意见相反。调查问卷设计者认为，正向问题比反向问题具有更高的用户满意度，但是用户的回答显示反向问题比正向问题具有更高的用户满意度，这显然与调查问卷设计者的意见相反。I 代表无差异结果，指用户对问卷所提出的问题漠不关心，即此需求不论满足与否，都不会影响用户满意度。

表 6-1　Kano 评分表

产品需求		有关不能实现该需求的问题				
		我喜欢	理应如此	无所谓	我能忍受	我不喜欢
有关实现该需求的问题	我喜欢	Q	A	A	A	O
	理应如此	R	I	I	I	M
	无所谓	R	I	I	I	M
	我能忍受	R	I	I	I	M
	我不喜欢	R	R	R	R	Q

需求的归类并不能改善用户的满意度，因此 Walden（1993）定义了改善质量的指标公式为

$$a = (\mathrm{A} + \mathrm{O})/(\mathrm{A} + \mathrm{O} + \mathrm{M} + \mathrm{I}) \tag{6-1}$$

$$b = (\mathrm{O} + \mathrm{M})/(\mathrm{A} + \mathrm{O} + \mathrm{M} + \mathrm{I}) \times (-1) \tag{6-2}$$

式中，a 为满意度，b 为不满意度。满意度介于 0～1 范围内，当其值接近于 1 时，代表很大程度影响用户的满意度；当其值接近于 0 时，表示对用户的满意度影响非常小；不满意度介于−1～0 范围内，当其值接近于−1 时，表示质量属性没有达成时，对用户不满意度的影响非常大；当其值接近于 0 时，表示质量属性没有达成时，不会引起用户的不满。

6.3　应用于 B2C 电子商务服务质量管理的 QFD

6.3.1　B2C 电子商务服务质量需求的输入

基于传统的 QFD 质量需求获取过程，本书对 QFD 中 B2C 电子商务服务质量需求的输入部分进行改进，思路如图 6-5 所示。

以“B2C 商务网站服务质量评价体系与模型”为基础，根据“B2C 商务网站服务质量评价体系与模型”指标提取初始用户质量需求，而“B2C 商务网站服务质量评价体系与模型”的初始指标是在总结相关研究的基础上，通过咨询有关专家而确定的。根据人因工程相关理论，对人因学专家而言，系统或产品的设计应

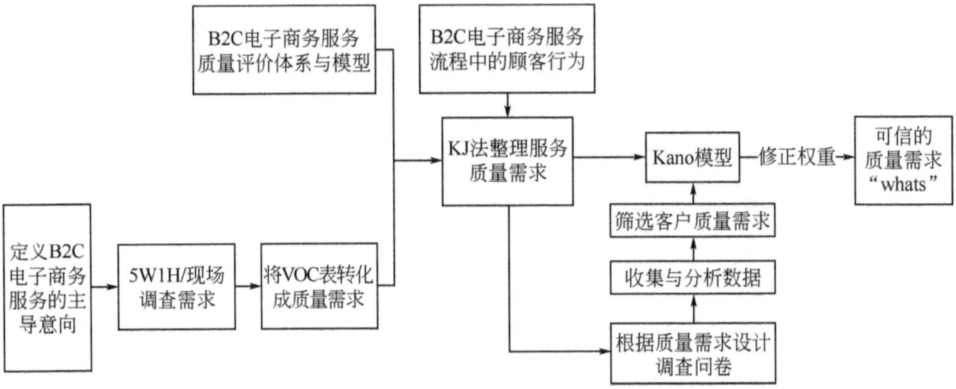

图 6-5　基于人因工程理论获取可信用户质量需求

以用户为中心。人因学专家的目标在于发现可满足用户需求的系统设计，而不是设计一个需要用户去适应的系统。而由于"基于改进型 QFD 的质量需求获取方法"整合了感性工学思想，符合人因工程理论，因此本书在"B2C 商务网站服务质量评价体系与模型"指标的基础上，采用"基于改进型 QFD 的质量需求获取方法"，进一步获取用户质量需求。

其中，"基于改进型 QFD 的质量需求获取方法"如图 6-6 所示。

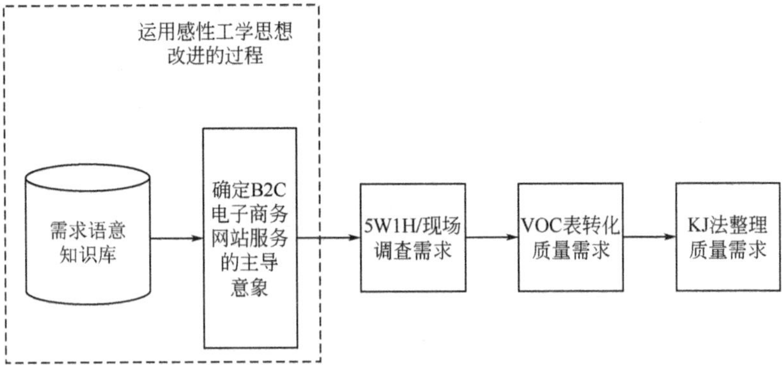

图 6-6　基于改进型 QFD 的质量需求获取方法

应用 Kano 模型筛选用户质量需求，可按照以下步骤：

（1）根据用户质量需求设计问卷；

（2）收集数据并进行分析；

（3）筛选用户质量需求。

根据"B2C 商务网站服务质量评价体系与模型"和"基于改进型 QFD 的质量需求获取方法"获取初始用户质量需求后，基于人因工程相关理论，以 B2C 电子商务服务流程中"顾客行为"为基础，利用亲和图法整理用户质量需求。

其中，前期对 B2C 电子商务服务流程的研究得到 B2C 电子商务服务总流程的服务蓝图（图 6-7）。如图所示，围绕着顾客行为，B2C 电子商务服务总流程可以分为选择购物渠道、访问 B2C 网站、进行交易活动、支付、等待商品、接收商品以及反馈商品信息等 7 个子流程；B2C 电子商务服务分为决策服务、通达服务、交易服务、支付服务、物流服务以及售后服务。

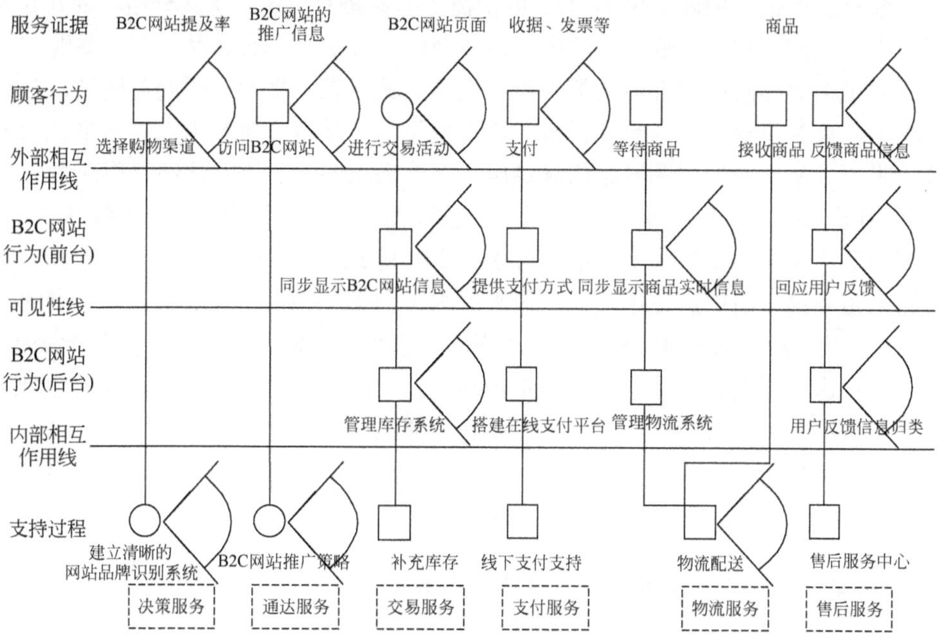

图 6-7　B2C 电子商务服务总流程

因此，本书利用亲和图法整理用户质量需求时，将用户质量需求对应用户行为，从用户行为的角度整理，并分别以决策服务、通达服务、交易服务和支付服务、物流服务以及售后服务为第二级水平，以“B2C 电子商务服务”为第一级水平。其中，由于交易服务与支付服务以用户操作 B2C 网站的行为为主，故合称为交易与支付服务。

获取并整理用户质量需求后，继续应用 Kano 模型，筛选出对用户满意度影响程度大的用户质量需求。

对于筛选出来的用户质量需求，根据 Kano 模型可以得出，第 i 项质量需求对满意度的影响值为 a_i，第 i 项质量需求对不满意度的影响值为 b_i，于是第 i 项质量需求对满意度的影响值权数为 $A_i = \dfrac{a_i}{a_1 + a_2 + \cdots + a_n}$，第 i 质量需求对不满意度的影响值权数为 $B_i = \dfrac{b_i}{b_1 + b_2 + \cdots + b_n}$。根据权数，可求出第 i 项质量

需求的影响权数为 $m_i = \dfrac{A_i + B_i}{A_1 + A_2 + \cdots + A_n + B_1 + B_2 + \cdots + B_n}$，显然有 $\sum_{i=1}^{n} m_i = m_1 + m_2 + \cdots + m_n = 1$。根据 B2C 企业实际满足质量需求的水平调整调查所得的用户质量需求权重，继续修正根据 Kano 模型得到的用户质量需求权重，利用修正后的权重计算质量特性的权重。

选取当年销售额前十位的 B2C 电子商务网站进行分析，将其分组：后五名为第一组，代表了相对较低水平的电子商务网站，分别是凡客诚品、苏宁易购、麦网、易讯、库巴网；前五名为第二组，代表了相对高水平的电子商务网站，分别是淘宝、京东、卓越、当当、新蛋。通常把每项满足用户质量需求的水平分为五级，组织专家对两组中各网站的满足用户质量需求的水平进行评级，再对两组中满足用户质量需求水平的评定等级进行平均，可得第一组中第 i 项满足用户质量需求的水平为 y_i，第二组中第 i 项满足用户质量需求的水平为 y'_i。通过第一组和第二组中满足用户质量需求的水平，确定建议的 B2C 企业要达到的水平 z_i，因此，对于第 i 项用户质量需求而言，水平提高率为 $u_i = z_i / y_i$，依此类推。

根据水平提高率，确定关键质量需求，以符号 Φ 表示；确定重要质量需求，以符号 Ю 表示。第 i 项用户质量需求的绝对重要度 $\tilde{m}_i = z_i \times u_i \times s_i$，其中 s_i 是重点分，可规定如下：Φ 代表重点分 1.5，Ю 代表重点分为 1.2，Θ 代表重点分为 1，第 j 项的可信质量需求为 $\tilde{m}'_i = \tilde{m}_i / \Sigma_{i=1}^{n} \tilde{m}_i$。

6.3.2　B2C 电子商务服务质量特性的输入

设计需求的结果源于将客户的需求转换为技术细节（Govers，1996），因此，将围绕着用户服务质量需求抽取 B2C 电子商务服务质量特性。

因此，本书采用亲和图法将 B2C 电子商务服务质量特性整理成层次表。在本书中，采取“根据 B2C 电子商务服务意象语意抽取”（杜鹤民，2013）和“根据可信用户质量需求抽取”（熊伟和王晓暾，2010）两种方式获得 B2C 电子商务服务质量特性，如图 6-8 所示。

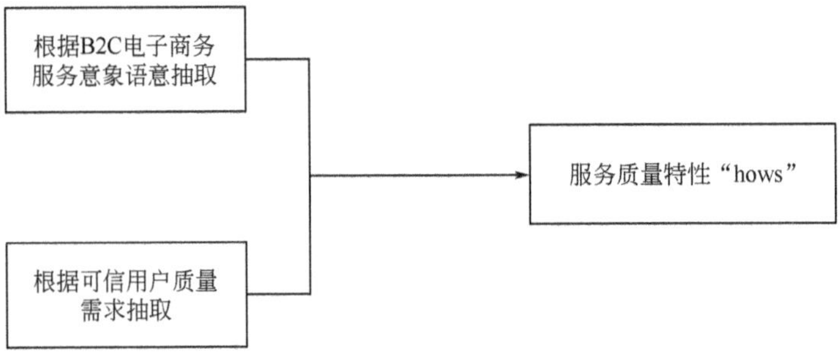

图 6-8　获取质量特性

根据 B2C 电子商务服务意象语意抽取服务质量特性，是对“基于改进型 QFD 的质量需求获取方法”中获得的 B2C 电子商务服务的主导意象逐层进行分析，得到影响这些意象语意形成的因素，从而得出 B2C 电子商务服务质量特性，并描述成鱼骨图。

根据可信用户质量需求抽取服务质量特性，是以本书中获得的用户质量需求为基础，分析用户质量需求需要的输入和输出数据，逐一抽取服务质量特性，构造服务质量特性展开表。

6.3.3　B2C 电子商务服务质量特性指标的输出

在确定 B2C 电子商务服务质量需求和质量特性后，利用 QFD 中的 HoQ 技术建立两者之间的映射关系，即确定质量屋的关系矩阵：选用特定符号，表示每项质量需求和质量特性之间关系强弱的程度。通常用◎、○、△、空白等表示强弱程度：◎表示强关系、○表示中等关系、△表示弱关系、空白表示无关系。在第 i 项用户质量需求所在行与第 j 项质量特性所在列的交会处，填上表示两者关系强弱的符号，就形成质量的关系矩阵。

进一步确定质量特性的重要程度：QFD 方法通过加权评分把质量特性的重要度予以量化。具体赋值为：◎给 9 分，○给 3 分，Δ 给 1 分，空白不给分。这样关系矩阵就化为配分矩阵$[r_{ij}]$，r_{ij}是第 i 项用户质量需求与第 j 项质量特性的关系配分。于是，第 j 项质量特性的重要度 w_j 为诸 r_{ij} 的加权 $\tilde{m}_i$ 之和，即 $w_j = \sum_{i=1}^{n} \tilde{m}_i r_{ij}$ 。

根据质量特性的重要度为每项质量特性评定等级，明确每项质量特性的重要程度，通常把每项质量特性重要度分为 5 个等级。综合考虑质量特性的等级，对比分析国内销售额前十位的 B2C 电子商务网站的服务质量特性，包括淘宝、京东、卓越、当当、新蛋、凡客诚品、苏宁易购、麦网、易讯、库巴网，定量输出 B2C 电子商务服务质量特性的设计指标。

6.4　应用改进的 QFD 研究 B2C 电子商务服务质量

6.4.1　调查对象的选择

统计 2010 年国内网购用户的职业类型：企业公司人员网购用户占 35.8%，比例最大；其次是学生，占 15.1%。而 2010 年国内互联网用户中，职业类型是学生的网民占 29.9%。可见，企业公司人员是 B2C 网络购物的主力军，同时只有 50.5% 的学生网民是网购用户，但学生群体无疑是一个巨大的潜力市场。而由于在国内网购用户中，学历在大专及大专以上的网民占 69.5%，故在本书的调查中，选择学历为大专及大专以上的熟悉电子商务的企业公司人员和学生作为调查对象。

6.4.2　输入 B2C 电子商务服务质量需求

1. 根据“B2C 商务网站服务质量评价体系与模型”获取用户质量需求

根据“B2C 商务网站服务质量评价体系与模型”初步得出用户质量需求，并利用亲和图法围绕“顾客行为”，将用户质量需求进行初步整理。

2. 根据“改进型 QFD 的质量需求获取方法”获取用户质量需求

1）收集表达 B2C 电子商务服务意象的语意词汇

由于“B2C 电子商务服务”比较抽象，基于人因工程相关理论，从用户的角度出发，分别从描述 B2C 电子商务购物流程、B2C 电子商务网站本身、B2C 电子商务网站的信息以及 B2C 电子商务网站提供的商品 4 个方面出发，收集表达 B2C 电子商务服务意象的语意词汇。并且，采取以下 3 种方式收集语意词汇：

（1）从各大网站的介绍和描述中提取；

（2）调查对象访谈，从对目标消费人群的访谈中获取；

（3）查阅文献，从相关文献对 B2C 电子商务服务的描述中获取。

汇总筛选收集到的语意词汇，整理成表 6-2。根据表 6-2，可设计“关于 B2C 电子商务服务的问卷调查表（1）”。

表 6-2　经筛选整理后的表达 B2C 网络购物的语意词汇

项目	语意词汇						
购物流程	方便的	快捷的	省时的	高效的	可控的	安全的	平等的
	有所期待的	期待溢出的	一站式的	周到的	简单的	服务态度好的	
网站本身	网站好用的	信赖的	网站好看的	专业的	可靠的		
	网站好记的	网站回应快的	重视用户的	规范的			
网站的信息	信息充足的	真实的	准确的	个性化的	信息清晰的	信息更新快速的	
网站提供的商品	便宜的	性价比高的	质量好的	种类多的			

2）主导意象

统计“关于 B2C 电子商务服务的问卷调查表（1）”的结果，取电子商务服务意象语意选择频数最大的前 12 位，如表 6-3 所示。

表 6-3　B2C 电子商务服务主导意象语意

语意	选择频数	语意	选择频数	语意	选择频数
方便的	18	信息更新快速的	13	网站回应快的	12
快捷的	16	服务态度好的	12	重视客户的	12
真实的	16	专业的	12	准确的	12
性价比高的	16	可靠的	12	质量好的	12

以上 12 种主导意象分别渗透到 B2C 电子商务购物流程、B2C 电子商务网站本身、B2C 电子商务网站的信息及 B2C 电子商务网站提供的商品等 4 个方面。

在确定 B2C 电子商务主导意象后，采用 5W1H 访谈的方式，以主导意象为中心点，对用户 B2C 网络购物的场景进行调查和分析。为确保调查全面，用户 B2C 网络购物的场景根据 B2C 电子商务服务流程中“顾客行为”设计。根据现场访谈的结果，将原始数据及属性数据等纳入 VOC 表中，将其转化成质量需求。

综上所述，可整理出相对全面的 B2C 电子商务服务质量需求层次表。

6.4.3 应用 Kano 模型筛选用户质量需求

1. 数据采集与分析

基于 Kano 模型设计“关于 B2C 电子商务服务的问卷调查表（2）”，通过 E-mail、网上问卷以及打印版问卷向学历为大专及大专以上的熟悉电子商务的企业公司人员和学生发出问卷，总 300 份。本次调研在 2011 年 10 月 20 日～2011 年 11 月 14 日完成，收回问卷 267 份，回收率 89%，经筛选得到有效问卷 249 份，有效率 93.3%。

其中，根据 Kano 模型理论部分的阐述，可确定每项用户质量需求的属性、满意度以及不满意度。例如，质量需求“域名容易记忆”，I 属性有 33 次，频数最大，故确定其属性为 I。其满意度=(A+O)/(A+O+M+I)=(23+32)/(23+32+20+33)=0.509 259，不满意度=(O+M)/(A+O+M+I)×(−1)=(32+20)/(23+32+20+33)×(−1)=−0.481 48。同理可确定各项质量需求的属性、满意度及不满意度。

2. 筛选用户质量需求及修正用户质量需求权重

根据对 Kano 模型相关理论的阐述，I 代表无差异结果，指用户对问卷所提出的问题漠不关心，即此需求不论满足与否，都不会影响用户满意度，故删除属性为 I 的质量需求项目 1、3、4、5、6、12、13、14、23、24、27、28、29、43，但保留了质量需求项目 36“正规购物票据（如正规发票）”。因为在本次调查对象中，企业公司人员只占 16.1%，而企业公司人员非常重视发票，而学生对于发票不是很在意，故保留项目 36。

根据 Walden 等（1993）定义的质量改善的指标公式，统计各评价指标的满意度指标和不满意度指标。对弱影响用户满意或不满意的指标可以删除，本书设定低于 0.6 为弱影响力。根据此设置，指标 10、32、41、56 等反映了弱影响力。例如，“通过手机卡支付购物”增加此指标的满意度为 49.29%，消除其不满意度为 54.29%，该品质对提升 B2C 电子商务服务的满意度影响弱，因此可以删除，但要保留质量需求项目“能对比浏览商品”和“商品信息丰富”。因为根据现场调查，大部分公司用户认为对其决策有很大的帮助，故为确保需求的全面，保留以上两个项目。

最终可得 41 个可信质量需求项目。在此基础上，可进一步计算得出每项可信质量需求的权重。例如，根据 Kano 模型中的数据，“用搜索引擎容易找到网站”对满意度的影响值为 a_1=0.453 704，对不满意度的影响值为 b_1=−0.685 19，其对 B2C 电子商务服务满意度的影响值权数为 $A_1=\dfrac{a_1}{a_1+a_2+\cdots+a_n}=\dfrac{0.453\,704}{0.453\,704+0.495\,413+\cdots+0.664\,286}=0.019\,888\,372$，对不满意度的影响值权数为 $B_1=\dfrac{b_1}{b_1+b_2+\cdots+b_n}=\dfrac{-0.685\,19}{-0.685\,19-0.743\,12-\cdots-0.814\,29}=0.024\,750\,013$，同理可计算得到各项质量需求对满意度以及不满意度的影响值。接着，可求得“用搜索引擎容易找到网站”的影响权数为

$$
\begin{aligned}
m_1&=\frac{A_1+B_1}{A_1+A_2+\cdots+A_{41}+B_1+B_2+\cdots+B_{41}}\\
&=\frac{0.019\,888\,372+0.024\,750\,013}{2}=0.022\,319
\end{aligned}
\tag{6-3}
$$

同理可求得其他各项质量需求的权重。

继续修正可信用户质量需求的权重，如“提供商品的详细描述”，采用专家评分法对两组电子商务网站的满足水平评定等级，在组内求平均，得分分别是 3.33 和 4.33。“提供商品的详细描述”具有较高的原始权重 0.023 77，故建议 B2C 企业要达到的水平 z_6=4.5，高于第二组电子商务网站的水平，其水平提高率为 $u_6=z_6/y_6$=1.35。根据水平提高率，确定关键需求质量，以符号◎表示；确定重要需求质量，以符号○表示。

“提供商品的详细描述”的绝对重要度：$\tilde{m}_6'=y_6\times u_6\times s_6=3.33\times1.35\times1.5=9.94$。

同理可求得各项质量需求的绝对重要度。将 $\tilde{m}_6$ 规范化，即得“提供商品的详细描述”的权数 $\tilde{m}_6'=\tilde{m}_6\big/\sum_{i=1}^{41}\tilde{m}_i=9.94/267.28=0.034\,084$。同理可完成其他各项质量需求权重的修正。

6.4.4 输入 B2C 电子商务服务质量特性

根据 B2C 电子商务服务意象语意抽取服务质量特性，通过必要的用户访谈，可以了解影响这些意象语意形成的因素，可以分析影响这 12 个因素的情况和 B2C 电子商务服务质量特性，画成鱼骨图（图 6-9）。

例如，通过必要的用户访问，可以知道“页面布局合理性”“商品分类”“商品查找”“商品对比”“网站操作”“下订单便捷性”等 B2C 电子商务服务质量特性影响意象“方便的”形成，如图 6-10 所示。

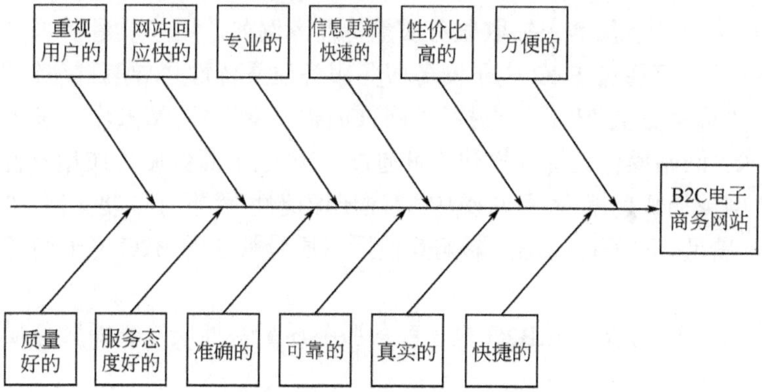

图 6-9　B2C 电子商务服务意象语意

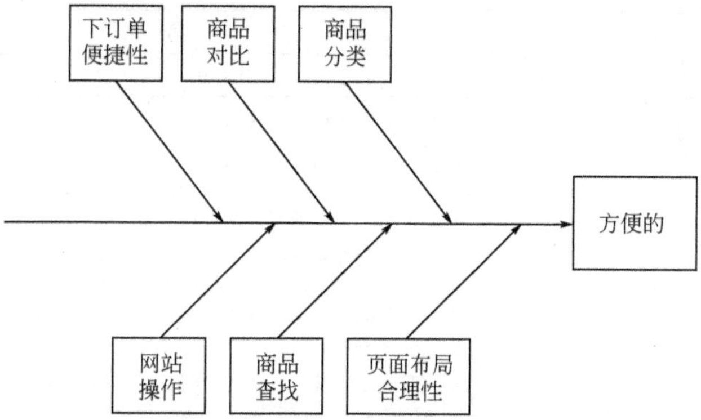

图 6-10　B2C 电子商务服务意象语意“方便的”

“用户评价”“客服水平”“个性化服务”“售后服务态度好”等 B2C 电子商务服务服务质量特性影响着意象“重视用户的”的形成（图 6-11）。同理可以得出影响其他意象形成的 B2C 电子商务服务质量特性。

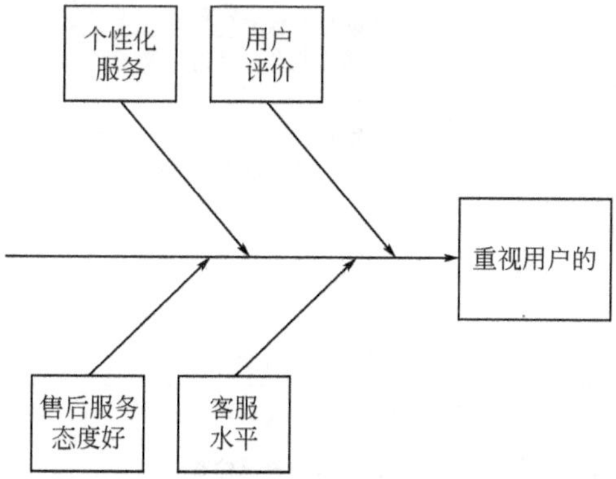

图 6-11　B2C 电子商务服务意象语意“重视用户的”

根据可信用户质量需求抽取服务质量特性。例如，用户质量需求“分类浏览容易找到商品”可通过 B2C 电子商务服务服务质量特性“导航直观性”“页面布局合理性”“商品分类”“商品查找”“网页加载速度”“网站操作”等来满足；用户质量需求“网站操作便捷人性化”可通过 B2C 电子商务服务质量特性“网站外观设计”“网页加载速度”“网站操作”“注册便捷性”“下订单便捷性”“订单易取消性”等来满足。同理可以得出影响其他用户质量需求的 B2C 电子商务服务质量特性。

根据分析，可初步得出 B2C 电子商务服务质量特性层次表即服务质量评价标准，如表 6-4 所示。

表 6-4　B2C 电子商务服务质量评价标准

第一水平	第二水平	重要度	等级	第三水平	
				项目指标	理论依据
网站页面	网页加载速度	0.605 432	1	首屏时间（秒）<2.8 页面打开时间（秒）<11.0	邵琼，2006
	页面布局合理性	0.538 467	2	一个网页上面的栏目选择最佳为 5～9 个 根据接近性和连续性规律，给浏览者制造“默认整体”效果，即把预设成一部分的内容间距缩小，相对的分离内容间距拉大，达到条理清晰、秩序井然的视觉效果 调整文字字体、大小，线条的曲直、静态动态，图片颜色、形状，图像的虚实、分布等元素特征间组合相似的部分，分离差异的部分，使页面布局结构更加层次分明，主次清晰	黎萍，2011 沈雷和刘菲，2010 邓明明和张哲辉，2009
	商品对比	0.466 368	2	比较统一分类下的商品的不同属性，如商品的图片、商品名称、商家、商品价格、运费和收藏人气等商品参数	本书调查分析
	网站外观设计	0.37 118	3	网站色彩：采用“大调和，小对比”的方式处理页面色彩分布 一个网站的标准色彩不超过 3 种；适合于网页标准色的颜色有：蓝色，黄/橙色，黑/灰/白色三大系列色 网站字体：一般网页默认的字体是宋体。为了体现站点的“与众不同”和特有风格，可以根据需要选择一些特别字体	沈雷和刘菲，2010 赵素蕊和柳冬青，2007 Schenkman，2000
	顾客评价	0.334 701	3	消费者的数量和商品评价数量之间是滚雪球的关系：越多的商品评价带来越多的消费者，越多的消费者给出更多的商品评价，而更多的商品评价带来更多的消费者	辛宪，2010
	商品查找	0.269 945	4	支持简单的关键词检索 支持复杂的智能检索 支持同时对商品、分类等进行的高速查询服务	李舒亮和陈耀东，2007 邵琼，2006

续表

第一水平	第二水平	重要度	等级	第三水平	
				项目指标	理论依据
网站页面	商品分类	0.20 765	4	建立商品分类体系，即采用线分类法或面分类法将商品集合总体逐次划分为包括大类、中类、小类、品类在内的完整的、具有内在联系的类目系统	孙曰瑶等，2009 阿尔·里斯和劳拉·里斯，2005 程莉，2004
	导航直观性	0.196 989	5	导航标志明确、醒目、直观，在显著的位置放置，最好在紧邻页面主体的正下方 避免过于复杂的导航设计，让消费者更快地访问到信息，应以三级导航为上限 充分考虑消费者的语言与文化差异，避免歧义与冲突 按消费者寻找信息和在线购物的方式与流程来设计导航	张碧倩，2009 滕广青和毕强，2009 Schneider，2007 邵琼，2006
	易达到性	0.159 948	5	网站名长度最好为 2～3 字、网站域名长度最好在 4 个字母内（如 ebay） 网站最好出现在搜索引擎第一个结果页面，至少在前 3 个结果页面	左文明等，2012 菲利普•科特勒，2002 张海昕等，2007
商品	信息丰富性	0.623 949	1	描述商品的内在属性信息，如基本结构、特点、内容和功能等，以及商品的外在属性，如生产厂商、商品类型、外观尺寸、规格、价格、生产日期等。提供一些实拍商品细节图、真人模特演示图、大小尺寸、适合人群等信息	胡海清和许垒，2011 彭赓和和利方，2009
	商品性价比	0.387 261	3	性价比高	本书调查分析
	信息准确性	0.329 987	3	商品应当从多角度、多方位予以展现，不可对商品的颜色、大小、比例等做歪曲或错误的显示；对于存在瑕疵的商品应当给予充分的说明并通过图片显示	中华人民共和国商务部，2011
	商品种类	0.313 635	3	综合类 B2C 商品种类近百万种	本书调查分析
	信息更新速度	0.312 606	3	信息变化时能即时更新	本书调查分析
	商品价格	0.291 333	4	根据定价过程模型制定合理价格	张一兰，2007
	商品质量	0.277 266	4	选择良好的供货商或制造高质量的商品，商品的质量与网站上的说明一致，禁止假冒伪劣产品	中华人民共和国商务部等，2011
交易系统	个性化服务	0.503 542	2	提供个人主页、保存购物历史、推荐用户感兴趣产品	本书调查分析
	注册便捷性	0.343 035	3	只需填写邮箱、密码或手机号、密码，在单一页面即可完成注册过程	本书调查分析
	下订单便捷性	0.343 035	3	理想的流程：放进购物车→去结算中心→确认地址、送货方式、付款方式	本书调查分析
	客服水平	0.291 825	4	顾客咨询时，客服人员的响应时间，原则上不超过 30 秒，能帮助用户解决实际问题且态度热情 确认下订单后 10 秒内以站内信、短信或邮件提醒客户下订单的情况	淘宝商城团队，2011 吴宏波，2007

续表

第一水平	第二水平	重要度	等级	第三水平	
				项目指标	理论依据
交易系统	订单易取消性	0.289 586	4	用户可以一键取消订单	本书调查分析
	隐私性	0.216 069	4	B2C 电子商务网站必须保护消费者的隐私权，让消费者放心消费	沈颖和王川，2011
	订单更新	0.157 59	5	可根据订单变化同步更新订单的商品数量、金额、支付情况、物流情况信息	本书调查分析
支付	多样性	0.392 847	3	至少提供货到付款，网银支付、第三方支付（如支付宝）和银行转账四种支付方式 可以额外提供邮局汇款、支票付款等其他支付方式	本书调查分析 邵兵家等，2010
	金额准确性	0.196 423	5	支付总金额会根据优惠券打折或代金券扣除相应金额，保证支付金额的准确性	本书调查分析
	安全性	0.168 363	5	用户在输入用户名、密码等过程中提示用户安装并使用安全控件 用户支付时可以在浏览器地址栏右侧见到安全标示，如一个绿色锁头，表示该网站使用安全的加密协议等	裴祥喜和孙焱，2011
物流	配送方式	0.492 408	2	至少提供普通快递、EMS、邮局平邮、上门自提四种快递方式	本书调查分析 邵兵家等，2010
	送货时间	0.221 337	4	可支持用户自定义送货时间段	Chen，2002
	配送速度	0.172 404	5	两个工作日以内有好感，三个工作日是临界点，超过三个工作日客户会产生不满	本书调查分析
售后	一致性	0.427 416	2	能实现作出的服务承诺，如两天内送货、赠送礼品	本书调查分析
	政策优越性	0.345 776	3	“7 日内退货，15 日内换货”的无理由免费退换货政策 100%正品保障、假一赔三服务政策 价格保护政策	邵兵家等，2010 Burke，2002
	便利性	0.280 6	4	提供退换货渠道，手续简单，如提供在线申请退换货、电话申请退换货 提供退款途径，手续简单，如提供银行卡退款、现金退款 提供在线的咨询支持	王湘红和王曦，2009 Wood，2001
	服务态度	0.252 54	4	客服服务态度好，能及时帮助客户解决问题	本书调查分析
	购物票据	0.184 791	5	提供正规购物发票	邵兵家等，2010

6.4.5 输出 B2C 电子商务服务质量特性指标

根据分析，在此将 B2C 电子商务服务质量需求及修正后用户质量需求权重、质量特性输入 QFD 中，并采用专家评分法确定 HoQ 的关系矩阵，即可根据公式 $w_j = \sum_{i=1}^{n} \tilde{m}_i r_{ij}$，求得质量特性的重要度。

例如，对于质量特性“信息丰富性”，其重要度为 $w_{10}=\sum_{i=1}^{41}\tilde{m}_i r_{ij}=0.612\,273$，同理可求得各项质量特性的重要度。

本书根据质量特性的重要度，为每项质量特性评定等级，从 w_j>0.6、0.6>w_j>0.4、0.4>w_j>0.3、0.3>w_j>0.2、0.2>w_j>0.1，依次评定为等级 1、2、3、4、5。根据质量特性的等级，考虑其重要程度，对比分析销售额前十位的 B2C 电子商务服务质量特性，研究其服务设计细节，结合相关理论研究，定量输出 B2C 电子商务服务应该要达到的质量特性指标。

其中，对于质量特性“网页加载速度”，本书采纳基调网络基于用户体验的网站评测指标“首屏时间”以及“页面打开时间”作为其下一级项目。首屏时间指一个网站被浏览器，如 IE 窗口上部 800×600 的区域充满所需的时间，反映了用户在打开网站第一时间的感觉性能。页面打开时间指网页在用户计算机上全部打开所需要的时间，反映了页面的整体打开性能。根据基调网络数据中心提供的数据，计算国内大型 B2C 企业，如京东、卓越、当当、新蛋、凡客诚品、苏宁易购、麦网、库巴网的首屏时间及页面打开时间的平均值分别是 2.8s 和 11.0s。故建议 B2C 电子商务网站的首屏时间小于 2.8s，页面打开时间小于 11.0s。

对于“商品对比”，本书通过分析国内大型 B2C 电子商务网站淘宝、京东、新蛋、苏宁易购、易讯以及库巴网提供的商品对比功能，建议 B2C 电子商务网站提供商品对比功能时，能实现对商品一般属性以及特有参数的对比。

对于“商品种类”，本书调查了综合类 B2C 网站，如京东、当当和卓越的商品种类，调查结果显示当时京东具有 80 万种商品，当当有近百万种商品，而卓越更是有逾百万种的商品。网络上用户的需求非常广泛，商品种类越多越能满足消费者的需求。

对于“商品价格”，本书采纳学者张一兰的观点，建议 B2C 电子商务应用由确定定价目标、模型求价、确定定价范围、选择定价策略、制定具体价格、定价检验六部分组成的定价过程模型制定合理价格。

6.5　本 章 小 结

在本章中，根据改进的 QFD，输入了 B2C 电子商务服务质量需求、质量特性，并输出了电子商务服务质量特性设计指标。从输入和输出的结果中可看出，改进型的 QFD 能保障质量管理过程的全面性和合理性。

在质量需求输入部分：根据“B2C 商务网站服务质量评价体系与模型”初步得出用户质量需求后，继续应用基于改进型 QFD 的质量需求获取方法，进一步提取质量需求，补充了“能对比浏览商品”“网页加载速度快”“商品性价比高”“有顾客评分、评价等信息”等权数大的用户质量需求，确保了输入 QFD 的质量需求的全面性。

在质量特性输入部分：根据 B2C 电子商务服务意象语意抽取了“页面布局合理性”“个性化服务”等重要质量特性，同时根据可信用户质量需求抽取了“网页加载速度”“信息丰富性”等重要服务质量特性，确保了输入 QFD 的质量特性的合理性。

在质量特性设计指标输出部分：本书不仅对质量特性进行了评级，而且还通过参考相关文献和市场调研等方式，为企业提高服务质量提出了具体的建议。可以看出，等级为 1 和 2 的质量特性均匀地分布在各个模块中，企业可根据质量特性的重要度和自身情况，着重弥补存在的不足，逐步完善各运营环节。

第7章 电子商务服务过程能力指数

根据世界贸易组织的界定，现代服务业包括商业服务、电信服务等九大方面（吴朝晖，2011）。近年来，电子商务行业作为现代服务业的典型代表，正经历着一个高速发展的阶段。一方面网络消费人群不断扩大，中国互联网络信息中心相关数据显示，截至2014年12月，我国网络购物用户规模达到3.61亿人；另一方面电子商务企业间竞争更加激烈，如2011年当当网、亚马逊中国、京东商城的用户单一度分别为14.6%、4.6%和10.6%，而2010年3个企业的用户单一度分别为21.9%、18.8%和18.4%；时至2014年，竞争态势更加激烈，如阿里注资和并购达到32家企业，而京东战略布局O2O和金融领域并尝试“空中购”等新业务架构等。

在网络购物环境下，顾客满意度是用户通过交互过程中的体验和感知而对所获信息内容固有特性、系统功能和服务性能的主观特性、信息需求或期望满足程度的一种全面、综合评价（刘冰和卢爽，2011）。顾客满意度直接反映顾客对企业服务质量的评价，而且是企业业绩和盈利能力的指示器（高充彦和贾建民，2007）。而鉴于服务的流程特性，单次服务可被分为不同的子流程，即顾客在单次服务中将经历不同的接触点，顾客满意度应根据流程的推进而动态变化（洪志生等，2013）。因此对于电子商务等服务行业，过程服务体验感知是顾客满意度的重要影响维度（刘冰和张耀辉，2013），企业需要尽可能提供高质量的服务交互过程（Leonard and Sasser，1982）。

根据《2011年中国网络购物市场研究报告》的数据，2011年对网络购物整体表示满意的用户达到90.2%，较2010年增加4个百分点，这也反映出企业时刻关注自身的服务能力。但报告同时亦指出，我国B2C网站在物流质量、支付便利性、网站易用性等方面亟待提高。因此，在本章中，旨在分析B2C电子商务服务能力，通过把生产过程中的过程能力指数与电子商务企业服务相结合，得出有利于评价电子商务企业服务能力的评价指标。

7.1 过程能力指数

过程能力指数起源于工业生产的研究，而Juran和Sullivan被认为是能力分析的先驱（Juran，1974；Sullivan，1984，1985）。Pearn和Kotz（2006）指出过程能力可以被定义为“完成任务以实现目标的能力”。当前过程能力指数已被广泛应用于生产控制领域（孙小素，2010），它有助于制造业企业更好地把握其自身制造的过程（Abdolshah et al.，2011）。

用于计算过程能力的指数主要有以下几种（Ugurlu and Kaya，2011）：

$$C_p = \frac{\text{USL} - \text{LSL}}{6\sigma} \tag{7-1}$$

$$C_{pk} = \frac{d - |\mu - M|}{3\sigma} = \frac{\min(\text{USL} - \mu, \mu - \text{LSL})}{3\sigma} \tag{7-2}$$

$$C_{pu} = \frac{\text{USL} - M}{Up - M} \tag{7-3}$$

式中，USL 表示上限值，LSL 表示下限值。μ 是过程的平均值，σ 是过程的标准差，M=(USL+LSL)/2，表示范围区间的中间值（Chang and Wu，2008）。在工业制造范围内，通常认为百分比 q=0.135，即 100−q=99.865，符合 6 西格玛的理论（Pan et al.，2010）。

近年来，过程能力指数的概念被引申到服务业，以期对服务过程的能力进行评估。解宝苗（2009）利用过程能力指数 C_{pk} 对商业银行的等待时间进行评价，用等待时间的长短作为服务能力的评价指标。Ugurlu 和 Kaya（2011）提出用模糊过程能力指数来针对旅行时间测量服务的能力。高树蕾和杜文艳（2010）利用服务蓝图的方法确定了供电服务能力指标体系，并直接使用过程能力指数对供电企业的供电服务能力进行评价。

但生产过程与服务过程存在着差异。Parasuraman 等（1994）指出服务业与传统的生产工业存在区别，即在服务过程中，在服务绩效的适当服务和理想服务之间存在一个容忍区间即公差带（图 7-1）。适当服务表示消费者所能容忍的最低限度的服务，理想服务表示消费者最希望得到的服务。服务绩效大于公差带，消费者将对服务表示满意并希望继续保持。反之，低于公差带将意味着消费者对服务存在着不满（Leonard and Sasser，1982；高树蕾和杜文艳，2010）。此外，服务具有无形性的特征，这意味着顾客的期望会被潜移默化地影响，从而影响到顾客对服务质量的感知，因此很难在服务的过程中测量公式（7-1）～式（7-3）中的各个变量，正是这个原因，6 西格玛理论也不再适合用于服务业（Pan et al.，2010）。

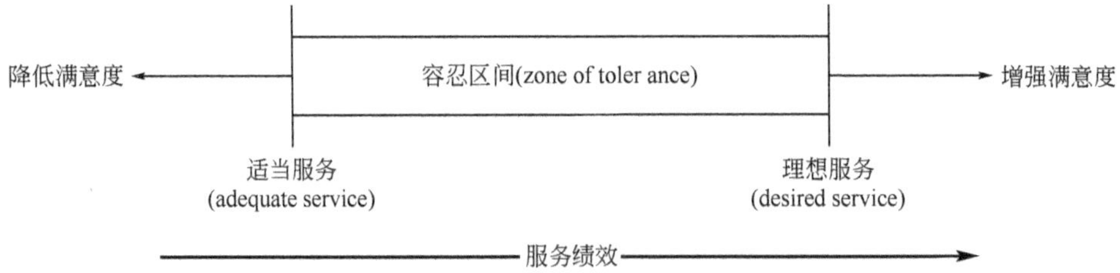

图 7-1　服务绩效的容忍区间

因此，在服务业领域不能简单地应用生产控制领域的过程能力指数，必须改进过程能力指数的算法（Pan et al., 2010; Parasuraman et al., 1985, 1994; Puga-Leal and Pereira，2007）。Pan 等（2010）基于 C_{pk} 公式，使用 BCa 算法改进后得到 KPI（key performance index）。何桢等（2007）曾利用 MVA 法对过程能力指数的置信区间进行改进，调整了 C_{pk} 公式。Puga-Leal 和 Pereira（2007）将过程能力指数引用到服务过程当中，总结出适合在服务领域使用的、衡量服务过程水平的服务能力指数 SCI。

$$\mathrm{SCI}=\frac{(\mu-3.5\sigma)-\mathrm{LLTZ}}{\mathrm{ULTZ}-\mathrm{LLTZ}} \tag{7-4}$$

式中，μ 表示服务绩效的平均值，σ 为标准差，LLTZ 为公差带的最小值，ULTZ 为公差带最大值。该 SCI 指数有以下的性质：

（1）当 SCI 值大于 1，意味着整个服务过程令人十分满意。

（2）当 SCI 值处于 0 到 1 之间，则表明该服务处于“安全区”。

（3）当 SCI 值为负值时，意味着服务过程的质量不能让人满意。

该公式相对于传统的过程能力指数更适合服务业的使用，因此能应用于电子商务等新兴服务行业。

7.2　服务能力指数

Puga-Leal 和 Pereira（2007）根据过程能力指数的公式推导了服务过程能力指数。其中，设定条件为服务绩效服从高斯分布（正态分布），取 3.5 个标准差的分布，即正态分布区间为（$\mu-3.5\sigma, \mu+3.5\sigma$），置信度达到 99.953%，因此得到公式（7-4）。

该公式使用极高的置信度（99.953%）来表示服务过程中的公差带。应用此公式进行计算，虽然能够提高准确性，但是存在对服务绩效要求过高、应用性不强和针对性不足的问题。虽然我国电子商务发展迅速，但是仍然存在很多不规范的、待解决的问题（CNNIC，2011，2012，2013，2015）。如果直接使用上式来对我国电子商务的服务能力进行评价，得到的评价结果则均远小于 0，从而对把握电子商务的服务能力没有太多实质的意义，也无法找出当下电子商务发展亟待提高的方面。

本书旨在针对电子商务行业改进 SCI，使其真正适用于电子商务的服务能力评价，同时为其他服务行业的能力评价提供参考。

7.2.1　公式推导

Puga-Leal 和 Pereira（2007）根据 Parasuraman（1985，1994）的服务过程容

忍区间确立了对应的分布函数（Pan et al.，2010；Parasuraman et al.，1985，1994；Puga-Leal and Pereira，2007）：

$$F(x)=P(x\leqslant X)=\begin{cases}0 & x<\text{LLTZ}\\ \dfrac{x-\text{LLTZ}}{\text{ULTZ}-\text{LLTZ}} & \text{LLTZ}<x<\text{ULTZ}\\ 1 & x>\text{ULTZ}\end{cases} \tag{7-5}$$

Puga-Leal 和 Pereira（2007）采用 99.953%的置信度，正态分布的-3.5σ 到 3.5σ 的区间，从而得到 SCI 公式。公式中，LLTZ 和 ULTZ 分别表示公差带的下限和上限，具体的取值要根据实际情况确定。

6σ 理论认为，大多数生产企业在 3σ～4σ 运营，即每百万次操作失误在 6210 左右（李平等，2007）。由于 Puga-Leal 和 Pereira 采用极高的置信度，在实际当中大多数服务型企业都无法满足 3.5σ 的要求，因此 SCI 对绝大多数企业来说过于严格，无法实现其对企业服务过程评价的初衷。而置信度的确立需要权衡现实和数学原理之间的差异。置信度过高会脱离实际，过低则不能满足统计学的要求。因此，SCI 的应用也应该根据不同的应用领域进行置信度的调整，这样才能反映出该领域中相对优秀的企业。关于置信度的确立，可以设定参考系，通过对参考系的观察，计算出对应的置信度，并以此置信度作为 SCI 的参数，对企业进行评估。

为了评价我国电子商务服务过程的过程能力，可以将美国电子商务的服务满意度作为参考系。从世界范围来看，美国是电子商务起步最早的国家，在技术、市场和社会法律等方面，一直保持着世界领先的地位。2013 年，comScore 公司提供的数据显示美国电子商务零售额为 2620 亿美元，较 2012 年增长 13.4%。而美国在电子商务基础服务建设、消费者行为管理等方面的评分均高于我国。因此，可以观察并计算美国电子商务企业总体服务绩效处于多少个 σ 的水平，依此来确定对我国电子商务行业服务过程能力评价的 SCI 公式。

7.2.2 我国电子商务服务能力指数

1. 美国电子商务服务指数的数据收集

美国电子商务服务指数的数据取自报告 *The Foresee Experience Index* (*FXI*): *2013 U.S. Retail Edition* 中的网络零售商满意度指数。该报告是美国专业的客户满意度研究公司 Foresee 针对电子零售业的最新研究报告，其中收集了美国 98 家大型知名电子商务网站 2013 年的消费者满意度指数。本书曾采用该报告中提供的数据进行计算分析，在以美国电子商务企业的消费者满意度水平作为参照系的基础上，推导出计算电子商务服务能力指数的公式。

2. 数据分析

该报告提供了 2013 年 98 家美国电子零售企业的消费者服务评分值，其中最高分为 Amazon 公司（88 分），最低分为 gilt.com 公司（70 分），消费者满意度（ASCI）平均值为 78.51 分，样本标准差为 3.04。具体样本描述统计量，如表 7-1 所示。

表 7-1 美国电子零售企业消费者满意度指数描述性统计量

项目	N	极小值	极大值	均值	标准差
统计指标 有效的 N（列表状态）	98 98	70	88	78.51	3.04

为了将这些满意度指数作为参考值，必须验证这些数据的正态性，验证其是否满足公式的大前提——服从正态分布。根据柯尔莫诺夫-斯米尔诺夫检验（Kolmogorov-Smirnov test）的结果，其值为 0.320，大于 0.05，正态分布性假设成立，即美国电子零售企业消费者满意度指数服从正态分布，可作为参考值。

报告将 80 分以上的企业视为该行业中的领导者（the leaders），但报告同时亦指出，由于总体水平的提高，均值已经达到 78.51 分，所以把 80 分用作领导者的评价标准已经不再合适。选择前十名的企业作为行业的领导者，最后十名作为行业的相对落后者。分别计算领导者和落后者的均值，然后计算两均值在消费者满意度服从的正态分布（均值为 78.51，标准差为 3.04）之间的概率值。以此概率值作为衡量美国电子零售业消费者满意度总体的水平，并将该概率值作为我国电子商务过程能力指数的一个参考值。

3. 电子商务服务能力指数的参数确定

分别计算领导者均值和相对落后者均值，得到数据 U_L 为 83.9，U_F 为 73.3。通过正态分布标准化，查标准正态分布表可以得到区间［73.3，83.9］的概率为 0.9162（具体的分布及区间值如图 7-2 所示），进而得到 Z-值为 1.73。进一步可以将其视作我国电子商务服务能力指数的一个参考值，以此参考值来确定过程能力指数的参数，即表示我国电子商务企业在以满足该概率为目标的情况下，对整个过程服务能力的评价。

基于以上分析，将 Puga-Leal 和 Pereira（2007）构建的公式中的置信度改进为 91.6%，标准正态分布在-1.73σ 到 1.73σ 的区间之间，因此重新确定公式为

$$\mathrm{SCI}=\frac{(\mu-1.73\sigma)-\mathrm{LLTZ}}{\mathrm{ULTZ}-\mathrm{LLTZ}} \tag{7-6}$$

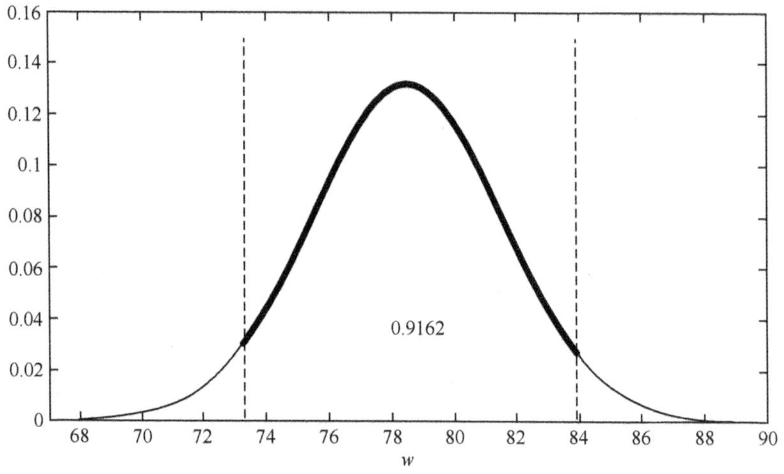

图 7-2 美国电子零售业服务满意度指数的分布

7.3 B2C 电子商务服务能力

7.3.1 选定评价指标

Piccoli 等（2001）指出整个 B2C 电子商务服务过程可以分为 7 个子流程：选择购物通道（choose shopping channel）、进入 B2C 网站（access B2C website）、交易（trade）、支付（pay）、等待货物（wait for commodities）、接收货物（receive commodities）和反馈（feedback）。在第 4 章中，曾将 B2C 电子商务服务流程分为 6 个子服务，但决策子服务很难用相关数据来表达。因此，为了研究的方便，将 B2C 电子商务服务分为 5 个子流程——通达服务、交易服务、支付服务、物流服务和售后服务（Menascé et al.，2000），即将选择购物通道和进入 B2C 网站归为通达服务，而等待和接收货物归为物流服务。

在确定各个子流程的基础上，需选取各个流程对应的指标，以衡量所属流程的水平。高充彦等指出企业服务质量的好坏由顾客来评价，而顾客最直观的感知可以通过他们对接受服务的满意度来体现（高充彦和贾建民，2007）。因此，可以使用日均 IP、注册信息项目数、网站满意度、支付满意度、配送满意度、售后满意度指标分别对电子商务服务的 5 个子流程进行过程能力指数计算，计算的数据来源为中国网络购物市场研究报告。

7.3.2 确定服务能力指数的上下限值

计算服务能力指数需要确定 ULTZ 值（上限）和 LLTZ 值（下限）。在计算过程中，针对各个不同的子流程，ULTZ 值与 LLTZ 值也应不同，需要经过反复论证才能确定。Puga-Leal 和 Pereira（2007）采用了一种 DirectXYZ 方法，用于确定计算过程中的容忍区间的上下限值。本书在调查 B2C 电子商务服务绩效的基础上，确定服务过程中各个子服务的上下限值。

以 9 分制设计调查问卷收集数据。调查问卷共 15 题，根据 Bentler 和 Chou（1987）的观点，即研究的变量，如符合正态分布情形，则每个观察变量 5 个样本就足够了，如果是其他的分布，则每个变量最好有 10 个以上样本（Bentler and Chou，1987）。本次调查历时一周，回收有效问卷 120 份。

2013 年中国网络购物市场研究报告显示，网上购物用户以 20～29 岁的人群为主，所占比例达 56.4%，其次是 30～39 岁的用户人群，所占比例为 22.5%。从学历上看，大学本科占比最多，达到 35.9%，若考虑大专及大专以上的网民，则占比达 66.7%。故本书的调查对象选择学历为大专及大专以上的且熟悉电子商务的公司职员或学生作为调查对象。

基于容忍区间的三种服务质量测量的方法包括单列模式、双列模式和三列模式（Parasuraman et al.，1994）。Puga-Leal 和 Pereira（2007）使用三列模式来确定容忍区间的范围。三列模式是针对一个题项，设计三列问题，分别对应最低容忍度、最高容忍度以及实际感知的值，各列问题采用 9 分打分法进行打分，如图 7-3 所示。

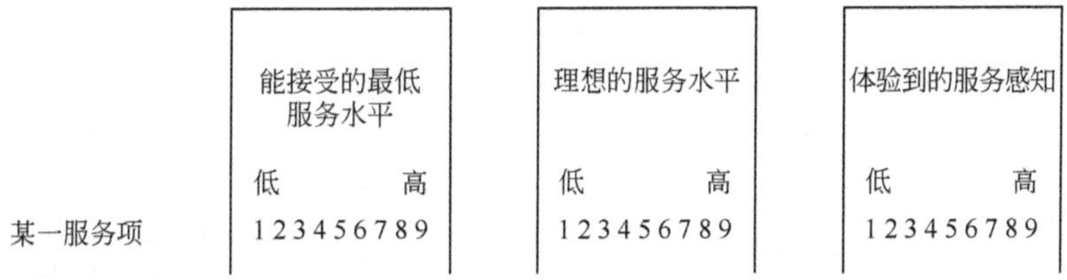

图 7-3　三列模式

本次调研分别对 5 个子流程设计三个问题，收集受访者对该指标的最高满意度、总体满意度和最低容忍度三个分值，从而得到有关 B2C 电子商务服务绩效的数据，具体统计信息见表 7-2 和表 7-3。

表 7-2　调查问卷评分

子流程	问卷题项	平均值	标准差
通达服务	您对您所访问的 B2C 电商网站（如京东商城）中访问便捷性最满意的评分	7.61	—
	您认为一个 B2C 电商网站在访问便捷性上最低能容忍多少分	4.58	—
	您对您所访问的众多 B2C 电商网站的访问便捷性的总体评分	6.58	1.137 126
交易服务	您对您所访问的 B2C 电商网站中提供的交易服务（即包括商品信息浏览、搜索等的购物操作）最满意的评分	7.72	—
	您认为 B2C 电商网站提供的交易服务最低能容忍多少分	4.63	—
	您对您所访问的 B2C 电商网站中提供的交易服务总体的评分	6.59	1.099 211

续表

子流程	问卷题项	平均值	标准差
支付服务	您对您所访问的 B2C 电商网站中支付服务做得最好的评分	7.81	—
	您认为 B2C 电商网站提供的支付服务最低能容忍多少分	4.72	—
	您对您所访问的众多 B2C 电商网站中支付服务总体的评分	6.68	1.181 77
物流服务	您对您所访问的 B2C 电商网站中物流服务做得最好的评分	7.76	—
	您认为 B2C 电商网站在物流服务方面最低能容忍多少分	4.58	—
	您对您所访问的众多 B2C 电商网站中物流服务总体的评分	6.48	1.264 801
售后服务	您对您所访问的 B2C 电商网站中售后服务做得最好的评分	7.6	—
	您认为 B2C 电商网站在售后服务方面最低能容忍多少分	4.56	—
	您对您所访问的众多 B2C 电商网站中售后服务总体的评分	6.28	0.942 072

表 7-3　描述统计量

项目	*N* 统计值	最小值 统计值	最大值 统计值	均值 统计值	标准差 统计值	偏度		峰度	
						统计值	标准误	统计值	标准误
Access_service_ULTZ	120	3.00	9.00	7.6083	1.298 32	−1.016	0.221	0.904	0.438
Access_service_Avg	120	4.00	9.00	6.5583	1.121 19	−0.148	0.221	−0.671	0.438
Access_service_LLTZ	120	1.00	9.00	4.5750	2.332 32	−0.123	0.221	−1.227	0.438
Trade_service_ULTZ	120	4.00	9.00	7.7167	1.153 61	−1.161	0.221	1.227	0.438
Trade_service_Avg	120	4.00	9.00	6.5917	1.103 82	−0.160	0.221	−0.009	0.438
Trade_service_LLTZ	120	1.00	9.00	4.6333	2.449 26	−0.051	0.221	−1.300	0.438
Payment_service_ULTZ	120	2.00	9.00	7.7083	1.259 56	−1.509	0.221	3.124	0.438
Payment_service_Avg	120	4.00	9.00	6.6583	1.049 18	−0.429	0.221	−0.302	0.438
Payment_service_LLTZ	120	1.00	9.00	4.6833	2.503 72	−0.152	0.221	−1.384	0.438
Logistics_service_ULTZ	120	4.00	9.00	7.7583	1.263 55	−1.108	0.221	0.741	0.438
Logistics_service_Avg	120	3.00	9.00	6.4833	1.270 10	−0.250	0.221	−0.224	0.438
Logistics_service_LLTZ	120	1.00	9.00	4.5750	2.502 65	0.011	0.221	−1.263	0.438
After_sale_service_ULTZ	120	3.00	9.00	7.6000	1.416 59	−1.100	0.221	0.751	0.438
After_sale_service_Avg	120	2.00	9.00	6.2750	1.353 26	−0.494	0.221	0.425	0.438
After_sale_service_LLTZ	120	1.00	9.00	4.5583	2.598 63	0.033	0.221	−1.353	0.438

表 7-4　信度分析

项目	Cronbach’ s a	参考值
Access_service_ULTZ Access_service_Avg Access_service_LLTZ	0.915	alpha＞0.8
Trade_service_ULTZ Trade_service_Avg Trade_service_LLTZ	0.882	

续表

项目	Cronbach' s a	参考值
Payment_service_ULTZ Payment_service_Avg Payment_service_LLTZ	0.873	alpha＞0.8
Logistics_service_ULTZ Logistics_service_Avg Logistics_service_LLTZ	0.906	
After_sale_service_ULTZ After_sale_service_Avg After_sale_service_LLTZ	0.912	

为了测量模型的可靠性，进行了一个确定性的因子分析，结果证明模型的所有结构都是可信的。具体的验证如表 7-4 所示，所有维度的 Cronbach's a 系数都大于 0.8，表明各个测量指标均是可信的（Fornell and Larcker，1981；Hair et al.，2006）。

通过问卷调查取得有关电子商务服务绩效的数据，进而确定过程能力指数计算过程中所需要的上下限值（ULTZ 和 LLTZ 值）。以交易服务为例，总体平均分为 6.59，标准差为 1.099 211，最满意评分（最大值）7.72，最低容忍得分（最小值）4.63。当问卷收集的数据服从正态分布时，最大值和最小值将会把分布图像分成三部分。通过查表，可以得出 3 个部分的概率值。把两侧的概率投影到服务过程指数指标的分布图上，可以反向得到指标分布图两侧的临界值，即得到相应指标的上下限（USL 和 LSL）。如图 7-4 所示，左侧小于最小值的概率为 0.0373，右侧大于最大值的概率为 0.1520，将两者投影到交易服务的指标分布当中。

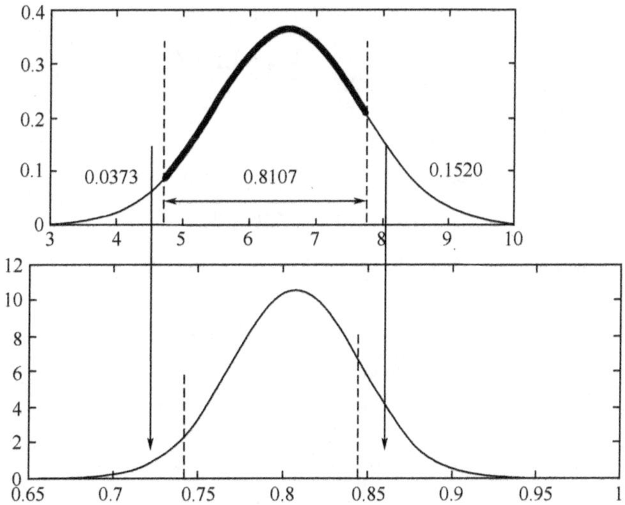

图 7-4　服务过程能力指数上下限的确定

交易服务选取网站满意度为评价指标，数据采集自中国网络购物市场研究报告，选取网站满意度位居前八的数据计算，平均网站满意度为 0.807 63，标准差为 0.037 78。因此，通过正态分布标准化，查数值表，得到评价指标的上临界值为 0.846 54，下临界值为 0.740 38。同理，可以计算其他各子流程评价指标分布的上下限临界值，如表 7-5 所示。

表 7-5　各子流程的上下限值

项目	通达服务	交易服务	支付服务	物流服务	售后服务
$P(X>\max)$	0.182 5	0.152 0	0.169 5	0.155 8	0.080 6
$P(X<\min)$	0.039 3	0.037 3	0.048 6	0.066 5	0.033 9
评价指标平均值	0.781 5	0.807 625	0.859 5	0.779 38	0.745
评价指标标准差	0.348 7	0.037 778	0.029 26	0.059 69	0.060 71
上限值	1.097 42	0.846 54	0.887 47	0.839 97	0.829 99
下限值	0.168 1	0.740 38	0.810 93	0.689 67	0.634 53

7.3.3　对比实验结果

根据上下限，分别计算各个子流程的服务能力指数。

利用原公式：

$$\mathrm{SCI}=\frac{(\mu-3.5\sigma)-\mathrm{LLTZ}}{\mathrm{ULTZ}-\mathrm{LLTZ}} \tag{7-7}$$

以交易服务为例：

$$\mathrm{SCI}_o=\frac{(0.807\,625-3.5\times 0.037\,778)-0.740\,38}{|0.846\,54-0.740\,38|}=-0.612\,1 \tag{7-8}$$

利用改进公式：

$$\mathrm{SCI}=\frac{(\mu-1.73\sigma)-\mathrm{LLTZ}}{\mathrm{ULTZ}-\mathrm{LLTZ}} \tag{7-9}$$

计算交易服务的服务能力指数：

$$\mathrm{SCI}_N=\frac{(0.807\,625-1.73\times 0.037\,778)-0.740\,38}{|0.846\,54-0.740\,38|}=0.017\,7$$

从而可以得到其他指标的服务能力指数值，如表 7-6 所示。

表 7-6　改进后 SCI 的结果比较

子流程	原 SCI 结果值	改进后 SCI 结果值
通达服务	−0.653 2	0.010 9
交易服务	−0.612 1	0.017 79
支付服务	−0.703 4	−0.026 8
物流服务	−0.830 3	−0.090 2
售后服务	−0.521 8	0.027 8

表 7-6 结果显示，直接使用公式（7-7）计算所得的 SCI 结果均为负值。根据 Puga-Leal 和 Pereira 确定的 SCI 的性质，当 SCI 值为负值时，意味着服务过程的质量不能让人满意，其服务水平低于可接受的水平（Puga-Leal and Pereira，2007）。分别从 2010 年到 2012 年连续 3 年的中国网络购物市场研究报告中可以总结出，虽然 B2C 企业依旧存在大量的不足，但发展亦取得较大进步，在通达服务、交易服务等子流程上满意度是合格的。所以，原 SCI 计算公式应用性不强。

改进后的 SCI 计算结果显示，通达服务、交易服务、售后服务 3 个子流程都大于 0，支付服务、物流服务小于 0。这反映出在支付服务和物流服务子流程中，消费者满意度不高，需要企业重视改进。另外，有学者曾指出发展中国家的 B2C 电子商务在支付和物流方面存在着严重的问题。早在 2012 年，国务院新闻办就在 2012 年前三季度工业通信业发展情况新闻发布会上指出，高额的物流仓储费用，加之配送服务的质量无法保障，已经成为电商企业发展的最大短板。而近年来，各大电子商务平台竞争愈来愈激烈，营销手段的不断创新、电子商务企业的高速发展反衬出我国物流水平发展滞后。例如，2011～2013 年的“双 11”节促销，单日销售额从 52 亿元剧增至 350 亿元，导致物流量骤增，“爆仓”问题严重，甚至引发物流系统瘫痪（王娟娟，2014）。

另外，支付服务的得分也较低，这其中存在一定的客观因素：支付由于涉及金钱和财产，安全性要求高，处理的时间会较长，B2C 企业亦会要求用户安装证书和安全控件，对消费者的直观体验会产生负面的影响。通达服务和交易服务的得分较高，属于满意的程度。售后服务的得分也很高，这与我们的调查对象以学生为主有很大的关系，学生主要消费价格处于中低位的产品，存在售后服务问题的不多。

7.4　本 章 小 结

过程能力指数通常应用于工业生产能力的评测，是因为它可以根据生产过程中有形的产品统计特性来进行计算，而服务行业的能力一般不体现在具体的产品上，因此通用的过程能力指数，如 C_{pk}、C_{pm} 等不适合服务能力的计算（Oakland，2003）。

服务质量与客户的感知存在着密切关系，在服务绩效中存在着服务期望的容忍区间。尽管容忍区间会受多种因素的影响，如不同顾客有不同的容忍区间、不同的服务特征或维度会导致不同的容忍区间，但适当服务与理想服务之间总会存在一个容忍区间（Parasuraman et al.，1994）。Puga-Leal 和 Pereira 基于容忍区间提出服务能力指数模型，但在应用本模型会发现其明显地存在着应用的局限。

本章在总结 B2C 电子商务服务过程的基础上，以美国电子商务企业的消费者满意度水平为参照系,改进服务能力指数的计算公式以使其适应于电子商务服务。实验结果表明本模型的合理性。由于本服务能力指数结合了我国 B2C 电子商务的发展情况，有助于把握我国 B2C 电子商务服务能力，对于提高我国 B2C 电子商务企业的服务质量也具有一定的指导价值。

由于服务能力指数涉及服务感知的容忍区间，即适当服务与理想服务之间的容忍域，不同类型的服务自然具有不同的容忍区间，因此在应用本书提出的服务能力指数模型时，要结合服务的特性来进行分析。另外可以更深入地考虑服务的评价体系，根据各指标计算服务能力，进而综合得到服务能力的测度。

第 8 章　基于网络口碑的服务质量管理

在 B2C 电子商务快速发展的同时，伴随着许多服务质量问题。国内外学者从如何评价 B2C 电子商务服务质量的角度对此问题进行了大量有益的研究，并提出不少有价值的观点。但是由于服务具有无形性、异质化、易逝性等特点，因而很难定义、具体衡量及控制服务质量。Kaynama 和 Black（2000）从 Parasuraman 建立的 SERVQUAL 模型中提炼出一系列与传统服务质量评价指标类似的电子商务质量评价指标，如可靠性、响应性等。同样地，结合 SERVQUAL 模型，Grewal 等（1998）认为可靠性、响应性、可接入性、易用性、客户关怀、可信性、安全性是影响电子商务服务质量的潜在因素。而 Kolesar 和 Galbraith（2000）在其研究中直接将 SERVQUAL 量表的 5 个维度作为网络零售服务质量的构成。

夏长清（2006）指出流程管理缺位是造成服务失败的重要原因，如服务接触的一线员工其服务的保证性、响应性、移情性等，都会影响消费者感知服务质量，进而影响到服务的成败。本章将从流程角度出发，研究分析 B2C 电子商务服务管理。在第 4 章中，利用服务蓝图法，分析了 B2C 电子商务服务总流程以及服务子流程，按服务子流程将服务分解为各个子服务。在此基础上，研究如何落实 B2C 电子商务企业各子服务存在的问题。

具体研究思路包括：首先，需要获取有关企业服务的口碑信息，即收集消费者通过微博等社交媒体发布的与企业服务相关的网络口碑；其次，构建网络口碑分类模型以将获取的网络口碑按子服务进行归类；再次，分析网络口碑的情感倾向，识别正面口碑与负面口碑；最后，针对负面口碑反映的问题，定位产生服务质量问题的根源并提出改进建议，为企业提高 B2C 电子商务服务质量提供决策支持。

8.1　网络口碑

传统定义上的口碑（word-of-mouth），是指人与人之间不以商业营销为目的，对品牌、产品、服务、厂商的信息或看法进行口头交流的行为（Arndt，1967）。近年来，随着互联网技术的应用发展，越来越多的消费者通过论坛、社交网站、博客、微博等互联网应用将自己的观点评论发表于互联网上，口碑也就突破了传统的口头传播的形式，成为影响力更大的网络口碑（electronic word-of-mouth）。Henning-Thurau 等（2004）指出网络口碑传播是由潜在的、现实的或之前的客户对于产品或公司的任何正面或负面的陈述，而这些陈述和观点是通过互联网传达给众多的个人和组织。

国内外学者对网络口碑的研究涉及多个方面，总结起来主要包括以下方面。

1. 网络口碑的产生和使用口碑的动机

Henning-Thurau 等（2004）在总结传统口碑文献研究的基础上，以网上 2000 名消费者作为样本，研究消费者网上评论的动机。结果显示，社交欲望、经济动机、对其他消费者的关心以及提高自身价值是产生网络口碑行为的主要因素。

Bickart 和 Schindler（2002）通过实证研究发现，消费者进行网络口碑沟通的动机有三类：①信息动机（information motives）：消费者进行信息搜寻，通过网络口碑来支持其购物决策。②支持动机（support motives）：消费者通过网络口碑寻求自己已经作出的决策的支持。③娱乐动机（entertainment motives）：很多消费者关注网络口碑仅仅为了寻找乐趣。

2. 网络口碑对消费者的影响

Reichheld 和 Sasser（1990）指出忠诚的客户多年来的口碑交流将给企业招揽不少生意，如一个在美国业界领先的住宅建筑商，发现其销售额的 60%以上是推荐的结果。

Helm（2000）指出网络口碑已成为消费者信息来源的重要途径，对消费者的信息搜索、购买决策以及态度的形成和变化都具有明显的影响力。

Bickart 和 Schindler（2001）进行了一个实验研究，消费者被指示从两种不同的信息来源（在线讨论区和公司网页）收集关于产品的购买可能、预期花费、产品知识、想法和兴趣等五种信息。研究结果显示，从在线讨论区收集信息的消费者对产品有更大的兴趣，因此表明企业在网络营销中应重视与消费者的在线口碑交流。

Davis 等（2008）通过分析一个提供多产品零售的电子商务公司的真实销售数据，研究了网络口碑的属性及其对电子商务销售的影响。他们建立了网络口碑的概念模型并评估了网络口碑对产品销售的影响。研究表明：网络口碑营销的帖子内容及其数量、产品类别和产品本身等因素之间的相互关系能显著有效地解释产品销量的变化。

Cheung 等（2008）研究了人们在何种程度上愿意接受并采纳网上消费者的评论，以及影响他们采纳网上其他消费者意见的因素，研究结果表明全面性和相关性是网络评论的最有效部分。

Park 等（2007）验证了网络口碑的正负面特性、网站信誉的好坏对网络口碑效果的影响，并将产品类型作为调节变量，研究表明负面网络口碑产生的影响大于正面网络口碑，已建立良好信誉的网站产生的网络口碑影响较大。

金立印（2007）通过实验法考察了网络口碑信息对消费者购买决策的影响。实验结果表明，网络口碑信息对消费者购买决策的影响力会随着口碑传播方向、信息类型以及产品卷入度的不同而呈现出显著差异。

孙春华和刘业政（2009）研究了网络口碑信息的数量、长度和方向特征对消费者信息有用性感知的影响。姜潇等（2010）通过实证分析建立了网络口碑对消费者购买决策影响的模型框架，结果表明消费者与网站关系、网站感知质量等因素对消费者购买决策具有影响。

3. 网络口碑的内容分析

与网络口碑相关的文献还包括对网络口碑的内容分析，如对网络口碑的情感分析或意见挖掘。Zhang 等（2007）指出意见挖掘需要对相关内容进行检索，然后根据对某个主题的意见对这些内容进行排序，他们研究关注的是网络口碑内容。卢向华和冯越（2009）使用“大众点评”网站的数据，通过回归分析的方法验证了网络口碑的数量、分值及负面点评的比例对产品销售收入的影响。Jansen 等（2009）把 Twitter 视为消费者对品牌意见分享的网上口碑营销的途径，通过整理分析 15 万条 tweet 中包含的对品牌的情感、意见，发现不同的信息传播渠道变化和情感变化会对营销效果有影响。

4. 口碑正负性研究

Tax 等（1993）认为口碑是指消费者之间关于供应商、产品/服务特性的非正式的沟通，可以是正面的也可以是负面的。Sweeney 等（2008）研究认为，相对于正面口碑，负面口碑两倍于对接收者的影响，其本质上更情感化且与不满意相联系。Park 和 Lee（2009）也指出负面口碑比正面口碑的网络口碑的效应更大。Kahneman 和 Tversky（1979）指出负面信息似乎比正面信息更能够提供给消费者较多的“情报”，所以消费者对负面口碑的关注较多。Richins（1983）、East 等（2007）等多位学者也认为消费者对负面口碑的关注较多，负面口碑相比正面口碑对销量有更重要的影响（Cui et al.，2012）。

综上所述，现有的口碑研究充分肯定了网络口碑的价值与重要性，但这些研究较多关注正面网络口碑对消费者和企业的影响，只有少数学者对负面口碑进行了研究。负面网络口碑是消费者发布在社交媒体上、表达不满情绪与失望消费经历等关于企业产品或服务的负面信息，因此，在电子商务 B2C 领域，负面网络口碑有助于企业准确找出自身服务存在的问题。

8.2　基于网络口碑的服务质量问题挖掘方法

本书从 B2C 电子商务企业的视角出发，基于微博等社会化平台收集网络口碑，并以此作为挖掘服务质量问题的依据。根据网络口碑反映的内容，按照服务的流程进行分类，以便针对性地研究。对于各个类别的网络口碑进行情感倾向分析，筛选出负向极性的网络口碑，从而挖掘出所在类别的服务质量问题，为企业提升服务质量提供建议与对策。具体的服务质量挖掘思路如图 8-1 所示。

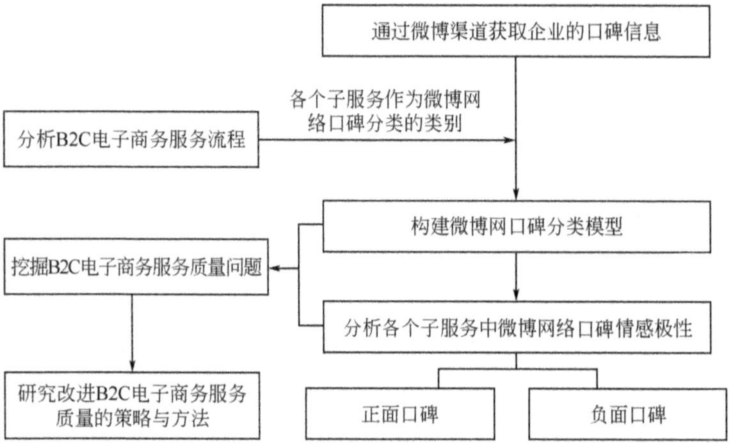

图 8-1　通过网络口碑挖掘服务质量问题的基本框架

8.2.1　分类类别的确定

分类类别的确定，实质是确定服务的流程，分析服务各个子流程的构成。早在服务被定义的时期，服务即被认为可从流程的角度去理解。服务流程在 4.2.1 节已作出介绍，此处不再赘述。

服务蓝图是一种准确地描述服务体系的工具，它借助于流程图，通过持续地描述服务提供过程、服务遭遇、员工和消费者的角色以及服务的有形证据来直观地展示服务，具体形式如图 4-1 所示。

经过服务蓝图的描述，服务被合理地分解成服务提供过程的步骤、任务及完成任务的方法，使服务提供过程中所涉及的人都能客观地理解和处理它。本书基于“服务即流程”的观点，通过服务蓝图法，对 B2C 企业服务流程进行细分，确定该服务的各个子流程，从而确定网络口碑分类的类别。

8.2.2　微博网络口碑文本分类

微博网络口碑文本分类是指通过训练样本建立类别特征模型，并能对新增的文本利用一定分类算法归为某一类的过程，具体如图 8-2 所示。

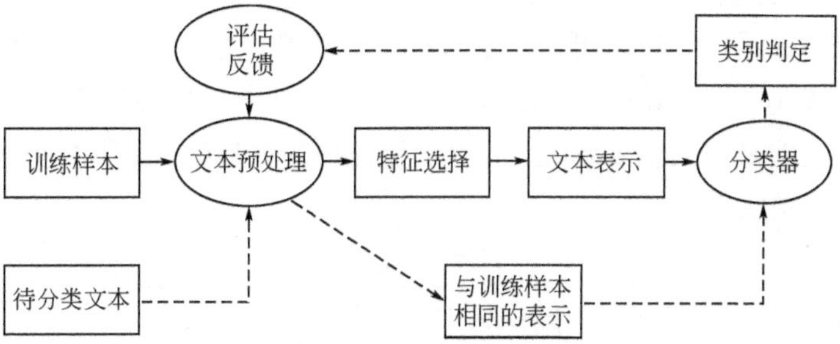

图 8-2　文本分类过程

步骤一：确定本书所需的样本数据，通过制定微博采集策略，从微博平台获取关于 B2C 企业服务的网络口碑数据，并标注微博网络口碑分类标签。将微博平台上获取的与企业服务相关的微博网络口碑数据分为训练样本与测试样本两部分，人工对每一条微博进行分析，标注其归属的子服务类别。

步骤二：对训练样本与测试样本进行预处理，包括分词、去除停用词等。标注出网络口碑的名词、时间词、动词、形容词、处所词等有实际意义的实词，过滤掉助词、虚词等对于区分文档并无太大意义的停用词。

步骤三：对训练样本集进行特征选择、特征权重计算和文本向量表示处理，将其转化为分类算法处理需要的特征向量文本集；而测试样本则需加载训练过程中生成的特征词，对其进行特征权重计算和文本向量表示处理。该步骤中可能涉及特征选择以及文本向量表示两个关键技术。

（1）特征选择。本书使用 χ^2 统计法进行特征项的选择（熊忠阳等，2008）。其统计值的大小表示了特征词条 t 和文档类别 c 之间的相关程度。假设 t 和 c 之间符合具有一阶自由度的 χ^2 分布，如果 A 表示包含词条 t 且属于类别 c 的文档频数，B 为包含 t 但是不属于类别 c 的文档频数，C 表示属于类别 c 但是不包含 t 的文档频数，D 表示既不属于 c 也不包含 t 的文档频数，N 表示语料中的文档总数，则 t 对于 c 的 χ^2 值由式（8-1）计算：

$$\chi^2(t,c)=\frac{N(AD-BC)^2}{(A+C)(B+D)(A+B)(C+D)} \tag{8-1}$$

由于 N、$A+C$、$B+D$ 均是常数，式（8-1）可以简化为：

$$\chi^2(t,c)=\frac{(AD-BC)^2}{(A+B)(C+D)} \tag{8-2}$$

当特征 t 与类别 c 相互独立时 $\chi^2(t,c)=0$，此时特征 t 不包含任何与类别 c 有关的鉴别信息。特征 t 与类别 c 的统计相关性越强，$\chi^2(t,c)$ 的值就越大，此时特

征 t 包含与类别 c 有关的鉴别信息就越多。

（2）文本向量表示。采用最常用的向量空间模型（Salton，1983）将训练样本与测试样本表示成计算机可以识别和处理的数学模型。将文档 d 用向量 $d(t_1{:}w_1;t_2{:}w_2\cdots t_n{:}w_n)$表示，其中，$t_i$表示第 i 个特征项；w_i 为第 i 个特征项的权重，用以表示特征项在文档 d 中的重要程度；n 表示特征项的总体数目。其中，使用 TF-IDF 方法确定特征项权重，即

$$W(t,d)=\frac{tf(t,d)\times\log(N/n_i+0.01)}{\sqrt{\sum_{i=1}^{n}[tf(t,d)\times\log(N/n_i+0.01)]^2}} \tag{8-3}$$

步骤四：将训练样本特征向量文本集输入到分类算法中，构造具体的分类器，并使用测试样本集对分类器的效果进行评估。比较常用的文本分类方法有简单向量距离算法、k 近邻算法、朴素贝叶斯算法（NB）、支持向量机（SVM）等。相关研究表明，使用支持向量机分类算法对短文本进行分类，具有良好的分类性能（常娟，2008；黄永文等，2009；钱爱兵和江岚，2008）。因此，本书采用支持向量机 SVM 构建微博网络口碑分类模型的分类器，同时亦采用朴素贝叶斯构建分类器作为对照组进行比较。

8.2.3 微博网络口碑情感倾向性分析

所谓微博网络口碑情感倾向性分析，是指通过分析微博内容来确定用户对 B2C 电子商务企业各个子服务所持的态度和情感，将微博信息划分为正面口碑、中性口碑以及负面口碑。

本书采用内容分析系统 ROST Content Mining（简称 ROST CM）的情感分析模块（沈阳，2008）来分析微博网络口碑的情感倾向性，确定正面口碑、中性口碑、负面口碑。

ROST CM 情感分析模块通过构建态度词权值词典为待分析的微博网络口碑进行打分，并根据得分把情绪倾向划分为 7 个级别：

（1）0 分为中性情绪，对应地，将此口碑记为中性口碑；

（2）0～10 分为一般积极情绪，10～20 分为中度积极情绪，20 分以上则为高度积极情绪，可将反映这三种积极情绪的口碑记为正面口碑；

（3）−10～0 分为一般消极情绪，−20～−10 分为中度消极情绪，−20 分以下则为高度消极情绪，将反映此三种消极情绪的口碑记为负面口碑。

为了更直观地感受每一级别的情绪倾向，下面举例给出每一级别情绪倾向的微博网络口碑，如表 8-1 所示。

表 8-1　微博网络口碑情绪倾向性例句

情绪倾向		微博网络口碑
正面口碑	一般积极情绪（0～10 分）	突然发现当当网是个好东西，昨天买的书今天就送到了
	中度积极情绪（10～20 分）	@当当网 买书，上午十点多下的单，这就到了，真速度［good］
	高度积极情绪（20 分以上）	当当真是神速呀。昨天晚上下的订单，今天上午十点半就送到家了。太快了!!［good］当当网越来越棒了!! 加油!!
中性口碑	中性情绪（0 分）	当当网在 hao123 首页找不到了，怎么回事？@当当网图书音像
负面口碑	一般消极情绪（−10～0 分）	对自己好无语啊!! 在当当网买的，纸质好差，还掉粉，是盗版的吗？［泪］
	中度消极情绪（−20～−10 分）	我讨厌当当网，买的书要运一个礼拜，你是坐船呐还是 11 路呐还是爬行呐［泪］
	高度消极情绪（−20 分以下）	当当网真是够垃圾的！换货申请提交 3 次才成功也就算了，拖了 3 天没处理完也就算了，连个电话回访都没有，投诉信提交了也石沉大海，在当当网买东西真真是哑巴吃黄连有苦说不出!［鄙视］

8.3　基于网络口碑的 B2C 企业服务质量问题挖掘

8.3.1　微博网络口碑数据准备

比较国内各主流微博平台，由于新浪微博在国内影响最大、用户人数最多，且在信息质量以及传播效果等方面具有代表性，因此，选用新浪微博作为获取网络口碑的来源。数据采集时选“当当”“当当网”等词语或词语组合作为检索词，并将筛选条件限定为“原创”，采集从 2013 年 11 月至 2014 年 1 月的微博数据，并去除不相关微博数据，最终选取 3260 条微博网络口碑作为实验数据样本。

为了对微博网络口碑进行分析，需要从新浪微博平台获取用户发布的与 B2C 电子商务企业服务相关的博文。具体数据包括博文的转发评论情况、发布时间等详细信息，以及相应用户的个人信息，如地区、性别等。

通过查阅新浪微博提供的 API 接口方法，汇总相应的微博数据获取策略如表 8-2 所示。

表 8-2　微博网络口碑获取策略

获取数据	API 接口方法	说明
与 B2C 企业服务相关的网络口碑	search/topics	根据关键字搜索微博
用户详细信息	users/show	根据用户 ID 获取用户信息
微博详细信息	statuses/show	根据微博 ID 获取单条微博内容

但新浪微博平台提供的“search/topics”接口方法并不对普通用户开放，且只能返回最新的 200 条结果，因此，使用 API 接口方法并不能全面地获取所需要的微博数据。为了解决这一问题，本书引入传统的网络爬虫以及网页解析技术，并结合 API 同时使用，从而更全面地获取所需要的微博数据。在此介绍获取微博网络口碑的具体步骤：

步骤一：利用微博搜索引擎初步获取微博数据。

新浪微博平台提供的搜索引擎允许用户输入指定关键词（如当当网）以及自定义参数（如设置微博发布的时间段、返回结果的排序依据等）进行搜索，通常搜索结果每页显示 20 条微博信息，且最多返回 50 页，如果按默认搜索设置，所得到的结果将不能全部被网络爬虫获取，因此，可采取分时段的搜索策略来分批获取微博网络口碑。

例如，在微博高级搜索中将参数设置如图 8-3 所示，将初步得到 2014 年 2 月 3 日关于当当网的微博数据，搜索结果如图 8-4 所示。

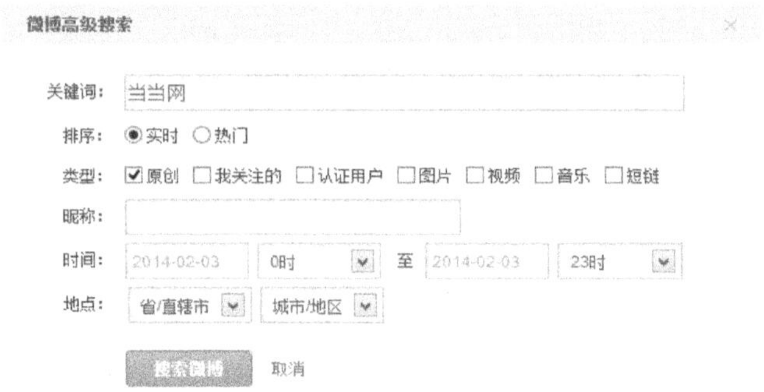

图 8-3　微博高级搜索设置

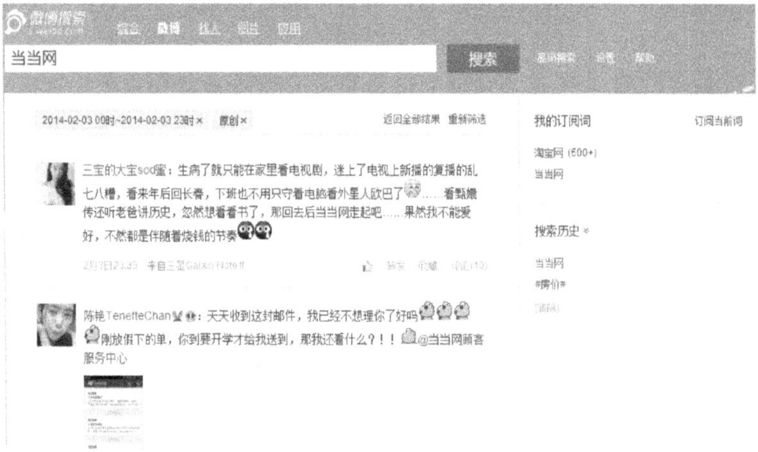

图 8-4　新浪微博搜索结果

步骤二：结合网络爬虫以及页面解析技术抓取搜索结果页面上的微博 ID。

进一步利用网络爬虫以及页面解析技术获取步骤一微博搜索结果页面上的数据，本书采用火狐浏览器（Mozilla Firefox）网页抓取/信息提取插件 GooSeeker，包括 MetaStudio 以及 DataScraper 工具，利用这两个工具可翻页遍历所有搜索结果页面，采集全部微博 ID。

其中，MetaStudio 是描述 Web 页面信息结构的工具，协助用户对目标网页的信息结构进行建模，为用户验证信息结构（模型）的正确性，并为建立正确的信息模型自动计算信息提取（网页抓取/抽取）规则，产生各种信息提取指令文件，供信息提取引擎 DataScraper 使用。

微博数据采集规则的生成有如下步骤：

（1）对网页内容进行标注：输入采集页面的网址，在 MetaStudio 左部的 DOM 视窗中看到 HTML 网页被分析成了 DOM 树，在 DOM 视窗中定位到第一条微博包含 ID 的节点@mid，将这个节点的 value 值映射给 weiboid 字段，即可标注出微博 ID。同时由于目标页面结构十分规范，每条微博一一对应一个节点 DL，因此可将微博节点 DL 进行 FreeFormat 映射，即可自动获取搜索结果页上所有的微博 ID，如图 8-5 所示。

图 8-5　MetaStudio 获取微博 ID

（2）自定义翻页抓取线索，并生成信息提取指定文件：从第一页往下翻页可以确保获取所有的微博 ID，因此需先定位到代表整个翻页区块的那个 DOM 节点，然后将含有记号“下一页”的#text 节点进行记号映射，即可实现微博 ID 的翻页获取。最后，保存 Schema 从而在服务器生成信息提取指定文件“weibo-2014-2-3”（图 8-6，图 8-7）。

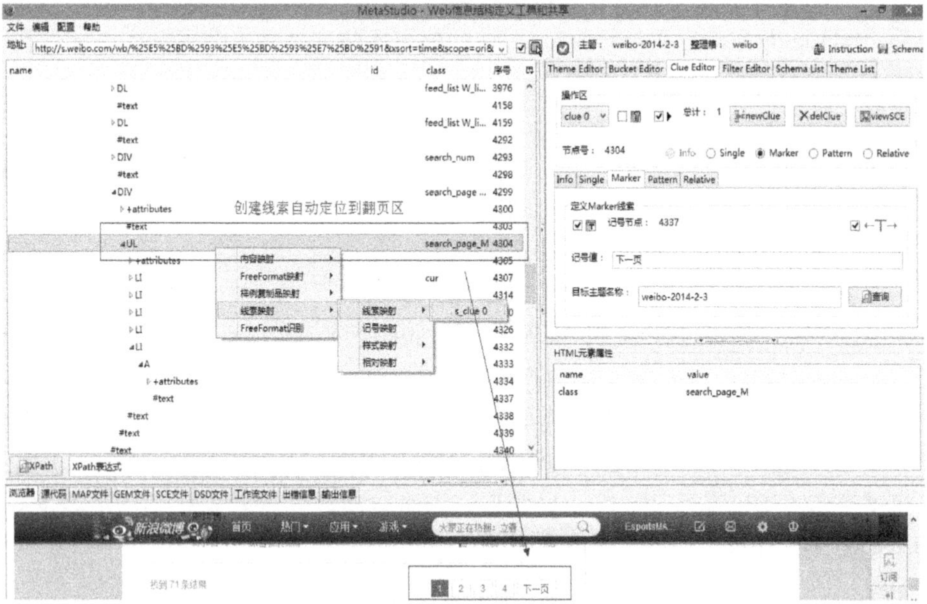

图 8-6　MetaStudio 定义线索

图 8-7　MetaStudio 定义记号映射自动翻页

而 DataScraper 是 Web 页面信息提取（网页抓取/抽取）工具，利用前面 MetaStudio 生成的信息提取指令文件，对微博 ID 进行自动化连续提取，如图 8-8 所示。

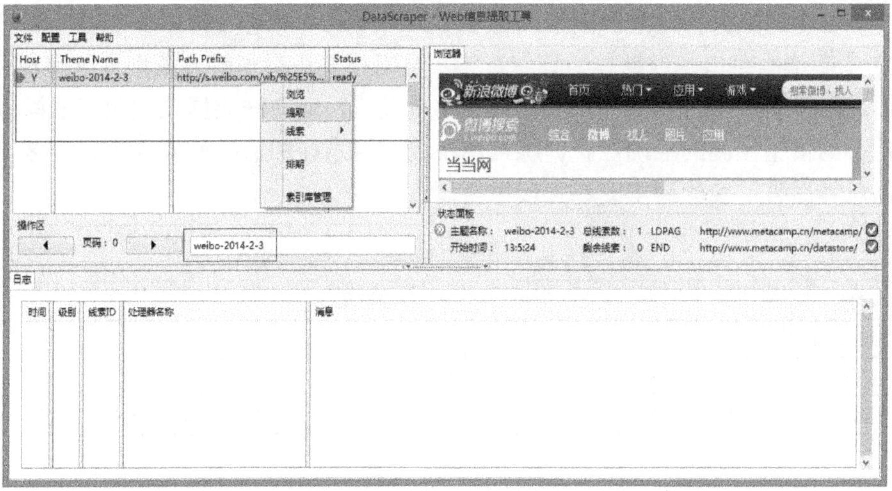

图 8-8　DataScraper 提取信息

抓取后的微博 ID 数据将结构化存储在 XML 文件中，如图 8-9 所示。

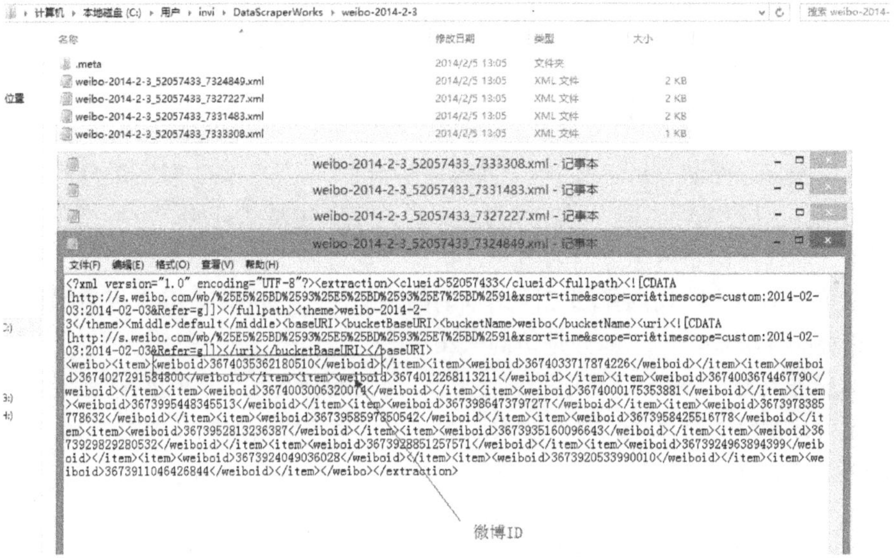

图 8-9　微博 ID 存储文件 XML

步骤三：自行编写程序提取 XML 文件中的微博 ID，并通过调用 API 接口方法，利用微博 ID 获取微博内容以及用户信息。

从新浪微博 API 获取到的数据为特定的 JSON 格式，因此，需要解析 JSON 格式的数据，从中抽取出所需的各种数据字段，存储到 MySQL 数据库中，生成微博数据表和用户数据表，以便于进一步的数据分析（廉捷，2011）。

综合考虑数据各方面的因素，将 2013 年 11 月 1 日至 2013 年 12 月 31 日共 2523 条微博网络口碑数据作为训练样本集合对模型进行训练。模型训练完成后，则用 2014 年 1 月 1 日至 1 月 31 日共 737 条微博网络口碑数据来预测测试样本集合，得到模型预测的准确性。训练样本及测试样本详细情况如表 8-3 和表 8-4 所示，总体而言，实验样本的选择较为全面。

表 8-3　微博网络口碑训练集详细情况

项目	详细情况					
文档总数/条	2523					
类别	决策	通达	交易	支付	物流	售后
文档数量/条	111	104	257	54	1576	421

表 8-4　微博网络口碑测试集详细情况

项目	详细情况					
文档总数/条	737					
类别	决策	通达	交易	支付	物流	售后
文档数量/条	23	32	25	16	568	73

8.3.2　B2C 企业服务流程类别的确定

应用服务蓝图法分析 B2C 电子商务服务流程，根据 B2C 网站用户的行为确定 B2C 企业服务流程类别。用户行为从用户产生购物需求开始，而用户在产生购物需求之后通常面临两个方面的考虑，第一是通过网上购物还是传统渠道购物的决策，第二是网上购物选择哪家网站购物的决策。相对应地，用户行为的第一部分是选择购物渠道，第二部分是访问 B2C 网站。

用户进入 B2C 网站后，随即进行 B2C 网上购物活动。B2C 网站上的购物流程一般为：客户注册会员、商品搜索选购、下订单（放进购物车）、去收银台、选择送货方式、支付、购物完成、订单查询。

由于客户注册会员、商品搜索选购、下订单等步骤都围绕着用户与商品展开，故将其归类为用户进行交易活动，而收银台、选择送货方式、支付、购物完成等步骤都围绕着用户与支付展开，故将其归类为用户进行支付活动。因此，用户行为的第三部分是进行交易活动，第四部分是支付，随后即是用户等待商品、接收商品以及反馈商品信息。

可以得到 B2C 电子商务服务总流程的服务蓝图，用户行为分别是：选择购物渠道、访问 B2C 网站、进行交易活动、支付、等待商品并接收商品、反馈商品与服务信息。而围绕着以上用户行为，可以分别画出相关的前台 B2C 网站行为、后台 B2C 网站行为以及支持过程，并得到 B2C 电子商务服务总流程的服务蓝图，如图 4-2 所示。

由此可得，B2C 电子商务服务流程分为 6 个子流程：决策服务、通达服务、交易服务、支付服务、物流服务以及售后服务。该 6 个子流程将作为微博网络口碑分类的类别，微博网络口碑将按照主题内容的不同划分为不同的子流程类别，对各个类别进行简要的阐述，如表 8-5 所示。

表 8-5　微博网络口碑类别及其实例

类别	微博网络口碑涉及的 B2C 电子商务服务内容及其实例
决策服务	围绕着用户选择购物渠道流程，B2C 企业提供的支持服务，包括品牌声誉和形象的建设等
	微博原文："在对待线下卖场的策略方面，苏宁必然是互相结合的打法，而今年天猫也希望能和线下结合，并为此作出了一系列的举措，可惜绝大部分被拒之门外。相比之下，当当网的办法倒显得大刀阔斧、光明磊落，毕竟 3 折起 5 折封顶的力度在线下卖场是极少能见到的。"
通达服务	访问网站的多元化渠道（网站移动客户端、搜索引擎等）及其支持服务
	微博原文："突然发现怎么在 2345 导航条下的快捷点击里没有当当的网址，淘宝等都有唯独没有@当当网"
交易服务	围绕交易流程，企业提供的相关服务，如注册会员、商品搜索选购、商品售前咨询、下订单（放进购物车）、取消订单等服务
	微博原文："下了三次单 ，当当网都说糟糕页面出错，连我返回购物车的机会也不给，全要从零开始，这是什么节奏啊。。。。@当当网 [囧][伤心]"
支付服务	围绕支付流程，企业提供的相关服务，如多元化的支付方式（网银、第三方支付、货到付款）、支付界面、支付步骤等
	微博原文："#当当网双 11#当当竟然支持微信支付功能了！好方便的说，今天买了 300 多块钱的书。。。知识就是力量啊～～～～@ 当当网"
物流服务	围绕物流配送，企业提供的服务，如商品的分拣、包装配送、物流配送方法，查看订单状态、订单配送信息等
	微博原文："早上七点网站下单，下午五点就收到书籍，当当网这速度是要逆天了。我在：http：//t.cn/zRNTccn"
售后服务	围绕售后，企业提供的服务，如提供线上线下多渠道反馈渠道、制定退换货策略、售后客户服务等
	微博原文："当当网的客服态度真不好！而且退款服务做得完全不如淘宝！@当当网"

8.3.3　微博网络口碑的服务流程分类

1. 微博网络口碑的预处理

微博网络口碑的预处理是指将微博文本内容进行分词，词性标示，去除掉对分类作用不大的词，以便于计算机的识别。分词方法采用中国科学院研究开发的开源产品 NLPIR 汉语分词系统（ICTCLAS2013），它提供了微博分词特色功能，能更有效、准确地对微博文本内容进行分词。例如，对微博内容包含的博主 ID 标示为 nr，对转发的会话进行自动分割标示（标示为 ssession），对 URL 以及 E-mail

进行自动标引。

图 8-10 为一条微博文本内容经过 NLPIR 汉语分词系统分词处理后的结果：

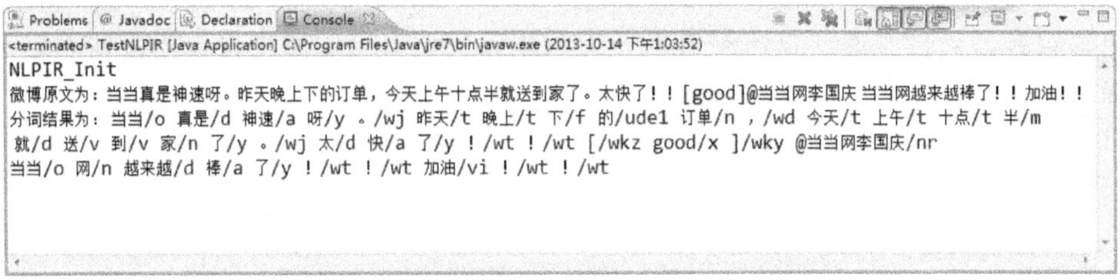

图 8-10　经过分词处理后的微博文本内容

此外，针对 B2C 电子商务领域，NLPIR 汉语分词系统在词库不足的情况下，并不能有效地将微博网络口碑中的特定名词分割标注出来。例如，“礼品卡”在该系统的词库中没有对应的词。原系统在进行分词的时候，会自动将其分割为“礼品”和“卡”两个词，而不是“礼品卡”。

而本书立足于 B2C 电子商务领域来研究网络口碑，有必要考虑向系统添加该领域中特有的词。通过查阅相关 B2C 网站，以及从训练集中的微博网络口碑进行分析，获取 B2C 电子商务领域各个子服务中可能包含的较为常用的词语，如“售后”“售后服务”“移库”“网银”“下单”“快递员”等，建立个性化领域词典。通过调用开放的 API 接口导入领域词典，从而拓展原有 NLPIR 汉语分词系统的词典，在一定程度上提高模型分类能力。

2. 微博网络口碑特征选取与文本表示

通过 χ^2 统计方法计算各个词的 χ^2 统计值并进行降序排序，综合考虑各方面的因素，将 χ^2 统计值较小的词剔除掉，选出各个类别最大的前 100 项特征词，得到每个类别的特征词如表 8-6 所示，合并后最终生成特征向量，如图 8-11 所示，第一列为特征号，第二列为特征项（词）。

表 8-6　各个类别的特征词（部分）

类别	特征词
决策	免费、全场、便宜、封顶、打折、活动、折扣、店庆、促销、广告
通达	浏览器、登录、网页、客户端、手机、计算机、导航、网址
交易	提交、恢复、操作、成功、系统、订单、交易、审核、库存、下单
支付	付款、礼品卡、银行、手续费、结账、结算、网银、验证码、余额
物流	快、慢、速度、收到、延误、预计、延迟、包裹、快递、配送、推迟
售后	退货、投诉、退款、联系、答复、处理、退换、售后、服务、申请

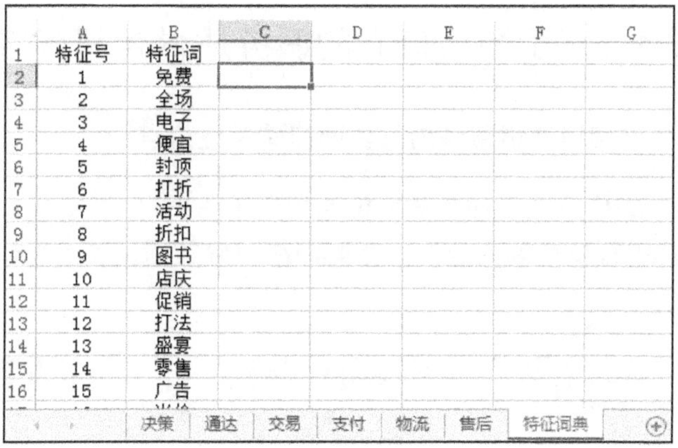

	A	B	C	D	E	F	G
1	特征号	特征词					
2	1	免费					
3	2	全场					
4	3	电子					
5	4	便宜					
6	5	封顶					
7	6	打折					
8	7	活动					
9	8	折扣					
10	9	图书					
11	10	店庆					
12	11	促销					
13	12	打法					
14	13	盛宴					
15	14	零售					
16	15	广告					

图 8-11　特征向量

3. 微博网络口碑分类模型的建立

采用支持向量机 SVM 构建微博网络口碑分类模型的分类器，同时也采用朴素贝叶斯（NB）构建分类器作为对照组进行比较。其中，SVM 分类模型的建立是在 LibSVM（Chang and Lin，2011）基础上进行修改编译的，其中 LibSVM 参数的默认值一般可直接使用，但为了提高微博网络口碑分类模型的准确率，本书使用以下参数构建 SVM 模型，如表 8-7 所示。

表 8-7　LibSVM 参数

参数	数值
-s SVM 类型	0—C-SVC
-t 核函数类型	2—径向基核函数（RBF）
-g 核参数	1/6=0.167
-c 惩罚参数	10

最后，得到分类模型准确率为 82.09%。进一步以朴素贝叶斯分类算法构建微博网络口碑分类模型，作为实验对比组。基于朴素贝叶斯分类器得到的预测准确率为 79.78%。

基于预测的准确率可见，在对微博网络口碑进行分类时，基于支持向量机的分类模型稍优于基于朴素贝叶斯的分类模型。而建立微博网络口碑分类模型，是为后续 B2C 企业服务质量问题的分析，提供数据获取方面的技术支持。因此，基于支持向量机构建的微博网络口碑分类模型对本书而言是比较合适的。

8.4　基于网络口碑的服务质量管理策略

8.4.1　微博网络口碑情感倾向与负面口碑关注焦点

选取获取的 B2C 企业当当网微博网络口碑（共 3260 条），借助情感分析工具 ROST CM 对其进行情绪倾向分析，微博网络口碑数据反映的总体情感倾向的结果如图 8-12 所示。

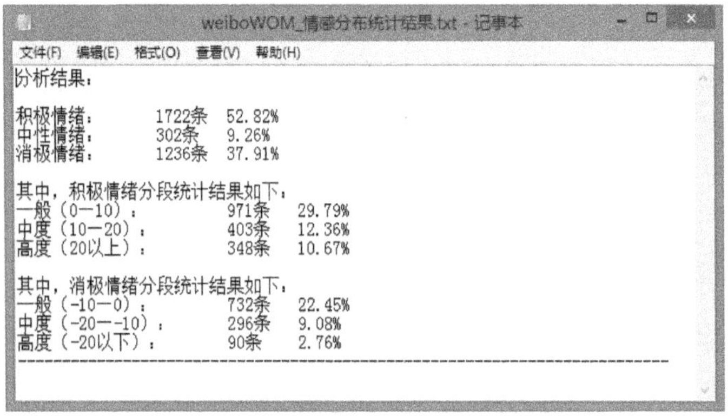

图 8-12　微博网络口碑情绪倾向分析

如图所示，在 3260 条当当网微博网络口碑中，包含积极情绪的口碑（正面口碑）数量为 1722 条，占比 52.82%，中性口碑数量为 302 条，占比 9.26%，包含消极情绪的口碑（负面口碑）数量为 1236 条，占比 37.91%。其中，正面与中性微博网络口碑所占比例超过 60%，在一定程度上说明大部分消费者对当当网的服务是较为满意的。

值得注意的是，负面网络口碑是消费者发布在微博上的对有关企业产品或服务表现不满情绪与失望消费经历等的负面信息，对企业而言，负面网络口碑对其品牌转换和企业形象会产生显著影响，其中也可能蕴含着决定企业成败的关键因素。立足于 B2C 电子商务领域，负面口碑则能够反映 B2C 企业提供服务（决策、通达、交易、支付、物流、售后）过程中可能存在的问题。因此，有必要聚焦于负面微博网络口碑（1236 条）。研究负面微博网络口碑具体涉及哪个阶段的服务流程，对企业提高自身服务具有现实分析意义。因此进一步统计各子服务包含的负面微博口碑数量，以月为单位，统计结果如表 8-8 所示。

在当当网服务的 6 个子服务中，物流服务与售后服务是用户关注的重点，与两者相关的微博分别有 758 条和 235 条。一方面，物流服务与售后服务，是用户在当当网购物过程中，最直接的感知，也是较为重视的两个服务环节。另一方面，

表 8-8　各子服务的负面微博网络口碑数量

时间	决策	通达	交易	支付	物流	售后
2013年11月	28	21	80	10	247	103
2013年12月	14	18	31	8	304	95
2014年1月	2	12	10	9	207	37
汇总	44	51	121	27	758	235

也反映了当当网在物流服务与售后服务方面仍存在改进空间。由于篇幅限制，本书主要以物流服务和售后服务作为重点分析对象。

8.4.2　各子服务的服务质量问题分析与对策研究

1．物流子服务

针对本书对象当当网，详细描绘其物流服务的服务蓝图，如图8-13所示。假设某个环节或步骤存在问题，如分拣步骤费时太长会导致消费者不能接受，可对该步骤进一步细化以解决出现的问题。

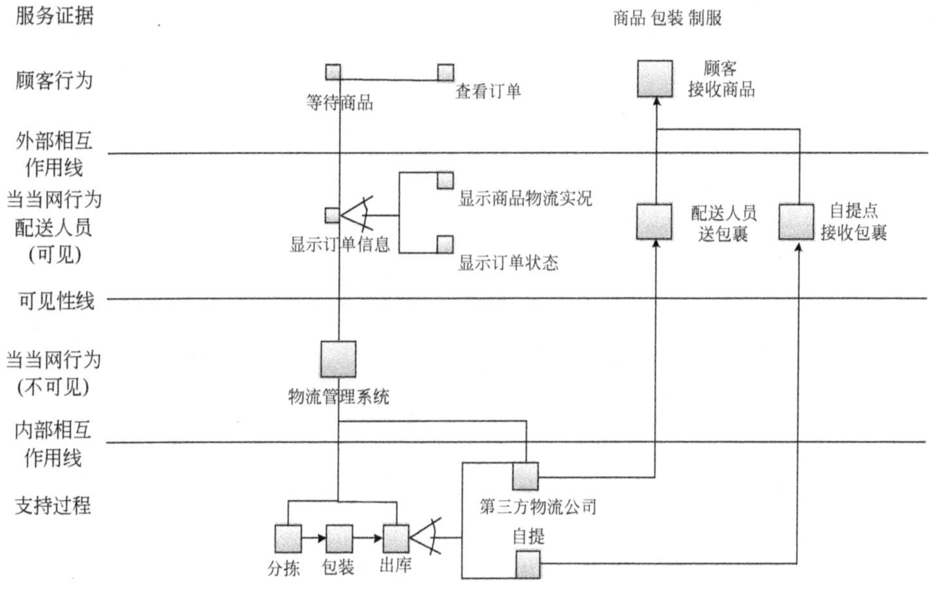

图 8-13　当当网物流服务蓝图

可以进一步深入分析当当网的物流服务蓝图，并以服务蓝图作为解决无形的服务过程中存在问题的工具。根据物流服务负面网络口碑收集到的信息，确定与消费者期望不一致的关键要素，挖掘负面网络口碑主要反映的问题，了解消费者广为关心的部分，从而为企业改善其物流服务提供依据。

首先可以借助词频分析方法，从物流负面网络口碑中提取高频关键词，高频关键词从一定程度上体现了消费者关注的焦点部分，统计结果详见表 8-9。词频分析方法包括两个过程：中文分词以及词频统计。

表 8-9　物流服务负面微博网络口碑高频词（部分）

序号	关键词	词频	序号	关键词	词频
1	快递	267	6	速度	84
2	物流	240	7	送货	70
3	订单	168	8	收到	69
4	发货	159	9	打电话	58
5	配送	110	10	时间	57

注：关键词选取时已排除无意的动词（是、想等）

从物流服务微博负面网络口碑的相关关键词来看，快递（267 次）、物流（240 次）、发货（159 次）、配送（110 次）、速度（84 次）等关键词出现的频率更高。为了让企业管理者能够更直观地了解和把握其中物流子服务中存在的问题，可将排在前面的高频关键词构建共现词矩阵（共现词：两个不同的词同时出现在一条微博内容中），并借助社会网络工具 Netdraw 描绘出词与词之间的“社会网络图”（图 8-14）。其中，每个节点分别代表一个词，两个节点间的连线表示共现词，线上的数字表示出词的次数。

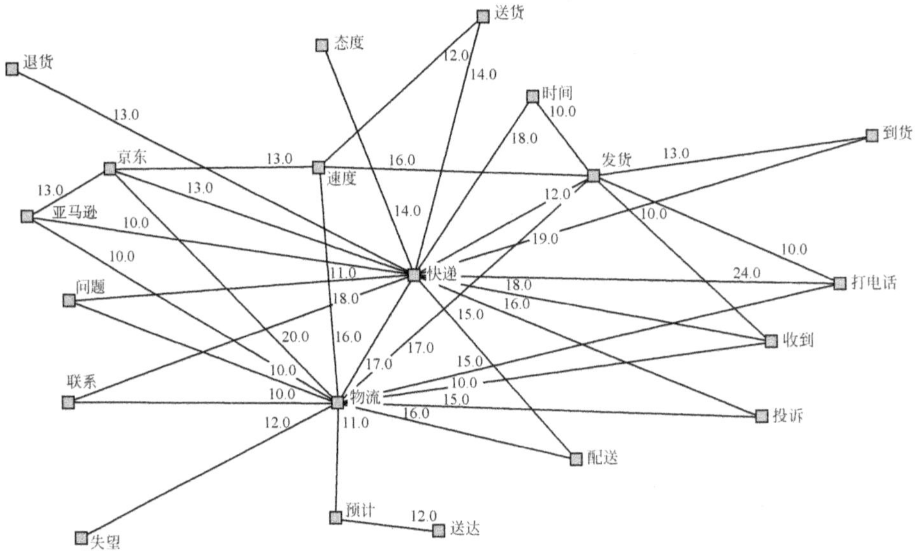

图 8-14　物流服务高频共现词社会网络图

根据共词分析结果，排在前面的共现词包括<打电话，快递，24 次>、<快递，到货，19 次>、<时间，快递，18 次>、<物流，发货，17 次>、<快递，态度，16 次>等，结合前面的物流服务蓝图来分析提供服务过程中出现的问题：前三组共现词反映了第三方物流公司的配送费时太长导致消费者不能接受送货拖延，而消费者会将这种负面情绪归结为当当网的缘故；第四组共现词说明了用户对当当网从分拣、包装，到出库的等待时间较为不满；第五组共现词从一定程度上表明消费者不满意的原因可能是配送人员态度不友好或漠不关心。

针对上述存在的问题，可进一步利用服务蓝图来解决，并以第三方物流配送环节存在的问题为例，为企业改善自身服务提供实践参考。通过物流服务蓝图 8-13 可以看出，从消费者角度看服务过程只有两个步骤：查看物流信息以及取件。而在不可见性线下是必不可少的内部服务，保证可见的两个步骤的有效进行，如当当网通过物流管理系统选择第三方物流配送公司。

在整个物流服务过程中，消费者并不能决定订单由谁配送，而不同物流公司的配送效率不一，同一物流公司在同一城市不同区域的配送效率亦存在区别。在此物流配送环节中，当当网可考虑为消费者与物流配送公司之间的互动行为提供便利，即改进策略为：消费者可以自由选择与当当网合作的物流配送公司，或者是根据历史配送数据向消费者推荐物流配送公司，从而更人性化地向消费者提供其认可或满意的快递服务。

据此，利用服务蓝图改善此环境的服务，如图 8-15 所示（简化后的服务蓝图），图中右上角可以让消费者自由选择配送的第三方物流公司。

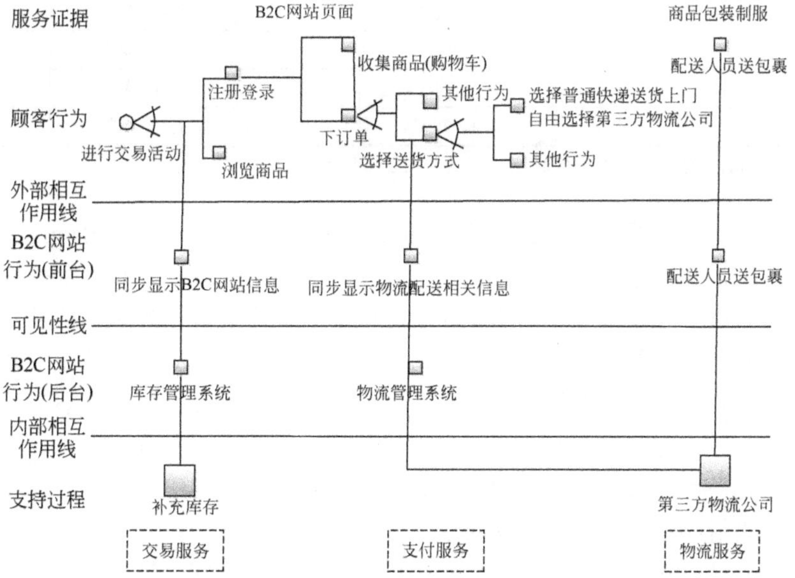

图 8-15　改善后的服务蓝图

一方面，实现消费者自己选择物流配送公司。当配送服务失效时，消费者会试图寻找原因，对很多服务来说，消费者会对事情的结果负部分责任（Hubbert，1995）。即使他们不对结果负责，消费者的满意也会受其他各种归因的影响（Bitner，1992），他们往往会将物流服务失效归因于第三方物流公司而非当当网，从而降低对当当网服务的不满意感，在一定程度上降低对当当网自身品牌的影响。另一方面，消费者可根据自身购物经历，选择其较满意的物流配送公司，可以促进第三方物流公司之间的良性竞争，提高其物流配送效率。

由于本书是在微博环境下分析物流服务，可以进一步考虑引入用户的地理空间位置这一要素，分析哪些区域的用户对物流服务比较不满。物流服务中涉及空间地理位置要素，即用户的配送地址。前期在收集微博网络口碑时，已将用户所在地的信息存储在数据库中，标示为“Location”字段，其中也有不少用户的信息是不完善的，缺少所在地这一信息。只需进一步对拥有 Location 字段的用户进行统计，结果如表 8-10 所示。

表 8-10　有关物流服务的负面网络口碑其微博用户所在地统计（部分）

所在地	数量	所在地	数量	所在地	数量
安徽 合肥	11	广东 广州	29	黑龙江 哈尔滨	4
安徽 马鞍山	2	广东 深圳	23	湖北 武汉	11
安徽 芜湖	2	广东 佛山	8	湖南 长沙	7
北京 海淀区	27	广西 南宁	5	吉林 长春	8
北京 朝阳区	21	广西 桂林	2	江苏 南京	22
北京 东城区	16	贵州 贵阳	5	江苏 苏州	13
福建 福州	12	河北 石家庄	7	江西 赣州	4
福建 厦门	6	河北 唐山	6	辽宁 大连	9
福建 泉州	4	河南 郑州	10	辽宁 沈阳	6

注：按拼音首字母进行排序，只取每个省份的前三名或更少

通过查阅当当网网页相关信息（http://help.dangdang.com/details/page15），发现当当网在北京、无锡、广州、成都、武汉、沈阳、济南、郑州、福州等城市均建有物流中心，这些城市的大部分区域可以实现当日或次日到达。但从上述表格可以发现一个与此矛盾的现象，北京、福州、广州等城市的用户发布的物流负面网络口碑远远高于同一省份的其他城市。进一步剖析出现此现象可能存在的原因：一方面，由于在当当网购物的这些城市的用户基数要远高于其他城市，因此订单量较多可能引起物流配送效率的降低。另一方面，近几年来这些城市的物流发展较快，因此用户对物流配送效率要求比较高，对物流配送过程中等待的时间比较敏感，一旦出现订单延误就可能会引起用户的不满与抱怨。针对这一问题，当当网在全国范围内开拓更多配送地区的同时，应注重维护并逐步提升前期重点城市

的配送效率，使其达到同业水平或以上。

2. 售后子服务

参考前面的具体做法，首先描绘当当网售后服务的服务蓝图，如图 8-16 所示，进一步利用负面微博网络口碑确定售后服务中存在的问题。

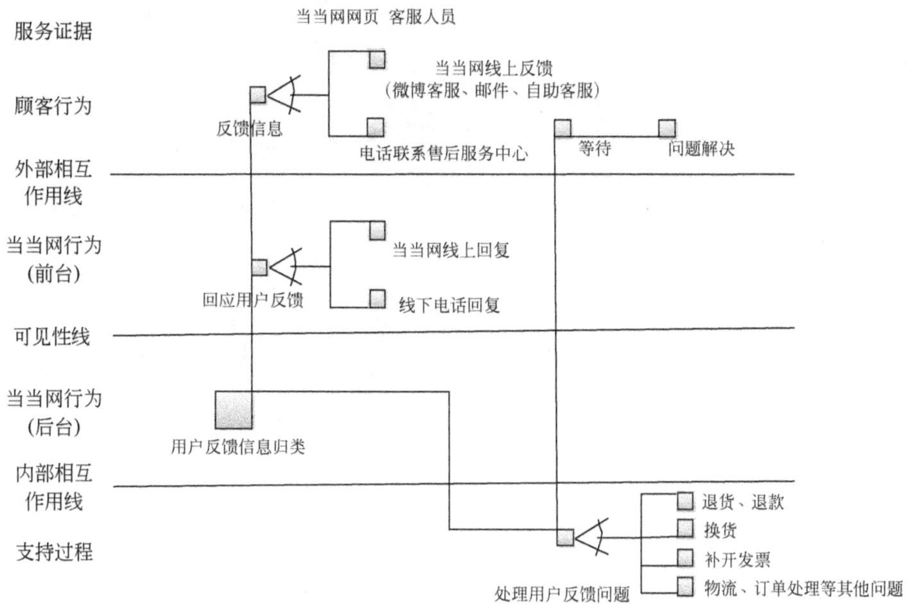

图 8-16　当当网售后服务蓝图

接下来，获取与售后服务相关的负面微博网络口碑中的关键高频词，如表 8-11 所示。从售后服务微博负面网络口碑的相关关键词来看，退货（62 次）、退款（51 次）、问题（50 次）、发票（36 次）等关键词出现的频率更高。

表 8-11　物流服务负面微博网络口碑高频词（部分）

序号	关键词	词频	序号	关键词	词频
1	退货	62	6	问题	50
2	投诉	61	7	发票	36
3	订单	55	8	联系	32
4	申请	54	9	商家	30
5	退款	51	10	答复	29

结合共现词社会网络图 8-17，其中，<退货，申请，14 次>、<任何，答复，11 次>、<订单，退货，11 次>、<质量，问题，9 次>等，主要反映了售后服务可能还存在以下问题：

①“退货”或“退款”处理不及时；②工作“人员”的“答复”并未能解决用户的疑惑或问题等；③“订单”的“退款”未能及时返回给用户；④商品的“质量”与消费者的预期不一致导致投诉；⑤“发票”未能及时送达消费者手中。

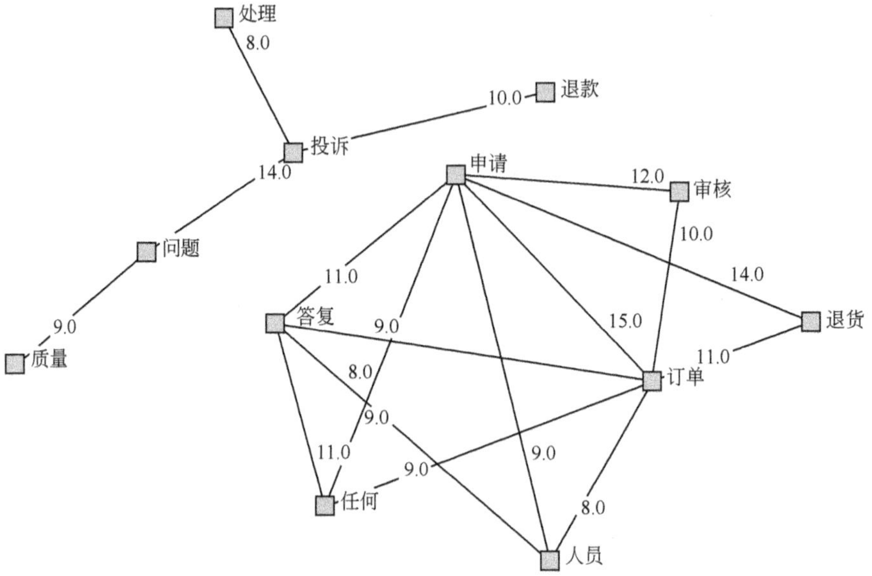

图 8-17　售后服务高频共现词社会网络图

结合售后服务蓝图可发现，上述的问题体现了蓝图中“处理问题、反馈问题”步骤并不能及时有效地解决消费者的问题，“问题解决”步骤费时太长导致消费者较为不满。

从消费者的角度出发，通常投诉的消费者希望得到快速的答复（Davidow，2003），而对企业而言，有效解决消费者问题对消费者的满意度、忠诚度、负面口碑传播具有重要意义（Wilson et al.，2012）。因此，当当网可针对这些步骤对服务蓝图进一步细化，并结合自身情况，通过更合理地配置该步骤涉及的服务要素，从而更高效地解决消费者反馈的问题。

当当网已建立一个允许消费者亲自解决售后问题的自助服务系统，消费者可进行自助退货申请等操作（图 8-18），但实际上后台工作人员的实际行动并不能确保这些能够快速地被处理。因此，还需在内部建立一种快速反馈机制，并对相关人员进行培训，争取问题能够一次性被解决，从而能够高效地解决消费者反馈的问题并提升服务质量。

假设退款效率较低问题的关键所在是退款审批手续较多，这时当当网可优化后台退款手续的审批流程，可适当对相关人员进行一定程度的授权，从而能够有

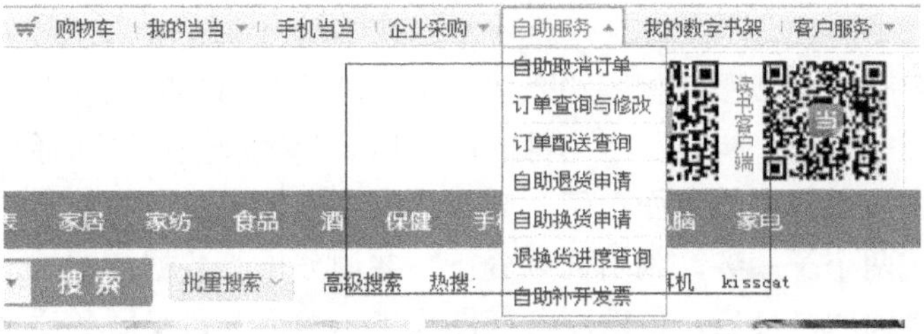

图 8-18　当当网自助服务

效地提高退款手续处理效率。基于顾客的角度，“提高退款手续处理效率”将提高服务质量指标中的“响应性”特性。

3. 其他子服务

如果分析交易服务，从表 8-8 可以看出，2013 年 11 月的 80 条微博网络口碑要远高于同年 12 月的 31 条以及 2014 年 1 月的 10 条。通过查看 11 月的微博内容，如图 8-19 所示，发现大多数消费者反馈了“双 11”的促销商品订单在消费者不知情的情况下被当当网单方面取消，并表示了自己的不满。

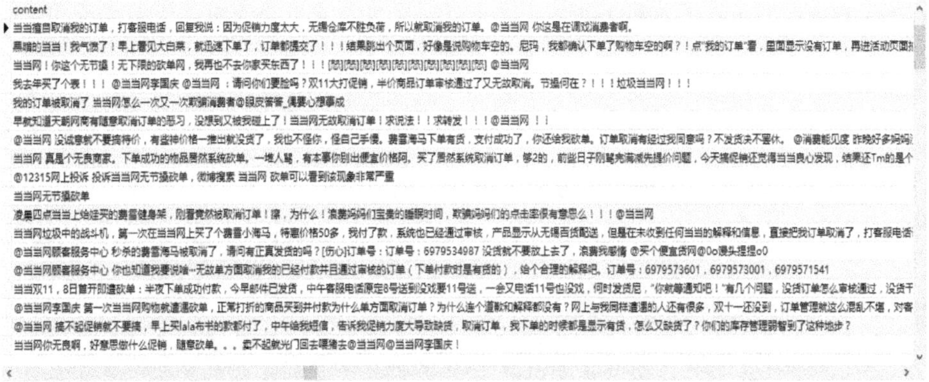

图 8-19　交易服务微博负面网络口碑

上述订单被取消主要是由于当当网后台商品库存不足，而前台网页并未同步显示缺货，消费者可提交订单。针对此问题，当当网需分析交易服务中，后台库存管理系统与订单管理系统之间交互的过程，判断哪个关键服务要素出现问题并加以优化，从而形成一套更标准的交易服务流程，杜绝日后类似问题的发生。

8.5　本 章 小 结

本章以实证方式对提出的基于网络口碑的 B2C 企业服务质量管理研究框架

的有效性进行了验证。以国内较有影响力的 B2C 电子商务企业当当网为例，通过新浪微博平台获取与其服务相关的微博网络口碑数据 3260 条，对数据进行预处理、特征选择等操作，构建了当当网的网络口碑分类模型；进而通过情感倾向性分析确定各个子服务中的负面口碑，其中物流与售后子服务要高于其他 4 个子服务，并针对这两个子服务，利用词频分析、共词分析等数据挖掘技术找出子服务中存在的质量问题；最后，借助服务蓝图为当当网提升自身服务质量提供了有针对性的建议与对策。

第 9 章　顾客累积满意度动态变化的测量模型

随着服务业的迅猛增长，服务经济在全球经济中的主导地位日益增强。在日常生活中，消费者需要接触各种类型的服务，如电信、金融、电子商务等。对于提供这些服务的企业而言，顾客满意度是评价服务绩效的一个重要测量指标（寿志钢等，2011）。由于服务具有流程性（Gronroos，1998），如电子商务服务是包括了一定时间跨度的流程，因此顾客的满意度需要从整个流程的角度去测量，可被定义为“对一段时间内的消费体验的整体评价”（Fornell，1992）。

由于顾客满意是建立在其需求被满足的基础上（Westbrook and Reilly，1983），而在单次服务的不同阶段，顾客需求有可能发生改变，这就增加了测量顾客满意度的难度。对满意度的测量应当充分考虑顾客需求的变化，而且不同的需求类型对顾客满意度产生不同影响。Kano 将顾客需求分为基本型需求、期望型需求和兴奋型需求，各种需求对顾客满意度的影响都不一样（Kano，1984）。因此顾客满意度的测量需要考虑需求的多样性和影响程度的不同。除顾客需求之外，顾客对服务的期望也是影响顾客满意度的重要因素。期望并不具有唯一性，而是体现了多层次的特征（Cadotte et al.，1987）。例如，基于 Parasuraman 等建立的双重期望模型，顾客的满意与不满意以不同期望作为参照点。因此顾客满意度的测量需要充分考虑不同期望的影响。

本书基于服务即流程的角度，通过质量功能展开（QFD）将顾客需求映射为不同服务特性并确定相应权重，从而反映出顾客需求对满意度的影响。根据双重期望理论，分情况地讨论顾客感知与不同期望值比较对顾客满意度的影响，进而构建结合顾客需求和双重期望、反映顾客累积满意度动态变化的测量模型。基于此模型，对 B2C 电子商务服务流程进行资源配置的优化，为企业在资源总量有限的情况下达到顾客满意度最优提供一套有效的解决方案。

9.1　服务的顾客满意度

9.1.1　服务的流程特性

服务是一种顾客作为共同生产者、随时间消逝的无形经历（Fitzsimmons and Fitzsimmons，2006）。因此，与实物产品不同，顾客购买的是服务的过程，由一系列或多或少具有无形特性的活动所构成的一种过程（Gronroos，1998）。这是从本质上直接把服务定义为一种过程，即从流程的角度来理解服务。基于对服务流程特性的认识，出现了流程工具应用于服务的研究，如 Shostack 的服务蓝图法。正如第 4 章所述，基于服务蓝图法，可将单次服务流程简化为行为的步骤和顺序，且各部分组成相互依赖和交互的系统（Shostack，1992）。

鉴于服务的流程特性，顾客在单次服务中的行为将不同于顾客购买产品的行为。在单次服务中，随着流程推进到不同阶段，顾客将与不同的人员/系统接触，感受到不同的服务环境，因此顾客的情绪、感知、期望都有可能不同。顾客对于单次服务的评价应该是对各个阶段不同的感知体验的反映，如服务质量的感知就应该伴随阶段而更新，顾客满意度也应该用一种动态的视角去研究（洪志生等，2013）。

9.1.2　顾客满意度的影响因素

根据目前主流的顾客满意度指数模型，包括美国顾客满意度指数 ACSI、欧洲顾客满意度指数 ECSI 和中国顾客满意度指数 CSI，总结出最为常用的影响因素，包括顾客期望、顾客感知、服务质量（绩效）、顾客的情感、顾客的需求等（寿志钢等，2011；张新安和田澎，2004）。

1. 顾客期望、感知与服务质量

1）顾客期望

Oliver（1980）以 Helson 的适应性理论为基础，率先将顾客期望引入满意度的分析中，认为顾客的期望是顾客对服务评价的参考点。这一观点对顾客满意度的测量虽有极大的贡献，但在某些条件下，这一范式并不能完全解释顾客的满意或不满意的形成（LaTour and Peat，1979）。例如，顾客原本就是要购买一个质量不太好的产品，尽管他们在使用产品后并不会感到失望，但是仍然有可能会因为产品低劣的质量表现而感到不满（寿志钢等，2011）。基于双因素理论，顾客期望存在多个不同水平（Cadotte et al.，1987；Tse and Wilton，1988），起到激励/保健的作用。

因此 Boulding 等（1993）将顾客对即将发生的交易的预期称为“将来的期望”（will expectation），将顾客认为在即将发生的交易中服务应当提供的绩效水平称为“应当的期望”（should expectation），并指出顾客期望随时间的推移、外部信息和自身体验的影响而动态变化。在此基础上，PZB 建立了双重期望模型，指出在服务过程中，存在适当服务期望和理想服务期望，两者之间存在一个容忍区间。其中，适当服务表示消费者所能容忍的最低限度的服务，理想服务表示消费者最希望得到的服务（图 9-1）。服务绩效高于或低于容忍区间将会放大地增强或降低顾客的满意度（郭国庆等，2005）。

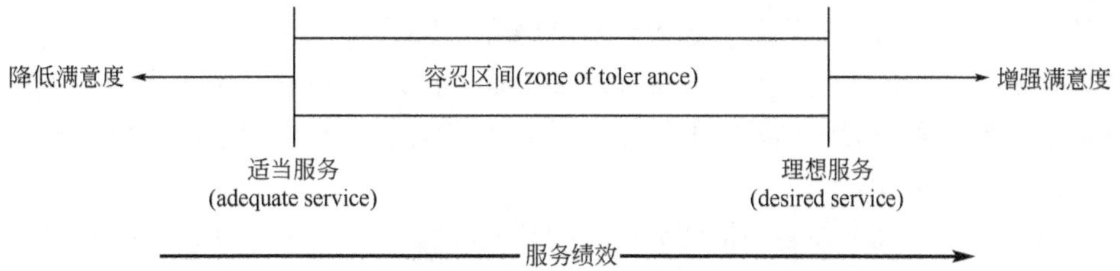

图 9-1　服务容忍区间

资料来源：Parasuraman 等，1994

2）顾客感知

顾客感知是顾客满意度的重要影响因素（寿志钢，等，2011），并且顾客的实际感知会比期望对满意度产生的直接作用更为强烈（Tse and Wilton，1988）。此外，在不同的价格下，拥有相同质量体验的顾客产生的满意度存在着明显差异（Oliver and Swan，1989；Anderson and Sullivan，1993）。因此，需要将感知价格和感知质量综合考虑，真实反映顾客对服务的感知。目前主流的做法是使用感知质量与价格的比值来表示顾客的感知。例如，瑞典顾客满意度晴雨表（SCSB）是在给定价格下测量感知质量，而美国顾客满意度指数模型（ACSI）、欧洲顾客满意度指数模型（ECSI）、中国顾客满意度指数模型（CSI）均直接使用两者比值作为影响满意度的前置变量（寿志钢等，2011）。

3）服务质量

Gronroos（1998）率先将服务质量界定为顾客服务期望与感知绩效的比较。随后，PZB 提出了经典的服务质量差距模型，将顾客对服务的期望与顾客对服务的感知之间的差用于度量服务质量，用公式表示为：$Q=P-E$，其中 Q 为服务质量，P 为服务感知，E 为服务期望（Parasuraman et al.，1985）。该差距模型将顾客期望、顾客感知、服务质量三者结合在一起，是研究顾客满意度的重要基础。其中，顾客期望在顾客满意度的形成上更多地起到参照的作用，而顾客感知则直接影响满意度（寿志钢等，2011）。因此，大部分学者将顾客满意度表示为顾客感知与差距模型（即服务质量）的函数，最为经典的是 Anderson 和 Sullivan（1993）建立的顾客满意度模型，即顾客满意度=F_1（感知质量）+F_2（感知质量−期望）。此模型对研究顾客满意度有极大的指导作用，但式中的服务质量仅是感知质量与期望的差值，并未基于 PZB 建立双重期望模型，容忍区间在此公式中无法体现，有待进一步改进。

2. *顾客的情感*

Oliver 在建立顾客满意度测量函数中就指出，当顾客感知的服务质量小于期望时，顾客容易感到失望，反之会有欣喜感（Oliver，1980）。基于行为经济学的理论，一单位的损害比一单位的收益对消费者的影响更大，即消费者往往会规避损害而放弃等额的收益（Anderson and Sullivan，1993；Inman et al.，1997）。因此购后的情感因素会影响到顾客的期望和感知，消费者会尽可能地规避负面的影响，从而影响到满意度。

众多学者研究了顾客的情感如何影响到顾客满意度。Oliver 和 Swan（1989）指出顾客的公平感会影响到满意度。例如，顾客本来对服务的质量和价格是认可的，但当其得知其他顾客的购买价格更低或相同价格下其质量更好时，顾客将会产生不满。Inman 等（1997）则从顾客横向社会比较出发，考虑顾客所放弃的备选产品对购后情感可能造成的影响。当顾客感知到已选择产品的绩效小于未选产品时，顾客容易产生后悔的情绪，反之容易感到得意（Inman et al.，1997 ；寿志钢和张雪兰，2008）。据此，寿志钢等学者构建了一个包含顾客感知 X、失望 D 和后悔 R 的购后评价模型（寿志钢等，2011），表示如下：

$$U_t(X,D,R)=\mu_1(\chi_t)+\mu_2(\chi_t-\overline{\chi}_t)+\mu_3(\chi_t-\gamma_t) \tag{9-1}$$

式中，χ_t、$\overline{\chi}_t$、γ_t 分别表示在 t 时刻，顾客对已选服务的感知、对已选服务的期望、对备选服务的期望。$\mu_1(\chi_t)$ 为顾客感知的效用，$\mu_2(\chi_t-\overline{\chi}_t)$ 反映了顾客失望 D 的程度，$\mu_3(\chi_t-\gamma_t)$ 反映了顾客后悔 R 的程度。由 D 和 R 的定义可知，该公式对 Anderson 和 Sullivan 建立的顾客满意度模型进行了扩充，使原有的模型更加具体。

3. 顾客的需求

顾客的需求也是影响顾客满意度的一个重要因素（张新安和田澎，2004）。顾客在消费经历满足其需要而产生一种喜悦的心理状态时，才会感到满意（Westbrook and Reilly，1983）。此外，顾客不同需求的重要性也不同。Kano 就将顾客需求分为基本型需求、期望型需求和兴奋型需求（Kano et al.，1983），三者对顾客满意度的影响并不相同。例如，基本型需求是顾客认为“必须有”的属性或功能。当其特性不满足顾客需求时，顾客很不满意；当其满足顾客需求时，无所谓满意不满意，充其量是满意。

然而三个顾客满意度测量模型（Anderson and Sullivan，1993；Inman et al.，1997；寿志钢等，2011）都没有考虑到顾客的需求。这些模型或公式都是基于服务质量的差距模型。然而，该模型的主流测量方法（SERVQUAL、E-S-QUAL）都以属性为基准，即服务归为不同属性维度，然后对顾客期望和感知质量进行测量，这就容易造成顾客满意度测量集中于服务属性上，而忽视一些对顾客影响极大的关键事件（寿志钢和张雪兰，2008）。显然，顾客的需求是否被满足就是服务过程中的关键事件。对于单次服务过程而言，顾客可能在许多方面的感知良好，且超出预期，但若本身最原始的需求无法满足就有可能产生不满意。

回顾以上介绍的文献，学术界存在许多顾客满意度模型（Anderson and Sullivan，1993；Inman et al.，1997；寿志钢等，2011）。这些模型都有很重要的学术价值和实践意义，但依然存在一些值得继续深入研究的地方：①单次服务的流程特性下，不同阶段的不同服务接触对顾客满意度的累积作用机制需要关注。②顾客在实际服务过程中存在双重期望，若以不同期望作为不同的参照点，则顾客满意度的变化是不一样的。因此，需要结合双重期望模型来完善顾客满意度测量模型。③满足顾客的需求是产生满意度的前提。服务过程中存在许多不同的特性，在构建顾客满意度模型时应充分考虑服务特性的重要性。

9.2　单次服务多阶段下累积满意度模型

9.2.1　模型构建

根据 Gronroos（1998）的服务即流程的观点，单次服务可以被分为 t 个阶段，在每个阶段顾客都会有对应的评价，其组成的评价流可以表示为（p_1，p_2，…，p_t）。其中，p_t 就是顾客对第 t 阶段的服务绩效评价，而顾客对单次服务的总体满意度就是由各个阶段的服务绩效组成。利用贴现效用模型，总体的累积满意度可以被视为各个阶段的服务绩效的贴现，具体表示为：

$$S(p_1,p_2,\cdots,p_t)=\sum\nolimits_{t=1}^{T}\sigma^{t-1}p_t \text{（}\sigma\text{为贴现系数）} \tag{9-2}$$

结合 Anderson 等（1993）、Inman 等（1997）和寿志钢等（2011）提出的顾客满意度公式，服务绩效 p_t 是由顾客感知 X、顾客“失望感”D（即感知与已选方案期望的比较）、顾客“后悔感”R（即感知与备选方案期望的比较）三变量组成。三者的函数表达式为：

$$X_t=\mu_1(\chi_t),\ D_t=\mu_2(\chi_t/\overline{\chi}_t),\ R_t=\mu_3(\chi_t/\gamma_t) \tag{9-3}$$

式中，χ_t 为第 t 阶段对已选服务的感知，$\overline{\chi}_t$ 为第 t 阶段对已选服务的期望，γ_t 为第 t 阶段对备选服务的期望。基于此表达式，引入顾客需求变量。服务各个阶段中存在不同的特性，顾客的不同需求可以反映到不同服务特性的影响权重上。假设第 t 阶段下，有 nt 个服务特性，ω_i 表示第 i 个服务特性的影响权重。将影响权重引入公式（9-3）各项中，改进得到新的函数表达式：

$$X_t=\sum\nolimits_{i=1}^{n_t}\omega_i[\mu_1(\chi_{ti})],\ D_t=\mu_2\left(\sum\nolimits_{i=1}^{n_t}(\omega_i\times\chi_{ti})/\overline{\chi}_t\right),\ R_t=\sum\nolimits_{i=1}^{n_t}\omega_i[\mu_3(\chi_{ti}/\gamma_{ti})] \tag{9-4}$$

式中，γ_{ti} 为第 t 阶段中第 i 个特性的感知，γ_{ti} 为第 t 阶段中第 i 个特性的备选期望，而 D_t 表示为第 t 阶段中总体感知与该阶段期望的对比。因此，服务绩效 p_t 的函数表达式为：

$$p_t=\sum\nolimits_{i=1}^{n_t}\omega_i[\mu_1(\chi_{ti})+\mu_3(\chi_{ti}/\gamma_{ti})]+\mu_2(\sum\nolimits_{i=1}^{n_t}(\omega_i\times\chi_{ti})/\overline{\chi}_t) \tag{9-5}$$

进一步对函数表达式 μ_1、μ_2、μ_3 作具体测量，函数 μ_1 可以使用线性函数来测量第 t 阶段感知服务质量的效用，即：

$$\mu_1(\chi_t)=c_0\chi_t, c_0>0,\ t=1,\cdots,T \tag{9-6}$$

而函数 μ_2 和 μ_3 反映了顾客感知与不同期望的比较。根据行为经济学的理论，消费者对一单位"额外收益"和"损失"的反应是有放大效应（郭国庆等，2005），而且"损失"会比"额外收益"的影响更大（Anderson and Sullivan，1993；Inman et al.，1997），而参照点原理更加佐证顾客感知服务质量时的心理是非线性关系（Kahneman and Tversky，1979）。因此，函数 μ_2 和 μ_3 是非线性的函数。对于 μ_2 函数，由于双重期望的影响，理应是分段函数。

为了表示函数 μ_2 和 μ_3 的非线性，引入心理学中的韦伯-费希纳定律（Weber，1978；Fechner，1966）。该定律描述了个体心理状态（心理物理量）与外在刺激（物理量）之间的关系，其基本公式为：$S=a\times\ln(I)$。其中，S 为感觉量，I 为刺激量，a 为常数，即环境给予的各种刺激量（如信息、服务、广告等）成对数变化时，个体所能感知到的状态才会发生变化。由韦伯-费希纳定律关系图 9-2 可以看出，消费者在购买产品或服务时心理欲求上的状态也满足该模型（郭国庆，2005）。

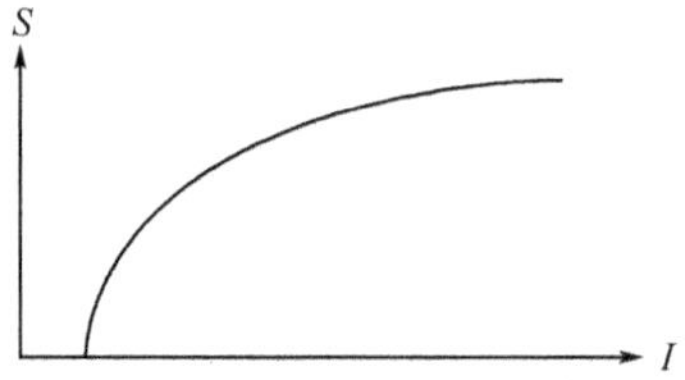

图 9-2　韦伯-费希纳定律

因此，对于函数 μ_3，以顾客对当前服务的感知 χ_t 与顾客对备选服务的期望 γ_t 的比值作为刺激量 I，则函数 μ_3 表示如下，其中 c_1 为常量。

$$\mu_3\left(\frac{\chi_t}{\gamma_t}\right)=c_1\times\ln\left(\frac{\chi_t}{\gamma_t}\right) \tag{9-7}$$

根据双重期望模型，函数 μ_2 不能简单地套用韦伯-费希纳公式，而是需要考虑包含适当服务和理想服务的双重期望。Johnston（1995）证实双重期望形成的容忍区间对顾客满意度有很大的影响，而 Yap 和 Sweeney（2007）通过实证的方式，证明大于或小于容忍区间的感知对满意度的影响会更大，而处于容忍区间之内的对满意度的影响则很小。因此，在函数 μ_2 中引入双重期望，建立分段函数表示如下：

$$\mu_2=\begin{cases} c_2\times\ln(\chi/\overline{\chi}_a), & 0<\chi<\overline{\chi}_a \\ c, & \overline{\chi}_a\leqslant\chi\leqslant\overline{\chi}_d \\ c_2\times\ln(\chi/\overline{\chi}_d)+c, & \overline{\chi}_d<\chi \end{cases} \tag{9-8}$$

式中，$\overline{\chi}_a$ 为适当的服务期望，$\overline{\chi}_d$ 为理想的服务期望，当感知 χ 小于 $\overline{\chi}_a$ 或大于 $\overline{\chi}_d$ 时（即服务感知在容忍区间之外），采用韦伯-费希纳公式表示；而当感知 χ 存在于容忍区间内时，使用常数 c 来表示。之所以采用常数来表示，是基于心理学中的感觉阈限理论（王冠诚，2004）。该理论指出人对外界刺激的感觉存在一个阈限，当刺激量达到阈限值时，才会产生感觉。例如，在手持 100 克重物的基础上增加 1 克，人体并无明显感觉。在服务过程中，当感知处于容忍区间内，顾客未能产生满意度明显增加的感觉，因此通常会得出“还行”“一般”“过得去”等较为中性的评价。因此，在公式中使用常数 c 来表示容忍区间内的状态。为了简便计算，设 $c=0$。

综上所述，本书的单次服务多阶段下顾客累积满意度测量模型表示如下：

$$S(p_1,p_2,\cdots,p_T)=\sum_{t=1}^{T}\delta^{t-1}\left\{\sum_{i=1}^{n_t}\omega_i[\mu_1(\chi_{ti})+\mu_3(\chi_{ti}/\gamma_{ti})]+\mu_2\left(\sum_{i=1}^{n_t}(\omega_i\times\chi_{ti})/\overline{\chi}_t\right)\right\} \tag{9-9}$$

9.2.2　模型的约束条件

在单次服务中，顾客的期望是顾客服务评价的参照点。基于适应水平理论，顾客的双重期望并不是一直不变的。顾客当前阶段的期望是对以往经历的一种适应结果，通过对先前的服务经历的适应而得到当前的期望（Anderson，1994）。因此，可以应用适应水平理论来表示顾客的双重期望。前一期服务感知处于容忍区间时，基于心理学中的感觉阈限理论，顾客没有明显的特殊体验，今期的期望需要适应的程度不大，可以看成与前期一致。在前一期服务感知小于容忍区间时，顾客内心产生不满意并会适应，由于感觉到自身的损失需要额外的补足，今期的适当服务期望会上升；当前一期服务感知大于容忍区间时，顾客内心产生意外之喜，对服务提供商的要求会降低，今期的理想服务期望就会下降（Yap and Sweeney，2007）。具体的函数表示式：

$$\overline{\chi}_{a|t}=\overline{\chi}_{a|t-1}-b_1\times(\chi_{t-1}-\overline{\chi}_{a|t-1});\quad（当 \chi_{t-1}<\overline{\chi}_{a|t-1} 时，b_1 为 1，否则为 0）\tag{9-10}$$

$$\overline{\chi}_{d|t}=\overline{\chi}_{d|t-1}-b_1\times(\chi_{t-1}-\overline{\chi}_{d|t-1});\quad（当 \chi_{t-1}<\overline{\chi}_{d|t-1} 时，b_1 为 1，否则为 0）\tag{9-11}$$

随后是对顾客感知约束条件的定义。之所以对顾客感知定义约束条件，是因为顾客感知的服务绩效与企业投入的资源量成正相关的关系，其可以被视为企业投入资源量 Z 乘以损失系数 θ 后得到的效果（即 $\chi=Z\times\theta$）（郭国庆和孟捷，2006）。在现实中，企业投入的资源是有限的，资源满足一定的总量 I，各项资源投入之和必须小于总量 I。因此顾客感知也会存在一定的上限，代入顾客感知，其中损失系数为 θ，简化地将其视为 1，则顾客感知约束条件为：

$$\sum_{t=1}^{T}\sum_{i=1}^{n_t}\chi_{ti} \leqslant I,\ \ \chi_{ti} \geqslant 0,\ \ t=1,\cdots,T;i=1,\cdots,n_t \tag{9-12}$$

9.2.3 需求参数的确定

在确定测量模型及约束条件后，需要确定模型中的需求参数。针对不同内容的服务，存在不同服务流程。不同流程涉及不同的服务特性，不存在通用标准的顾客需求参数值。因此，实际运用测量模型的关键就是测量顾客的需求，并反映到服务各个特性的权重上。顾客需求是一种定性的变量，需要将其转化为定量的形式。QFD 是一种分析顾客需求并将其转化为产品设计要求的质量分析工具，是目前较为成熟的反映用户的需求和品位的工具。刘玉敏等（2004）把 QFD 方法引入顾客满意度测评问题中，通过质量功能展开方法分析影响顾客的总体满意度的各个因素之间的关系。Zuo 等（2013）应用人因工程理论改进 QFD，使用质量屋工具将顾客的真实需求转化为服务特性影响权重。因此，可使用质量屋作为测量模型的辅助工具，将顾客需求转化为服务特性影响权重，具体实施如图 9-3 所示。

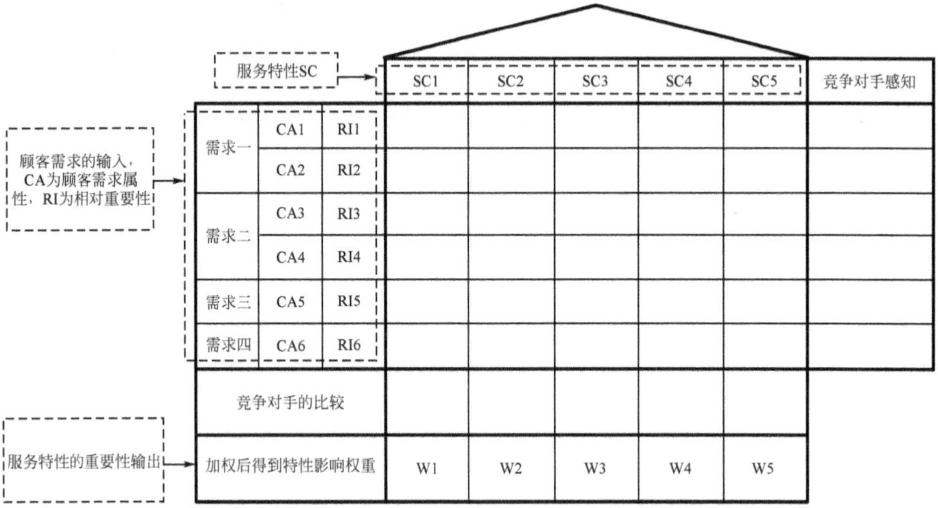

图 9-3　使用质量屋确定测量模型的需求参数

9.3 模型的应用：B2C 电子商务服务情境下的资源规划

9.3.1 B2C 电子商务的服务流程以及顾客需求

在单次 B2C 电子商务服务流程中，顾客行为从产生购物需求开始。总结国内有影响力的 B2C 网上商城（天猫、京东、亚马逊、当当网等）的购物流程，利用服务蓝图法分析得到 B2C 电子商务的一般服务流程（Zuo et al.，2013），如图 6-7 所示。

由 B2C 电子商务服务流程图可以看出，顾客完成网上购物至少需要满足以下 4 个方面的需求：服务的方便性、购买心仪的货品、物流配送和售后服务；而 B2C 企业提供了 6 个大类的服务特性：网站的入口、商品、交易制度、支付、物流和售后服务。B2C 各个服务特性的权重值（Zuo et al.，2013）经过标准化处理后如表 9-1 所示。

表 9-1　B2C 电子商务各服务特性的权重值

大类	二级分类
网站入口	访问的难易（0.0508）\直观导航（0.0625）\合理的网页布局（0.1710）\产品分类情况（0.066）\产品搜索（0.0856）\比较产品的能力（0.1480）\来自顾客的评价（0.1062）\外观设计（0.1178）\网页的加载速度（0.1921）
商品	信息丰富（0.2460）\信息最新（0.1234）\信息准确（0.1302）\价格（0.115）\质量（0.1093）\性价比（0.1527）\种类（0.1234）
交易制度	注册方便（0.1573）\订购方便（0.1573）\取消订单的难易程度（0.1349）\隐私（0.1008）\更新订单（0.0738）\客户服务水平（0.1363）\个性化服务（0.2395）
支付	多元化（0.5185）\安全性（0.2223）\准确的支付（0.2592）
物流	快速送货（0.1946）\送货方式（0.5557）\打包时间（0.2497）
售后服务	连贯性（0.2866）\便利性（0.1882）\对客户的态度（0.1693）\政策（0.2319）\购物小票（0.1239）

9.3.2　B2C 电子商务服务流程的模型优化

针对生产企业，周俊等（2004）提出在现有生产能力限制条件下，基于顾客的个性化需求，以最大程度地提高顾客满意度为目标，建立一个优化的模型解决生产指派问题。类比服务性企业，电商企业投入的资源总量也是有限的，具体可由公式（9-12）体现。因此，基于测量模型，通过求解规划问题，得到顾客满意度最大时对应的资源使用情况（$\chi_{11}, \chi_{12}, \cdots, \chi_{1n}, \cdots, \chi_{tn}$）。具体规划求解模型为：

$$
\begin{aligned}
&\text{Max} : S(p_1, p_2, \cdots, p_T)\\
&= \sum\nolimits_{t=1}^{T} \delta^{t-1} \left\{ \sum\nolimits_{i=1}^{n_t} \omega_i \left[\mu_1(\chi_{ti}) + \mu_3(\chi_{ti} / \gamma_{ti}) \right] + \mu_2 \left(\sum\nolimits_{i=1}^{n_t} (\omega_i \times \chi_{ti}) / \overline{\chi}_t \right) \right\}\\
&= \sum\nolimits_{t=1}^{T} \delta^{t-1} \left\{ \sum\nolimits_{i=1}^{n_t} \omega_i \left[c_0 \chi_{ti} + c_1 \times \ln\left(\frac{\chi_{ti}}{\gamma_{ti}} \right) \right] \right.\\
&\left. + c_2 \times \ln\left(\frac{\sum\nolimits_{i=1}^{n_t} (\omega_i \times \chi_{ti})}{\overline{\chi}_{at}} \right) \times \beta_1 + c_2 \times \ln\left(\frac{\sum\nolimits_{i=1}^{n_t} (\omega_i \times \chi_{ti})}{\overline{\chi}_{dt}} \right) \times \beta_2 \right\}
\end{aligned}
\tag{9-13}
$$

$$\text{S.T}\begin{cases}\text{当}\sum_{i=1}^{n_t}(\omega_i\times\chi_{ti})\leqslant\overline{\chi}_a\text{ 时，}\beta_1\text{为1，否则为0}\\ \text{当}\sum_{i=1}^{n_t}(\omega_i\times\chi_{ti})\geqslant\overline{\chi}_d\text{ 时，}\beta_2\text{为1，否则为0}\\ \overline{\chi}_{a|t}=\overline{\chi}_{a|t-1}-b_1\times(\chi_{t-1}-\overline{\chi}_{a|t-1})\text{；(当}\chi_{t-1}<\overline{\chi}_{a|t-1}\text{ 时，}b_1\text{为1，否则为0)}\\ \overline{\chi}_{d|t}=\overline{\chi}_{d|t-1}-b_1\times(\chi_{t-1}-\overline{\chi}_{d|t-1})\text{；(当}\chi_{t-1}>\overline{\chi}_{d|t-1}\text{ 时，}b_1\text{为1，否则为0)}\\ \overline{\chi}_{a|t}<\overline{\chi}_{d|t}\\ \sum_{t=1}^{T}\sum_{i=1}^{n_t}\chi_{ti}\leqslant I,\quad t=1,\cdots,T;i=1,\cdots,n_t\\ 0\leqslant\chi_{ti}\leqslant 10\end{cases}\tag{9-14}$$

使用 Matlab R2012a，基于优化理论中的非线性约束方法对模型进行求解。其中，参考 Inman 等（1997）和 Zuo 等（2013）的数据，参数设定如下：$\delta=0.995$，$c_0=0.37$，$c_1=0.1$，$c_2=0.9$。初始值设定为：$\overline{\chi}_{a|0}=5$，$\overline{\chi}_{d|0}=7$，$I\leqslant 170$，且假设各阶段备选方案的顾客期望保持不变，即 $\gamma=0.3$。对模型进行求解，计算出顾客满意度最大时，企业的资源分配情况。通过对 B2C 电子商务服务流程的分析，共有 34 项服务特性需要分配资源，假设各项特性分配上限为 10 单位。当企业资源有限时（$I\leqslant170$），如何分配资源使顾客满意度最大。通过规划求解得到资源序列 X，具体结果如表 9-2 所示。

表 9-2　B2C 各个服务特性的资源分配

大类	二级分类	阶段满意度
网站入口	访问的难易（0.001）\直观导航（0.001）\合理的网页布局（9.999）\产品分类情况（0.001）\产品搜索（0.001）\比较产品的能力（9.479）\来自顾客的评价（0.001）\外观设计（0.001）\网页的加载速度（9.999）	1.766
商品	信息丰富（9.999）\信息最新（0.9750）\信息准确（5.8741）\价格（0.001）\质量（0.001）\性价比（9.999）\种类（0.9750）	1.7362
交易制度	注册方便（9.8461）\订购方便（9.8461）\取消订单的难易程度（0.001）\隐私（0.001）\更新订单（0.001）\客户服务水平（0.001）\个性化服务（9.999）	1.9621
支付	多元化（9.999）\安全性（1.9599）\准确的支付（5.3222）	2.6497
物流	快速送货（3.796）\送货方式（9.999）\打包时间（9.990）	3.6912
售后服务	连贯性（9.999）\便利性（9.999）\对客户的态度（9.999）\政策（9.999）\购物小票（1.9350）	3.8275
总计		15.6324

可以画出各个阶段适当服务期望、理想服务期望和服务质量的流程走势图，以及顾客满意度最优时的累积走势图，如图 9-4 和图 9-5 所示。

9.3.3　优化方案的讨论与启示

（1）从企业运营战略角度出发，由图 9-4 和图 9-5 可知，在最优方案下，顾客的服务感知是随着服务流程的进行而上升的，这代表企业资源的投入的总体趋势也应该遵循不断增加的趋势。基于偏好改进理论，在总收益一定的情况下，大

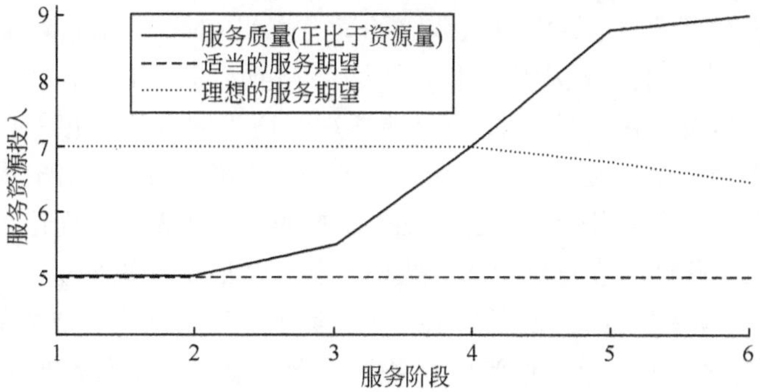

图 9-4　满意度最大时适当服务期望、理想服务期望和服务质量的流程走势图

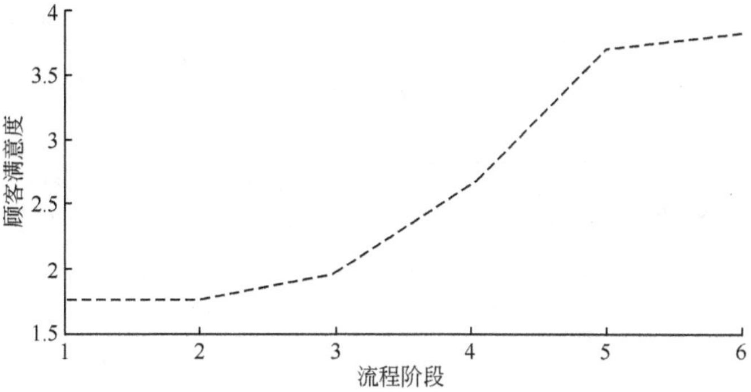

图 9-5　单次服务流程下顾客满意度最优时的累积走势图

部分人都更倾向于以递增的方式来获取收益（Loewenstein and Prelec，1993），因此企业应以递增的方式投入资源。针对 B2C 电子商务服务流程，2010 年、2011 年、2012 年中国网络购物市场研究报告都指出，物流是整个流程中投诉量最大的环节。一方面是因为客观上目前物流发展无法跟上电子商务发展，另一方面是因为顾客满意度的变化。在网站的入口、商品、交易制度、支付这些环节满意的情况下，顾客满意度是不断提升的，但物流环节的服务绩效使顾客感知产生落差，这样的落差会极大地影响顾客满意度。近年来，诸如京东商城自建物流、阿里巴巴建立菜鸟物流和大数据处理中心等举措，佐证了电子商务企业应该顺应顾客感知变化的规律，采用递增式的资源投入策略，更能提高顾客的满意度。

（2）从图 9-4 可以发现，顾客感知在第 2 阶段低于适当服务。对该阶段各个服务特性加权求和，求得该阶段的总体感知为 4.97，小于适当服务的期望初始值 5，即在第 2 阶段出现顾客不满意。这说明顾客满意度最大并不是各个阶段都是最大的，可能出现了个别阶段不满意的情况。这种现象可以由服务补救悖论来解释。服务补救悖论是指服务失败能够引起顾客不满意，但是恰当的补救能够令顾客更满意，甚至超过没有失败时的满意水平（McCollough and Bharadwaj，1992）。当服务失误的严重程度很低，而服务补救水平很高时，就有可能出现服务补救悖论的情况。由于第 2 阶段总体感知与适当服务水平相差仅为 0.03，可以看成服务失误严重程度很低。由图 9-4 可知，从第 4 阶段开始，顾客的感知就大大高于理想的服务水平 7，这证明服务补救的水平很高，从而出现了服务补救悖论的现象，使顾客的满意度更大。此外，也可以根据双重期望理论来解释（曹忠鹏，2012）。顾客感知在容忍区间以外的地方，对满意度有放大的影响作用。虽然在第 2 阶段，感知小于适当的服务水平会使满意度下降，但在第 5 阶段感知远大于理想的服务水平，一方面对顾客满意度产生放大的效应，另一方面使理想的服务水平下降，从而第 6 阶段产生更大效应的满意度增量。由此可知，企业在资源总量有限的情况下需要讲求投入的策略。不排除利用服务补救悖论，故意在某些环节上制造服务的失误，然后使用超出顾客预期的服务补救，提升顾客满意度。

（3）虽然企业可以故意制造服务失误来获得更高的顾客满意度，但是也存在着风险，其中最为关键的是决定哪些环节制造服务失误以及把握服务失误的程度，这就需要考虑顾客的需求特性。在 B2C 服务的流程中，第 1 和第 2 阶段的需求是最为分散的，体现在这两阶段的二级分类需求数很多，且各分类需求的影响权重较为平均（表 9-1）。基于风险分散理论，较多分散需求的阶段是制造服务失误的有利点，因为制造服务失误的风险将被分散。但是第 1 阶段不能作为制造失误的阶段，因为经济学的禀赋效应说明，初始阶段往往是起到吸引顾客进入的作用，从一开始就出现失误，容易导致顾客的流失。因此，第 2 阶段是最佳的失误制造点。在该阶段中，企业资源集中在相对重要的几个特性上（信息丰富（9.999）\ 信息准确（5.8741）\性价比（9.999）），而其他的特性则极小投入甚至不投入（价格（0.001）\信息最新（0.9750）\种类（0.9750）\质量（0.001）），从而造成严重程度较低的失误，达到利用服务补救悖论来增强顾客满意度的效果。之所以在价格（0.001）和质量（0.001）上低投入，是因为顾客在网上购物时对价格和质量的需求更多地反映在性价比上，更希望得到实惠型的感知。此外，服务失误需要有很好的可控性，避免大的失误造成顾客极度不满而导致的顾客流失。本书的测量模型通过规划的方式，计算出资源分配值，为企业故意制造服务失误提供定量的参考数值（表 9-3）。

表 9-3　商品阶段的影响权重与分配资源对比

项目	信息丰富	信息最新	信息准确	价格	质量	性价比	种类
影响权重	0.2460	0.1234	0.1302	0.115	0.1093	0.1527	0.1234
资源分配	9.999	0.9750	5.8741	0.001	0.001	9.999	0.9750

9.4 本 章 小 结

本书建立了一个针对单次多阶段服务的顾客累积满意度测量模型，有助于了解顾客在单次服务不同阶段下的顾客满意度的变化规律。该模型通过引入各个阶段中的服务特性的重要程度，充分考虑了顾客在不同阶段下的不同需求，有助于企业进一步地细分服务特性。基于双重期望理论，当顾客感知落在容忍区间以外时，其对顾客满意度有放大的影响，而在容忍区间内则影响甚微。通过结合心理学的韦伯-费希纳定律，并反映到顾客的满意度测量模型中，得出在双重期望下的满意度变化机理，有利于企业更好地把握顾客的期望变化，开展营销活动。

通过将该模型应用于 B2C 电子商务服务流程的资源配置优化中，分析优化方案可知：企业在资源有限的竞争环境中，需要采用递增式的资源配置方式，才能满足顾客的改进偏好，使得满意度不断地增加。而且可以采用故意在局部阶段制造轻微的服务失误，然后通过高水平的服务补救来提升顾客的满意度。本书的模型不仅能在定性上指导企业进行资源配置、指定运营战略，还能结合顾客满意度来提供定量分析，帮助企业开展服务质量管理、服务设计、服务补救等过程，对企业资源配置具有重要的实践指导意义。

第 10 章　基于前景理论的 B2C 消费者行为决策模型

艾瑞咨询发布的《2014 年中国网络购物市场数据》显示，2014 年我国网络购物市场交易规模达 2.8 万亿元，其中 B2C 交易规模达 12 882 亿元，占比 45.8%，增速为 68.7%，远超 C2C 市场的增速。可见网络消费已逐步常态化，而 B2C 市场更是网络消费的主要推动力。

与传统消费者的行为不同，网络消费者的需求识别、交易前的信息获取、备选方案选择、购买、购后评价等行为都通过互联网完成，呈现出许多新特征（冯芷艳等，2013）。例如，在天猫“双十一”购物节、小米饥饿营销中出现大量熬夜刷单、冲动消费如“剁手族”、节后大量退货等行为，在一定程度上反映了当前网络消费者行为决策的“有限理性”甚至“非理性”的特点。

因此，针对当前网络消费者的行为特征，本书的目的在于：能够合理地对网络购物消费者的“有限理性”或“非理性”行为决策过程进行正确的建模，从而为企业开展运营管理及服务营销管理提供切实可行的建议。本章以 B2C 电子商务为研究对象，结合前景理论与模糊多属性决策，分析网络消费者复杂的行为决策过程及其影响因素。针对电子商务服务子流程分别建立改进的价值函数、权重函数和前景函数，同时定义多属性决策问题，通过构建网络口碑流程阶段分类器和挖掘网络口碑数据以量化行为决策模型，最后以京东等为例实现了算例分析。

10.1　理 论 基 础

10.1.1　前景理论

决策研究的发展经历了从理性决策理论向行为决策理论的演变。理性决策理论假设人是完全理性的，因此，研究人在面临抉择时做决定的逻辑步骤或模型；而行为决策理论更强调人的心理活动特征，关注有限理性或非理性活动，因此更多地通过实证来研究人的行为活动。在现代行为决策科学的发展过程中，最具代表意义的是美国管理学家和社会学家 Simon（1955）指出的，在现实当中，未知的风险、不确定的信息、复杂的事物以及初始目标发生变化都会使决策主体无法收集足够的有效信息或不能发掘所有备选方案。因此，决策主体最终的决策结果往往与以“理性人”为基础的最大期望效用理论计算出的最佳方案不同。以“理性人”为基础的动摇，引导很多学者基于“有限理性”或“非理性”提出一些新的理论，这其中最著名的就是前景理论（prospect theory）。

前景理论是 1974 年由 Kahneman 和 Tversky 共同提出的。前景理论针对人在“非理性”或“有限理性”的情况下，总结出人们在决策过程中存在以下的特点。

（1）确定效应。在面临着两种选择时，确定收益即无风险或风险小、不确定收益即风险大，人们更愿意选择确定收益，即使不确定收益的预期更大。这意味着，在收益面前，人们是“风险规避”的。假设在一次扔硬币的赌博过程中，赌徒选择不赌，可以白拿 100 元；若选择赌，赌对则能获得 250 元，反之则 0 元。在这种情况下，大多数人会选择不赌。

（2）反射效应。在面临确定损失即无风险或风险小与不确定损失即风险大这两者的选择时，人们更愿意选择不确定损失方案，即在现实生活中的股票交易当中，在被套牢的情况下，宁愿继续持有也不愿意平仓。这意味着，在损失面前，人们是“风险偏好”的。假设在一次扔硬币的赌博中，赌徒选择不赌，会损失 100 元；若选择赌，输掉的话会损失 250 元，反之则 0 元。在这种情况下，大多数人会选择赌。

（3）损失规避。对于同一数量的收益值和损失值，人们对损失的感受比对收益的感受更为强烈。

（4）参照点原理。人们的感受不是来自实际值的多少，而是来自实际值与参照点的比较。不同的人在不同环境下会有不同的参照点，导致对同样的备选方案产生不一样的体验。例如，当购买同样商品时，得知别人花费 1500 元，而本人只花 1000 元时，会感到高兴；而当得知别人才花费 500 元，本人却花了 1000 元时，会感到失望。

“前景”是前景理论中最基本的研究单元，可表示为$(x_1, p_1; x_2, p_2;\cdots; x_n, p_n)$，其中 x_i 表示第 i 个可能的结果。前景$(x_1, p_1; x_2, p_2;\cdots; x_n, p_n)$的计算值为：

$$V(x_1,p_1;x_2,p_2;\cdots;x_n,p_n)=\sum_{i=1}^{n}w(p_i)v(x_i) \tag{10-1}$$

其中，$v(x_i)$为价值函数，函数如下式（10-2）：

$$v(\Delta\chi_i)=\begin{cases}\Delta\chi_i^{\alpha},\Delta\chi_i\geqslant 0\\ -\lambda(\Delta\chi_i^{\beta}),\Delta\chi_i\leqslant 0\end{cases} \tag{10-2}$$

式中，$\Delta\chi_i$ 为结果相对参照点的偏离量，参数 α 和 β 分别表示收益和损失区域价值幂函数的凹凸程度。$\alpha,\beta<1$，表示敏感性递减。为保证满足“规避损失”，引入 λ 系数表示损失区域比收益区域更陡峭，$\lambda>1$ 表示损失厌恶。

$\omega(p_i)$ 权重函数反映前景中的各单个事件的概率所带来的总体效用的变化，

不是概率的度量，而是评价概率的函数。

$$\omega(p)=\frac{p^{\gamma}}{[p^{\gamma}+(1-p)^{\gamma}]^{1/\gamma}} \tag{10-3}$$

随着前景理论的深入研究和应用，违背随机性占优原理出现，或者说，当存在多个结果的前景时，处理起来比较麻烦。因此，Kahneman 和 Tversky 在后续的研究中将累积泛函引入，从而提出累积前景理论。累积前景理论模型的不同之处为，不再是对各概率事件的单独转换，而是对整个累积分布函数的整体转换，并区分了收益与损失两种情况下的权重函数。

$$\omega^{+}(p)=\frac{p^{\gamma}}{[p^{\gamma}+(1-p)^{\gamma}]^{1/\gamma}} \tag{10-4}$$

$$\omega^{-}(p)=\frac{p^{\delta}}{[p^{\delta}+(1-p)^{\delta}]^{1/\delta}} \tag{10-5}$$

权重函数与事件 i 发生的概率相关，反映前景中的各单个事件的概率所带来的总体效用的变化。价值函数及权重函数是前景函数的两个重要部分。

10.1.2　直觉三角模糊数

模糊集合的概念最初由 Zadeh 于 1965 年提出，用于人们对模糊问题进行定量描述和分析运算。直觉三角模糊数是基于直觉模糊集、模糊数进行定义的。

1. 直觉模糊集定义

设 X 为一非空集合，则集合 X 上一个直觉模糊集 A 定义为：

$$A=\{X,\mu_A(x),v_A(x)\mid x\in X\} \tag{10-6}$$

$\mu_A(x)$ 为隶属度函数，$v_A(x)$ 为非隶属度函数，两者及两者之和均处于［0，1］区间内。

2. 直觉模糊数的定义

设 $\tilde{\alpha}$ 为实数集上的一个直觉模糊数，则其隶属度函数和非隶属度函数定义为（Kahneman and Tversky，1979）：

$$\mu_{\alpha}(x)=\begin{cases} f_a^L(x), & \alpha_1\leqslant x\leqslant\alpha_2 \\ \mu_{\alpha}, & \alpha_2\leqslant x\leqslant\alpha_3 \\ f_a^L(x), & \alpha_3\leqslant x\leqslant\alpha_4 \\ 0, & \text{else} \end{cases} \tag{10-7}$$

$$v_{\alpha}(x)=\begin{cases} h_a^L(x), & b_1\leqslant x\leqslant b_2 \\ v_{\alpha}, & b_2\leqslant x\leqslant b_3 \\ h_a^L(x), & b_3\leqslant x\leqslant b_4 \\ 0, & \text{else} \end{cases} \tag{10-8}$$

式中，a_1、a_2、a_3、a_4、b_1、b_2、b_3、b_4 为实数，且 $b_1\leqslant a_1\leqslant b_2\leqslant a_2\leqslant a_3\leqslant b_3\leqslant a_4\leqslant$

b_4。当$[a_1, a_2, a_3, a_4]=[b_1, b_2, b_3, b_4]$时，直觉模糊数为一般直觉模糊数。当左侧基准函数和右侧基准函数定义为线性函数时，直觉模糊数又称为直觉梯形模糊数。进一步变体，当 $a_2=a_3$ 时，直觉模糊数则可称为直觉三角模糊数。由此可见，直觉三角模糊数与直觉梯形模糊数均为直觉模糊数的变体。

3. 直觉三角模糊数

本书定义的直觉三角模糊数如下：

设 $\tilde{a}=\langle(a_1,a_2,a_3),(b_1,b_2,b_3):\mu_a,\nu_a\rangle$ 为实数集上的一个直觉三角模糊数，参数 a_1、a_2、a_3、b_1、b_2、b_3 为实数，且满足 $b_1\leqslant a_1\leqslant b_2\leqslant a_2\leqslant a_3\leqslant b_3$，则其隶属度函数和非隶属度函数为：

$$\mu_a(x)=\begin{cases}\dfrac{x-a_1}{a_2-a_1}\mu_a, & a_1\leqslant x\leqslant a_2\\ \dfrac{a_3-x}{a_3-a_2}\mu_a, & a_2\leqslant x\leqslant a_3\\ 0, & \text{else}\end{cases} \tag{10-9}$$

$$\nu_a(x)=\begin{cases}\dfrac{b_2-x+\nu_a(x-b_1)}{b_2-b_1}, & b_1\leqslant x\leqslant b_2\\ \dfrac{x-b_3+\nu_a(b_4-x)}{b_4-b_3}, & b_2\leqslant x\leqslant b_3\\ 1, & \text{else}\end{cases} \tag{10-10}$$

为方便使用，此处将其简化为一般直觉三角模糊数，即$[a_1, a_2, a_3]=[b_1, b_2, b_3]$。

直觉三角模糊数的运算法则及性质如下：

设有 $\tilde{a}_1$ 和 $\tilde{a}_2$ 和为两直觉三角模糊数，其形式如下：

$\tilde{a}_1=\langle(a_{11},a_{12},a_{13}),(b_{11},b_{12},b_{13});\mu_{a1},\nu_{a1}\rangle$，$\tilde{a}_2=\langle(a_{21},a_{22},a_{23}),(b_{21},b_{22},b_{23});\mu_{a2},\nu_{a2}\rangle$

则两者之和为：

$$\tilde{a}_1\oplus\tilde{a}_2=([a_{11}+a_{21},a_{12}+a_{22},a_{13}+a_{23}][b_{11}+b_{21},b_{12}+b_{22},b_{13}+b_{23}]) \tag{10-11}$$

其两者间的 Hamming 距离公式如下：

$$d(\tilde{a}_1,\tilde{a}_2)=\frac{1}{6}\sum_{j=1}^{3}(|\mu_1 a_{1j}-\mu_2 a_{2j}|+|(1-\nu_1)b_{1j}-(1-\nu_2)b_{2j}|) \tag{10-12}$$

对于直觉三角模糊数 $\tilde{a}_1=\langle(a_1,a_2,a_3),(b_1,b_2,b_3):\mu_{a1},\nu_{a1}\rangle$，其得分函数形式如公式（10-13）所示。

$$\tilde{S}(\tilde{a}_1)=\frac{a_1+2a_2+a_3}{4}-\frac{b_1+2b_2+b_3}{4} \tag{10-13}$$

可以看出，$\tilde{S}(\tilde{a}_1)\in[-1,1]$。当$\tilde{S}(\tilde{a}_1)$值越大，$\tilde{a}_1$越大。当$\tilde{S}(\tilde{a}_1)$取最大值时，$\tilde{a}_1$形式为（[1，1，1]，[0，0，0]）。反之，当$\tilde{S}(\tilde{a}_1)$取最小值时，$\tilde{a}_1$形式为（[0，0，0]，[1，1，1]）。

此外，精确度函数可定义为

$$\tilde{L}(\tilde{a}_1)=\frac{a_1+2a_2+a_3}{4}\left(2-\frac{a_1+2a_2+a_3}{4}-\frac{b_1+2b_2+b_3}{4}\right) \tag{10-14}$$

因此，对于两个直觉三角模糊数$\tilde{a}_1$和$\tilde{a}_2$，其大小遵从以下规则：

（1）若$\tilde{S}(\tilde{a}_1)<\tilde{S}(\tilde{a}_2)$，则$\tilde{a}_1<\tilde{a}_2$；

（2）若$\tilde{S}(\tilde{a}_1)=\tilde{S}(\tilde{a}_2)$，则

当$\tilde{L}(\tilde{a}_1)=\tilde{L}(\tilde{a}_2)$时，$\tilde{a}_1=\tilde{a}_2$；

当$\tilde{L}(\tilde{a}_1)<\tilde{L}(\tilde{a}_2)$时，$\tilde{a}_1<\tilde{a}_2$。

10.2　基于前景理论的模型构建

基于前景理论对 B2C 电子商务服务流程中消费者多属性决策行为进行数学建模，具体的思路框架如图 10-1 所示。

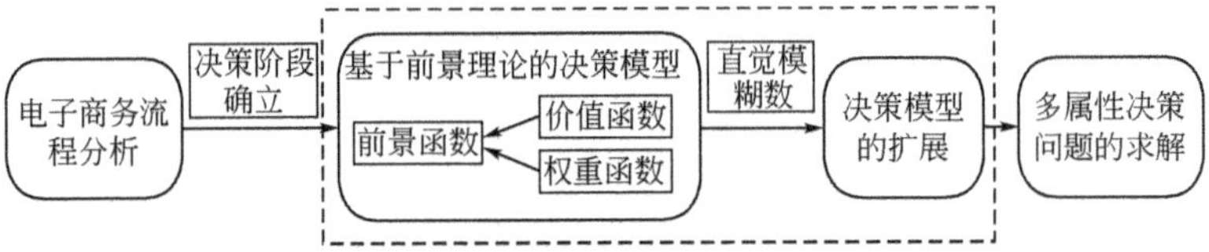

图 10-1　模型构建的总体思路

建立基于前景理论的 B2C 行为多属性决策模型分为三个主要步骤：

（1）电子商务流程分析。通过使用服务蓝图法，从服务的角度研究电子商务的整体流程。使用服务蓝图法，按照不同的交互内容、不同的服务对象，将 B2C 分为不同的子流程，用于后续建模时决策阶段的依据。通过研究各个流程的交互特点，总结各个流程中顾客的需求特点或服务关键点。

（2）消费者行为决策模型的构建。B2C 环境下，消费者行为决策模型的构建分为两个子步骤，分别为基于前景理论的决策模型构建及基于直觉模糊数的决策模型扩展。基于前景理论和电子商务流程阶段，确立最基本的价值函数和权重函数，从而得到前景函数。引入直觉模糊数的概念，对价值函数、权重函数和前景函数进行扩展，从而使模型更符合现实要求。

（3）多属性决策问题的求解。利用第二步中确立的 B2C 消费者行为决策模型，结合模糊多属性决策理论，实现对建立的模型进行求解。

10.2.1　B2C 电子商务服务流程分析

本书已针对 B2C 电子商务服务流程进行分析，本节重点定义各个服务子流程的网络口碑。

（1）决策服务网络口碑，即指顾客对该服务阶段的评价，围绕着用户选择何种购物渠道，表现出用户的个人偏好及喜好，并涉及对渠道品牌声誉和形象的评价。具体示例如下：

“老妈今晚叫我帮她一口气买了 3 件衣服，好久没见她这么豪爽了。但是我有点不明白，为啥我妈只相信 1 号店的东西呢，完全不看淘宝和京东。我爸呢，就在淘宝啊天猫啊京东买东西。哎，注册了一堆堆的账号。”

（2）通达服务网络口碑，指顾客访问网站多元化渠道的便利性、准确性及安全性。具体示例如下：

“突然发现怎么在 2345 导航条下的快捷点击里没有当当的网址，淘宝等都有唯独没有@当当网”

（3）交易服务网络口碑，主要围绕一切浏览阶段的服务评价，包括注册、登录、检索产品、浏览参数、比较、下单等一系列活动，具体示例如下：

“个人觉得京东上面的家电和数码比较靠谱，每次家里要大采购的时候就上京东，物流很及时。但是大促的时候，总是会放弃京东跑向天猫，因为天猫的互动更好一点，每款互动的游戏都设计得好玩，有乐趣，还有很多红包可以抢购，我想消费者除了享受特价之外，也想拥有购物的乐趣哦。”

（4）支付服务阶段的网络口碑，顾客一方面会注重资金账户的安全性，另一方面会关注支付环节的便捷性。具体的示例如下：

“在线支付很差，明明扣了钱，却显示支付不成功”“挺好的网站啊！就是有的银行卡不支持！挺喜欢这个网站的！继续啊！”

（5）物流服务阶段的网络口碑，指顾客在物流等待、货物接收阶段里，对物流配送方的服务质量的评价。具体的示例如下：

“这 1 号店是没法再信了……9 月 30 日买的牛奶，今天都 10 月 3 日了还送不到！回复是‘我们放假，明天再说吧’买的时候怎么不说放假？系统显示滞留 1 天，会数数么？大过节的本来不想说，同一天从重庆发货的快递都到了，你们同城到不了？没那准时送货的本事，过节就别接单！真够恶心人的！@1 号店 @1 号店北京站”

（6）售后服务阶段的网络口碑，指针对企业提供的售后服务评价，如提供的线上线下多渠道反馈、制定退换货策略、售后客户服务、服务咨询等过程中的服务质量、服务态度的评价。具体示例如下：

“@1 号店 你们客服电话的工作时间是 9 点到 21 点，不过问题来了，你们是按照北京时间的吗？怎么 9 点多了还给我自动语音回复啊！”“当当网的客服态度真不好！而且退款服务做得完全不如淘宝！@当当网”“从 12 月 29 日到现在整整 23 天，1 号店无论是处理投诉的方式，还是速度和结果，都让人失望。截止到现在，我还没收到 2899 元的退货款。中国不缺 1 号店这样的电商，缺的是商家的品德，产品的质量，以及为客户着想、以客户为上帝的心。”

10.2.2　基于前景理论和直觉三角模糊数的行为模型确定

在对 B2C 电子商务服务流程进行详细的分析后，需要建立适合 B2C 电子商务的消费者行为决策模型。决策理论的研究已从“理性人假设”逐渐向“有限理性人”或“非理性人”转变，研究方法已从传统的期望效用理论向前景理论发展。消费行为是典型的决策过程，虽不排除消费者通过理性分析作出消费决策的情况，但随着近年来商业模式的不断创新，消费者的消费行为、决策过程等都显示出不同程度的“非理性”现象。特别地，近年来电子商务得到极大的发展，网络消费已经逐步常态化，网上消费行为影响范围不断扩大。消费者在各式各样的创新性商业模式中，表现出了大量的“非理性”消费行为。例如，从 2009 年开始至今的“双 11”促销活动，体现了大量的消费者的“非理性”行为（熬夜抢商品、采购过多的商品、节后退货潮等）。因此，针对在 B2C 电子商务环境下，可基于以“非理性人”为假设的前景理论作为行为决策模型的理论指导。

“前景”是前景理论中最基本的研究单元，在 B2C 服务流程中，不同的平台企业就是不同的“前景”，消费者可以从这些前景当中进行决策。每一“前景”可能会有不同的结果（或称状态），正如股票价格有“涨”“跌”“不变”三种结果（状态）。对于 B2C 企业而言，总体上其服务质量有“令人满意”“一般”“令人不满”等不同的结果（状态），细分到具体服务环节也有不同的结果（状态），如商品价格有“贵”“适中”“便宜”等不同的结果。对于每一个结果（状态），均可由结果值及概率值组成，如在某平台上买到贵（结果值）的商品的可能性为 10%（概率值）。此处的“贵”不是价钱的绝对量，而是相对于某一参考点（如线下卖场）的比较值。由此可知，对于每一企业，其在某指标上的前景可表示为由该指标下各个结果的结果值和概率值组合而成：$(x_1, p_1 p_1; x_2, p_2; \cdots; x_n, p_n)$，B2C 电子商务企业的前景计算式为：

$$v_{i,j}(x_{i,j1}, p_{i,j1}; x_{i,j2}, p_{i,j2}; \cdots; x_{i,jn}, p_{i,jn}) = \sum_{k=1}^{n} w(p_{i,jk}) v(x_{i,jk}) \tag{10-15}$$

这表示第 i 个 B2C 电子商务企业，在属性 j 上的前景值。由此可知，最基本的 B2C 消费者行为决策模型由价值函数和权重函数组成。价值函数及权重函数的具体形式及变形如式（10-2）～式（10-5）所示。

在确定行为模型的形式后，需要引入直觉模糊数的概念，对价值函数、权重函数和前景函数进行扩展，从而使模型更符合现实要求。这是由于考虑到客观状态下决策信息的复杂性、不确定性等限制条件。在 B2C 商务环境下，不论在服务的哪个流程环节下，消费依据的决策信息的表现形式都多种多样，其决策过程无法准确地表达出来，如网络口碑——“顺丰速递还行吧！”“这网站挺好看的”，其蕴含的决策信息是模糊的，无法通过实数的形式进行表达，因此，引入直觉模糊数有利于完善 B2C 行为决策模型。直觉模糊数可分为直觉三角模糊数和直觉梯形模糊数，本书引入直觉三角模糊数，用于完善模型。直觉三角模糊数的定义及运算性质已在 10.1.2 中描述，要将其引入决策模型，重点是确定引入后的价值函数和权重函数。

改进原价值函数表达式，将公式（10-2）改进为公式（10-16），如下所示：

$$v(\Delta\chi_i)=\begin{cases}(d(\tilde{x},\tilde{x}_0))^{\alpha}, & d(\tilde{x},\tilde{x}_0)\geqslant 0\\ -\lambda(d(\tilde{x},\tilde{x}_0))^{\beta}, & d(\tilde{x},\tilde{x}_0)\leqslant 0\end{cases} \tag{10-16}$$

改进后的价值函数，代入的是两个模糊数之间的距离 d，直觉三角模糊数的距离计算公式可参见公式（10-12）。

权重函数表达式在引入直觉三角模糊数后，形式并没改变，式（10-3）～式（10-5）依然适用，但需要指出其在模糊数情况下的运算规则。

设有直觉三角模糊数 $\tilde{a}=\langle(a_1,a_2,a_3),(b_1,b_2,b_3);\mu_a,v_a\rangle$，其直觉三角模糊概率为：

$$\tilde{\omega}(\tilde{p})=\begin{cases}\tilde{\omega}^{+}(\tilde{p}),\tilde{p} & \text{对应的结果为收益}\\ \tilde{\omega}^{-}(\tilde{p}),\tilde{p} & \text{对应的结果为损失}\end{cases} \tag{10-17}$$

$$\omega^{+}=\langle(\omega^{+}(a_1),\omega^{+}(a_2),\omega^{+}(a_3),(\omega^{+}(b_1),\omega^{+}(b_2),\omega^{+}(b_3)),\rangle \tag{10-18}$$

$$\omega^{-}=\langle(\omega^{-}(a_1),\omega^{-}(a_2),\omega^{-}(a_3),(\omega^{-}(b_1),\omega^{-}(b_2),\omega^{-}(b_3)),\rangle \tag{10-19}$$

在确定了引入直觉三角模糊数的价值函数及权重函数后，即可重新定义 B2C 电子商务企业的前景计算式：

$$\tilde{V}_L(\tilde{f})=(\oplus_{i=1}^{k}\omega_{p(i)}^{+}\tilde{v}(x_{p(i)}))\oplus(\oplus_{i=k+1}^{n}\omega_{p(i)}^{-}\tilde{v}(x_{p(i)})) \tag{10-20}$$

该式表示第 L 个企业的前景值，企业前景有 k 个结果，$\oplus$ 为模糊数求和。

10.2.3　多属性决策问题相关定义

1. 备选方案

艾瑞咨询的调研报告指出，当前我国主流的 B2C 电子商务企业包括：天猫、京东、亚马逊、当当、1 号店、唯品会、苏宁易购等。其中，天猫虽然占最大网络购物市场份额，但是属于平台型 B2C 电子商务企业，即由第三方商家在平台上开店销售，网站本身不提供商品买卖及物流配送等服务。本书主要针对企业提供 B2C 网上全流程服务下的消费者决策行为，因此不考虑平台型 B2C 电子商务企业的情况。

研究对象主要为如京东商城、亚马逊、当当、1 号店等直营式 B2C 电子商务平台。相较于平台型 B2C 电子商务企业，直营式 B2C 电子商务的竞争更为激烈，分别参考 2010～2012 年的《中国网络购物市场研究报告》，当当网、亚马逊中国、京东商城的用户单一度分别从 2010 年的 21.9%、18.8%和 18.4%下降到 2011 年的 14.6%、4.6%和 10.6%。由此可见，消费者在 B2C 电子商务过程中的选择面不断扩大，企业面临越来越大的竞争，如何吸引消费者将是企业发展的关键。因此，本书建立以直营式 B2C 电子商务企业为评价对象的消费者行为决策模型，选用的备选方案企业分别为 1 号店、京东商城、当当网。

2. 备选方案

建立基于前景理论的 B2C 消费者行为决策模型的评价指标体系，总体框架图如图 10-2 所示。

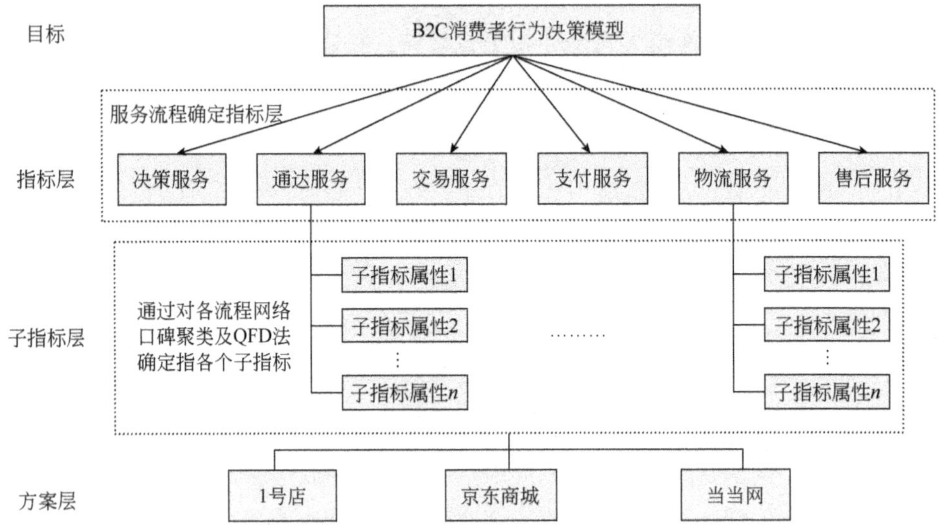

图 10-2　评价指标体系框架图

如图 10-2 所示，B2C 消费者行为决策模型的评价指标体系共分为四层：目标层、指标层、子指标层和方案层。

（1）目标层是建立 B2C 消费者行为决策模型，探讨研究消费者在网络消费过程中的决策机理，同时此模型亦可用于 B2C 电子商务企业服务质量水平的评价。

（2）指标层是基于 10.2.1 中 B2C 电子商务服务流程分析得到的，通过使用服务蓝图法，分析得到 B2C 电子商务服务 6 个子流程：决策服务、通达服务、交易服务、支付服务、物流服务、售后服务。此 6 个子流程组成了评价框架的一级指标。

（3）子指标层是指在一级指标层下的各个子指标。通过计算机采集技术，采集消费者对 B2C 企业的服务评价网络口碑。在按照指标层 6 个一级指标进行分类之后，在各个类内进行的网络口碑聚类分析。聚类结果辅助 QFD（质量功能展开）进行评价，总结各评价结果，确定各个一级指标下的子指标，具体的步骤将在后续章节中阐述。

（4）方案层包括 1 号店、京东商城、当当网三个企业，后续将会针对这三个评价对象进行新浪微博口碑及百度口碑的抓取，通过分类、聚类、情感分析，确定各个评价对象的前景值。最终根据多属性决策方法，计算出各个评价对象的综合前景值，并通过比较大小，确定最优的备选方案。

10.3　基于网络口碑的决策模型确立

网络口碑对顾客的购买意愿有很大的影响，对企业了解顾客行为决策、提高服务管理质量有很大的帮助。因此，本书基于网络评论数据即网络口碑建立决策模型，通过挖掘网络口碑数据潜在的特征，计算出决策模型的参数。基于网络口碑的模型构建的主要步骤为：口碑数据采集→口碑数据预处理→口碑数据流程分类→口碑数据类内聚类→口碑情感分析。

10.3.1　数据采集及预处理

本书的数据采集对象为直营式 B2C 电子商务网站，根据《2013 年中国网络购物市场研究报告》的排名，选取京东商城、当当网、1 号店作为本书的数据采集对象。网络口碑数据采集的渠道为新浪微博及百度口碑平台。采用火狐浏览器（Mozilla Firefox）网页抓取/信息提取插件 GooSeeker，利用页面解析技术获取目标页面上的数据。本次抓取微博数据 2330 条，抓取百度口碑数据 1221 条，详细抓取结果如表 10-1 所示。

表 10-1　各个商城具体微博数量及时间跨度

直营式 B2C 商城	微博口碑数量/条	微博数据时间跨度	百度口碑数量/条
京东商城	976	2014.09.29～2014.10.08	865
当当网	715	2014.10.01～2014.10.09	169
1 号店	639	2014.09.24～2014.10.08	187

数据预处理包含：对口碑短文本进行分词、去除停用词、文本特征选取、文本特征权重计算四个步骤，从而构建文本空间向量。①调用 NLPIR 汉语分词系统（ICTCLAS2013）提供的 Java 程序包进行分词，其中导入了搜狗输入法的“电子

商务专用词库”和“互联网电子商务常用词库”，从而确保分词效果。②通过结合哈工大停用词表、四川大学机器智能实验室停用词库、百度停用词表等，剔除没有意义的字词。③采用卡方统计法，实现特征值选择。④采用 TF-IDF 算法，计算各个特征值的权重，从而构建网络口碑数据的文本空间向量。

10.3.2　口碑流程分类

B2C 电子商务是现代服务业的典型代表，它不是实现商品交换的简单过程，而是由多个复杂的子流程共同构成的服务流程。网络口碑虽是对服务流程的评价，但由于服务流程的复杂性，不同网络口碑的评价流程对象往往不同。因此，需要将采集的网络口碑按照服务流程进行分类。依据 Zuo 等（2013）的研究，B2C 电子商务服务流程可分为决策服务、通达服务、交易服务、支付服务、物流服务和售后服务 6 个子流程，针对网络口碑数据构建 SVM 分类模型。

SVM 分类模型是有监督学习模型，因此需确定训练样本。通过人工标注，对采集的网络口碑进行标注，具体示例如表 10-2 所示。

表 10-2　网络口碑类别实例

类别	类别标号	实例
决策服务	1	口碑：“老妈今晚叫我帮她一口气买了 3 件衣服，好久没见她这么豪爽了”
通达服务	2	口碑：“突然发现怎么在 2345 导航条下的快捷点击里没有当当的网址”
交易服务	3	口碑：“大促的时候，总是会放弃京东跑向天猫，因为天猫的互动更好一点”
支付服务	4	口碑：“在线支付很差，明明扣了钱，却显示支付不成功”
物流服务	5	口碑：“这一号店 9 月 30 日买的牛奶，今天都 10 月 3 日了还送不到”
售后服务	6	口碑：“@刘强东 你们客服人员态度怎么这样子？”

采用其中 1146 条口碑数据作为训练数据样本，382 条作为预测训练模型数据。利用 Java 语言实现 SVM 算法，在 382 项的分类预测中，有 329 项正确，预测准确率达到 86.1256%。

10.3.3　口碑聚类分析

为了贴合网络口碑反映的真实状况，确定各个阶段的决策属性，可以以网络口碑为切入点，通过对各个阶段内网络口碑进行聚类分析，分析各个阶段内口碑数据可分为多少簇。本书采用 Java 程序调用开源数据挖掘工具 Weka 的 API，采用最大期望算法（EM 算法），结合交叉验证的方法确定各个阶段中聚类的簇数。EM 算法是一种迭代式的算法，它由期望求解和求极大值两步组成，可用于求解不完全数据的参数估计。

最终确定的服务特性（决策指标）如表 10-3 所示。

表 10-3　各阶段决策属性

大类	决策属性（权重）	网络口碑示例
决策服务	选择偏好（0.288 6）	“我是网购狂，很喜欢网购，足不出户，就能买到自己想要的东西。1 号店有时候也会搞一些活动，很划算，而且感觉有些东西比在超市里还要便宜。所以会常去，也会一直关注！”
通达服务	访问渠道多元化（0.228 0）	“现在又跟不上手机发展，都没有个手机的客户端，总是只能上网页版的话就越来越觉得不方便。”
交易服务（0.1962）	操作便捷性（0.109 6）	“不过网站不是很好用，收藏夹的分类功能存在很多缺陷，买东西会浪费很多时间，商品种类希望更完善一些。”
	商品属性（0.086 5）	“京东自营电器值得信赖，一般都是正品，而且有时候活动很优惠”
支付服务（0.0694）	支付手段多元化（0.036）	“挺好的网站啊 就是有的银行卡不支持”
	安全性（0.015 43）	“一次账户里的钱被盗，而且是人已经提现了才有消息提示我，之前根本没有任何提示信息和邮件。”
	准确的支付（0.017 8）	“在线支付很差，明明扣了钱，却显示支付不成功；等显示支付成功，却变成交易了 2 订单!”
物流服务（0.0812）	服务态度（0.015 8）	“书少服务差，真心烂透了，快递像急着去投胎一样，书随便就扔在传达室。买书建议还是不要上当当网比较好，亚马逊什么的比较让人满意”
	送货质量（0.045）	“物流很慢 不解释　印象不好”
	运费（0.020 3）	“很多人喜欢 1 号店 但是为毛满 99 才包邮。。。门槛太高了吧。。。显示自己高端大气上档次么!!!”
售后服务（0.1366）	服务完成性（0.056 9）	“@1 号店 你们客服电话的工作时间是 9 点到 21 点，不过问题来了，你们是按照北京时间的吗？怎么 9 点多了还给我自动语音回复啊！”
	服务态度（0.033 62）	“在 1 号店买了一些东西，客服的服务态度挺好的”
	退换货等政策合理性（0.046 1）	“当当网客服不靠谱，商家不发货还不接电话，无法处理，还没有取消订单按钮”

10.3.4　口碑情感分析

采用 ROST CM（沈阳，2008）作为本书的情感分析模块来分析已采集的网络口碑的情感倾向，对各个网络口碑进行评分。已有的网络口碑按照情感倾向得分，分为正面口碑（积极）、中性口碑、负面口碑（消极）三种。根据得分的大小不同，可进一步划分为 7 个不同的级别，具体划分如下：

（1）0 分代表中性情绪，即表示该语句不带有情感，如客观的评述等情况；

（2）0～10 分代表一般积极情绪，10～20 分为中度积极情绪，20 分以上则为高度积极情绪，三种不同程度的积极情绪构成正面口碑；

（3）−10～0 分为一般消极情绪，−20～−10 分为中度消极情绪，−20 以下则为高度消极情绪，三种不同程度的消极情绪构成负面口碑。

忽略中性情绪，则各个类别的网络口碑分为正向情绪和负向情绪，即该类的前景有“正向”和“负向”两种结果（状态）。

由于网络口碑语料是顾客评价的自然语言，因此需经过自然语言形式化，使之表示为能用于计算的数值型语言，即模糊数。Zadeh（1965）在模糊语义的基础上定义“语言变量”，并给出了将其转化为定量描述的基本规则。Chen 和 Hwang（1992）定义一系列的自然语言，使之转换为模糊数方法，适用于 2～11 个语言变量的情况。语言变量是指人类对事物的评价态度，如“很好”“好”“一般”“差”“很差”等。具体将语言变量转换为模糊数的思路如下。

设语言变量为 $S=\{S_f | f=0, 1, \cdots, T\}$，如 $\{s_0, s_1, \cdots, s_4\}$={“很差”“差”“一般”“好”“很好”}，其中表示语言变量的个数为 T+1 个。需要指出的是，语言变量的个数一般取奇数，通常取 5，7，9 为宜，这与李克特计分法的原理相近，即更好地区分顾客的态度。

评价语料与模糊数的转换关系为：

$$S=\langle(a_1,a_2,a_3)\rangle=\langle(\max\{(f-1)/T,0\},f/T,\min\{(f+1)/T,1\})\rangle \quad (10\text{-}21)$$

因此，可得到某一口碑评价语料的价值直觉三角模糊数及概率直觉三角模糊数。例如，1 号店在物流阶段的正面口碑情感均值为 8，属于“一般积极”，评价语言变量为 $\{s_0, s_1, s_2\}$={“一般积极”“中度积极”“高度积极”}，f=0，T=2。正向结果模糊数表示：

$$\tilde{x}^+=\langle(\max\{(f-1)/T,0\},f/T,\min\{(f+1)/T,1\})\rangle=\langle(0,0,1)\rangle$$

统计某一阶段正面口碑数占全部正面口碑的比例，根据占比的多少，可判断该类口碑属于“很少提及”“一般”“多次提及”的哪一种，并再次依据公式（10-21）求得概率模糊数。例如，1 号店在物流阶段的正面口碑在全部正面口碑中出现较多，属于“多次提及”，1 号店在物流阶段的正向概率模糊数表示为：

$$\tilde{\rho}^+=\langle(\max\{(f-1)/T,0\},f/T,\min\{(f+1)/T,1\})\rangle=\langle(0,1,1)\rangle$$

同理，负向口碑的结果模糊数及概率模糊数均可求得。

10.4 B2C 消费者行为决策模型算例分析

10.4.1 单属性前景值求解

基于前景理论的 B2C 网络消费者行为决策模型是一个多属性的决策模型，属性指标及权重的确定。接下来以通达服务-访问渠道多元化 X_2 这一属性值的求解过程为例，先从每一单属性指标开始对模型进行求解，得到其对应的前景值；随后，将各前景值根据权重的大小进行结集，从而求得每一备选方案多属性下的综合前景值。

（1）备选方案集$\{A_1, A_2, A_3\}$分别表示电子商务平台{“1 号店”“京东”“当当”}，X_2这一属性的状态集合 S={“渠道多元化”“渠道单一”}，构造直觉三角模糊前景 $\tilde{f}_L=\{\tilde{x}_{l1},\tilde{p}_{l1};\cdots;\tilde{x}_{\ln_l},\tilde{p}_{\ln_l}\}$，表示在通达服务下的各个状态评价值及发生的概率。如对于 1 号店，在状态集合 S={“渠道多元化”“渠道单一”}中各自的取值如下，其余各个属性的评价值及概率值具体可参见表 10-4。

表 10-4　各个决策属性值的评价取值及概率取值

流程阶段	决策属性	B2C 平台企业					
		1 号店		京东商城		当当网	
		+	−	+	−	+	−
决策服务	选择偏好 X_1	(M：U)	(M：L)	(U：U)	(U：L)	(L：U)	(L：L)
通达服务	访问渠道多元化 X_2	(L：L)	(M：U)	(M：L)	(U：L)	(L：L)	(M：M)
交易服务	操作便捷性 X_3	(L：M)	(L：M)	(U：M)	(M：M)	(M：M)	(M：M)
	商品属性 X_4	(M：U)	(U：M)	(U：U)	(M：M)	(M：U)	(M：M)
支付服务	支付手段多元化 X_5	(L：M)	(U：M)	(L：M)	(M：M)	(L：M)	(M：M)
	安全性 X_6	(L：L)	(L：L)	(L：L)	(L：L)	(L：L)	(L：L)
	准确的支付 X_7	(L：L)	(L：M)	(M：L)	(U：M)	(M：L)	(M：M)
物流服务	服务态度 X_8	(U：L)	(M：M)	(U：L)	(U：M)	(M：L)	(M：M)
	送货质量 X_9	(L：U)	(M：M)	(U：U)	(M：M)	(M：U)	(L：M)
	运费 X_{10}	(L：L)	(M：M)	(L：L)	(U：M)	(L：L)	(M：M)
售后服务	服务完成性 X_{11}	(M：M)	(M：U)	(L：M)	(L：U)	(L：M)	(M：U)
	服务态度 X_{12}	(M：M)	(M：U)	(M：M)	(L：U)	(M：M)	(M：U)
	退换货等政策合理性 X_{13}	(L：L)	(L：M)	(M：L)	(M：M)	(L：L)	(M：M)

“+”表示该属性值呈积极状态，“−”表示该属性值呈负面状态；

(v：p) 表示（价值模糊数：权重模糊数）；

U 表示模糊数形式为〈(0.5,1,1)〉，M 表示模糊数形式为〈(0,0.5,1)〉，L 表示模糊数形式为〈(0,0,0.5)〉

对于 1 号店，各个状态下的取值如下：

$$\tilde{x}_{11}=\langle(0,0,0.5),0.7,0.25\rangle,\tilde{p}_{11}=\langle(0,0,0.5),0.7,0.25\rangle;$$

$$\tilde{x}_{12}=\langle(0,0.5,1),0.8,0.15\rangle,\tilde{p}_{12}=\langle(0.5,1,1),0.8,0.15\rangle;$$

对于京东商城，各个状态下的取值如下：

$$\tilde{x}_{21}=\langle(0,0.5,1),0.65,0.3\rangle,\tilde{p}_{21}=\langle(0,0,0.5),0.65,0.3\rangle;$$

$$\tilde{x}_{22}=\langle(0.5,1,1),0.8,0.2\rangle,\tilde{p}_{22}=\langle(0,0,0.5),0.8,0.2\rangle;$$

对于当当网，各个状态的取值如下：

$$\tilde{x}_{31}=\langle(0,0,0.5),0.6,0.3\rangle,\tilde{p}_{31}=\langle(0,0,0.5),0.6,0.3\rangle;$$

$$\tilde{x}_{32}=\langle(0,0.5,1),0.7,0.3\rangle,\tilde{p}_{32}=\langle(0,0.5,1),0.7,0.3\rangle;$$

（2）确定参考点，选择中间值作为参考点：$\tilde{r}=\langle(0,0.5,1),0.6,0.3\rangle$。

（3）使用 Hamming 距离公式，计算各个评价值与参考点间的距离，如对于 1

号店，d_{11}=0.2042；d_{12}=0.0875；然后，根据各个评价值与参考点的大小关系，确定 Δx_{ij} 的正负结果如下：$\Delta x_{11}=-0.2042$，$\Delta x_{12}=0.0875$；$\Delta x_{21}=0.0125$，$\Delta x_{22}=0.3417$；$\Delta x_{31}=-0.2167$，$\Delta x_{32}=0.025$。

（4）确定直觉三角模糊价值函数，计算直觉三角模糊数 $\tilde{x}_{l1}$ 的价值结果，具体引用 Kahneman 和 Tversky（1979）的参数，α,β 均为 0.88，λ 系数为 2.55，则有公式：

$$v(\Delta\chi_i)=\begin{cases}\Delta\chi_i^{0.88},\Delta\chi_i\geqslant 0\\-2.55(\Delta\chi_i)^{0.88},\Delta\chi_i\leqslant 0\end{cases}$$

将各个模糊数 $\tilde{x}_{l1}$ 代入上式，则可以得到各自对应的价值 $\tilde{v}_{ij}$：$\tilde{v}_{11}=-0.630$，$\tilde{v}_{12}=0.117\,2$；$\tilde{v}_{21}=0.021\,15$，$\tilde{v}_{22}=0.388\,7$；$\tilde{v}_{31}=-0.663\,8$，$\tilde{v}_{32}=0.038\,92$。

（5）比较同一方案下，各个状态的 Δx_{ij} 大小：$\Delta x_{12}>\Delta x_{11}$；$\Delta x_{22}>\Delta x_{21}$；$\Delta x_{32}>\Delta x_{31}$。

根据此大小关系，重新排序 $\tilde{f}_{L通}=\{\tilde{x}_{l1},\tilde{p}_{l1};\cdots;\tilde{x}_{1n_l},\tilde{p}_{1n_l}\}$。

以上步骤已确定了决策模型的价值函数，随后需求解各个状态的权重函数。

（6）依据权重函数公式，可以将各状态概率转化为权重值，同样引用 Tversky 和 Kahneman 的参数，γ 及 δ 分别取 0.61 和 0.69。

$$\omega^+(p)=\frac{p^{0.61}}{[p^{0.61}+(1-p)^{0.61}]^{1/0.61}},\quad \omega^-(p)=\frac{p^{0.69}}{[p^{0.69}+(1-p)^{0.69}]^{1/0.69}}$$

当 $\Delta x\leqslant 0$ 时，代入 $\omega^+(p)$ 式；当 $\Delta x<0$ 时，代入 $\omega^-(p)$，可具体求得各个权重值，如对于 1 号店：

$$\pi_{11}^-=\langle(0,0,0.454),0.7,0.25\rangle,\pi_{12}^+=\langle(0.421,1,1),0.8,0.15\rangle;$$
$$\pi_{21}^+=\langle(0,0,0.4207),0.65,0.3\rangle,\pi_{22}^+=\langle(0,0,0.4307),0.8,0.2\rangle;$$
$$\pi_{31}^-=\langle(0,0,0.4539),0.6,0.3\rangle,\pi_{32}^+=\langle(0,0.4207,1),0.7,0.3\rangle$$

（7）最后，即可求得各个方案集的前景值，根据公式（10-20），求得 1 号店前景值为：

$$\tilde{V}(\tilde{f}_1)=\langle(-0.2367,0.1172,0.1172),(-0.2328,0.1172,0.1172)\rangle。$$

同理得其他两个备选方案的前景值为：

京东商城：$\tilde{V}(\tilde{f}_2)=\langle(0,0,0.1724),(0,0,0.186)\rangle$。

当当网：$\tilde{V}(\tilde{f}_3)=\langle(-0.3014,0.0164,0.0389),(-0.3014,0.0164,0.0389)\rangle$。

进而计算精确度，比较大小，结果如表 10-5 所示。

表 10-5　前景值精确度比较

项目	精确度	排名
1 号店	0.055 815	2
京东商城	0.082 329 215	1
当当网	−0.121 440 793	3

结果表明：在通达服务方面，京东商城＞1 号店＞当当网。因此可得出结论：顾客在通达服务上，更偏向选择京东，其打分值或更高。这从侧面反映了京东在该流程上的服务质量最高，1 号店次之，当当最低。

分别求出 1 号店、京东商城、当当网在各个属性值上的前景值，并通过 Excel 绘制出比较图，如图 10-3 所示。

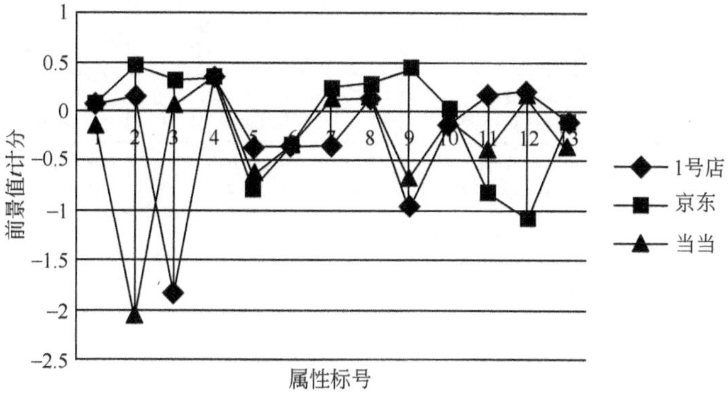

图 10-3　各子流程的 L 值比较

如图 10-3 所示，在 13 个属性当中，京东商城在其中的 7 个属性当中排名最高，当当网在属性 4 和 6 上排名最高，1 号店在属性 5、11、12、13 上排名最高。

10.4.2　多属性决策求解

按照前述步骤可将表 10-4 的各个属性进行求解，得到 3 个备选方案在各单属性下的前景值，随后进行组合求解，实现多属性决策。通过综合多个属性的前景值，求出各个备选方案的综合前景值，从而通过排序求出最佳方案。具体的求解过程如下：

（1）备选方案为“1 号店”“京东”“当当”，指标集共包含决策服务-选择偏好、通达服务-访问渠道多元化等 13 个决策指标属性。按照属性求解步骤，可计算出各个方案在各个指标属性上的前景值，从而构成直觉三角模糊数前景值决策矩阵，如表 10-6 所示。

表 10-6　直觉三角模糊数前景值决策矩阵

大类	决策属性	1 号店	京东商城	当当网
决策服务	选择偏好 X_1	⟨(0.0367,0.0872,0.1499)，(0.0367,0.0872,0.1499)⟩	⟨(0.1600,0.3803,0.5261)，(0.1600,0.3803,0.5261)⟩	⟨(−0.9283,−0.652,−0.2963)，(−0.9283,−0.652,−0.2963)⟩
通达服务	访问渠道多元化 X_2	⟨(−0.2367,0.1172,0.1172)，(−0.2367,0.1172,0.1172)⟩	⟨(0,0,0.1724)，(0,0,0.1724)⟩	⟨(−0.3014,0.0164,0.0389)，(−0.3014,0.0164,0.0389)⟩
交易服务	操作便捷性 X_3	⟨(−1.2123,−0.5504,0)，(−1.2123,−0.5504,0)⟩	⟨(0,0.1792,0.4259)，(0,0.1792,0.4259)⟩	⟨(0,0.0356,0.0846)，(0,0.0356,0.0846)⟩
	商品属性 X_4	⟨(0.0328,0.2657,0.5244)，(0.0328,0.2657,0.5244)⟩	⟨(0.1009,0.2701,0.3116)，(0.1009,0.2701,0.3116)⟩	⟨(0.0792,0.2617,0.3628)，(0.0792,0.2617,0.3628)⟩
支付服务	支付手段多元化 X_5	⟨(−0.6683,−0.1612,0.3381)，(−0.6683,−0.1612,0.3381)⟩	⟨(−0.7063,−0.2801,0.0963)，(−0.7063,−0.2801,0.0963)⟩	⟨(−0.6480,−0.2449,0.1172)，(−0.6480,−0.2449,0.1172)⟩
	安全性 X_6	⟨(−0.5822,0,0)，(−0.5822,0,0)⟩	⟨(−0.5431,0,0)，(−0.5431,0,0)⟩	⟨(−0.5698,0,0)，(−0.5698,0,0)⟩
	准确的支付 X_7	⟨(−0.7977,−0.2403,0)，(−0.7977,−0.2403,0)⟩	⟨(0,0.1242,0.3370)，(0,0.1242,0.3370)⟩	⟨(0,0.0530,0.1994)，(0,0.0530,0.1994)⟩
物流服务	服务态度 X_8	⟨(0,0.0734,0.3415)，(0,0.0734,0.3415)⟩	⟨(0,0.1422,0.4443)，(0,0.1422,0.4443)⟩	⟨(0,0.0651,0.2398)，(0,0.0651,0.2398)⟩
	送货质量 X_9	⟨(−0.5731,−0.5176,−0.1283)，(−0.5731,−0.5176,−0.1283)⟩	⟨(0.16,0.4104,0.4519)，(0.16,0.4104,0.4519)⟩	⟨(−0.5870,−0.2494,0.0211)，(−0.5870,−0.2494,0.0211)⟩
	运费 X_{10}	⟨(−0.3034,0.0275,0.0653)，(−0.3034,0.0275,0.0653)⟩	⟨(−1.4326,−1.0470,−0.3297)，(−1.4326,−1.0470,−0.3297)⟩	⟨(−0.5580,−0.1235,0.1604)，(−0.5580,−0.1235,0.1604)⟩
售后服务	服务完成性 X_{11}	⟨(0.0301,0.1121,0.1679)(0.0301,0.1121,0.1679)⟩	⟨(0,0,0.1724)，(0,0,0.1724)⟩	⟨(0,0,0.1724)，(0,0,0.1724)⟩
	服务态度 X_{12}	⟨(0.0301,0.1121,0.1679)，(0.0301,0.1121,0.1679)⟩	⟨(−0.5339,−0.4629,−0.0735)，(−0.5339,−0.4629,−0.0735)⟩	⟨(0.043,0.1112,0.1235)，(0.043,0.1112,0.1235)⟩
	退换货等政策合理性 X_{13}	⟨(−0.3034,0,0.1028)，(−0.3034,0,0.1028)⟩	⟨(−0.1746,−0.0388,0.0963)，(−0.1746,−0.0388,0.0963)⟩	⟨(−0.2942,0.0493,0.1172)，(−0.2942,0.0493,0.1172)⟩

（2）参照表 10-3 中确定的各个指标属性权重，对直觉三角模糊数前景值决策矩阵 $\overline{A}$ 进行加权，得到 $\overline{T}=(\overline{t}_{ij})_{m\times n}$。

（3）从 $\overline{T}=(\overline{t}_{ij})_{m\times n}$ 中选择出理想解 R，选择的条件为：

$$r_j=\left\langle(\max\omega_j a_{1ij},\max\omega_j a_{2ij},\max\omega_j a_{3ij}),(\min\omega_j a_{1ij},\min\omega_j a_{2ij},\min\omega_j a_{3ij})\right\rangle$$

最终各个理想解如表 10-7 所示。

表 10-7　理想解的各个属性取值

决策属性	理想解
选择偏好 X_1	⟨(0.046 2,0.109 8,0.151 8)，(−0.267 9,−0.188,−0.085 5)⟩
访问渠道多元化 X_2	⟨(0,0.026 7,0.039)，(−0.068 7,0,0.008 88)⟩
操作便捷性 X_3	⟨(0,0.019 6,0.046 7)，(−0.132 9,−0.060 3,0)⟩
商品属性 X_4	⟨(0.008 73,0.023 36,0.045 36)，(0.002 834,0.022 64,0.026 95)⟩

续表

决策属性	理想解
支付手段多元化 X_5	〈(0.008 73,0.023 36,0.045 36)，(−0.025 43,−0.010 1,0.003 47)〉
安全性 X_6	〈(−0.009,0,−0.009)，(−0.008,0,−0.008)〉
准确的支付 X_7	〈(0,0.002 2,0.006)，(−0.014 2,−0.004 28,0)〉
服务态度 X_8	〈(0,0.002 2,0.007)，(0,0.001,0.003 8)〉
送货质量 X_9	〈(0.007 2,0.018 5,0.020 3)，(−0.026 4,−0.023 3,−0.005 8)〉
运费 X_{10}	〈(−0.006,0.002,0.004 8)，(−0.007,0.001,0.001 3)〉
服务完成性 X_{11}	〈(0.001 7,0.006 4,0.01)，(−0.082,−0.06,−0.019)〉
服务态度 X_{12}	〈(0.001 45,0.004 3,0.007)，(−0.018,−0.016,−0.002 5)〉
退换货等政策合理性 X_{13}	〈(−0.008,0.002 3,0.005 4)，(−0.014,−0.001 8,0.004)〉

（4）利用距离公式，计算加权属性向量 $\overline{T}_i=(\overline{t}_{i1},\cdots,\overline{t}_{in})$ 与理想解向量的距离，分别得到结果：

1 号店与理想解的距离平方：0.011 405 018；

京东商城与理想解的距离平方：0.011 256 215；

当当网与理想解的距离平方：0.011 907 302。

（5）按照距离从小到大进行排序，得到结果。理想解的含义是最高的服务水平，对应的是顾客决策过程中所希望得到的最好前景水平。因此，与理想解的距离越近，意味着越接近最好的前景，其前景值也会比其他备选方案好。对 1 号店、京东商城、当当网的距离按照由小到大的顺序排序，得到结果：

京东商城（0.011 256 215）＜1 号店（0.011 405 018）＜当当网（0.011 907 302）

通过对构建的基于前景理论的 B2C 消费者行为决策模型进行求解，其在多属性指标下的综合求解结果为：京东商城在三个备选方案中，综合评价得分最高；其次是 1 号店；当当网的综合评价得分最低。这表明，在一定的参考水平下（即三个备选方案在商品、价格等服务特征是无差异的，如不存在其中一方打折促销），京东商城会是渠道的首选，这亦表明了京东商城的服务质量在这几个平台中表现最好。

由于 B2C 电子商务服务是一连贯的服务流程，各个流程之间是紧密相连的，需要从全流程的角度分析三个备选方案之间的优劣。因此，可以计算出各个备选方案从决策服务开始到售后服务阶段中的累积得分值。得分值取距离的相反数，由此可画出基于服务流程的累积得分图，如图 10-4 所示。

从图 10-4 可以发现，京东商城的累积得分一直高于当当网及 1 号店，在决策服务阶段、支付物流阶段拉开与其余两者的差距。在售后服务阶段，服务质量的不足，导致累积得分差距被缩小，但总体累积得分依旧为三者中最高。而对于 1 号店及当当网，1 号店在决策、通达服务阶段高于当当网，但交易服务阶段得分较低，消费者对 1 号店的评价在第三阶段低于当当网。这导致在该服务阶段完成后，当当网的累积得分值超过 1 号店，并在后续的支付服务阶段逐渐拉开差距。但 1 号店凭借最后两个阶段的高品质服务，在最终的累积得分上超越当当网。

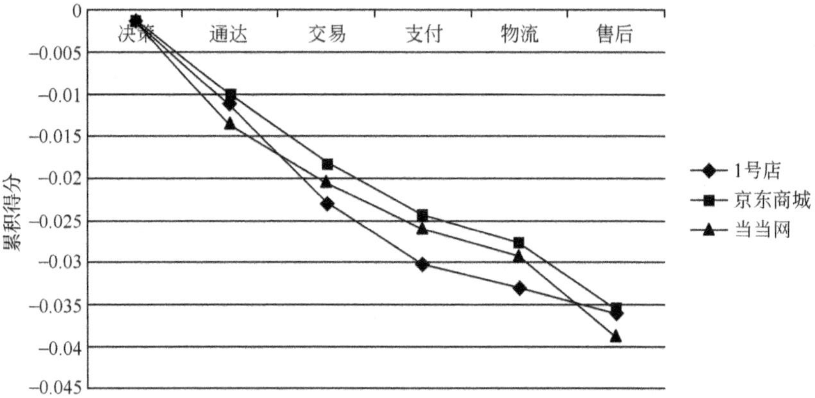

图 10-4　基于服务流程的累积得分图

10.4.3　模型比较

基于前景理论构建了 B2C 消费者行为决策模型，为说明模型的可靠性，需将基于前景理论的模型和基于传统期望效用理论的模型进行比较。选择属性 5-支付手段多元化作为示例进行比较。之所以选择该属性作为比较，是因为支付手段多元化在验证上较为方便，通过比较 1 号店、京东商城、当当网三者提供的支付方式即可验证两模型的结果是否准确。

由表 10-4 可知，支付服务-支付手段多元化 X5 属性下的前景值分别为：

1 号店：〈(−0.6683,−0.1612,0.3381)，(−0.6683,−0.1612,0.3381)〉

京东商城：〈(−0.7063,−0.2801,0.0963)，(−0.7063,−0.2801,0.0963)〉

当当网：〈(−0.6480,−0.2449,0.1172)，(−0.6480,−0.2449,0.1172)〉

通过计算 L 值进行大小比较，按照前景理论建模得到打分值的排序为：1 号店＞当当网＞京东商城。

随后，计算基于期望效用理论的各个备选方案的效用值。期望效用理论的计算基本形式为：

$$U = u\left(\sum_{i=1}^{n} p_i w_i\right) = \sum_{i=1}^{n} p_i u(w_i) \tag{10-22}$$

采用 ROST CM 正负向打分平均值作为各个备选方案的正负结果的收益值 w_i，各个备选方案在该属性中正负极向的占比作为对应发生的概率 p_i，由此可求得各个备选方案的效用值，具体的效用值如表 10-8 所示。

表 10-8　各备选方案的效用值

备选方案	口碑极性	收益值	概率/%	效用值
1 号店	正向	7.6	83.3	6.33
	负向	−3	16.7	−0.501
京东商城	正向	8.05	73.91	5.95
	负向	−10.67	26.19	−2.784
当当网	正向	2.55	81.82	2.086
	负向	−11	18.18	−1.999

由此可得，各个备选方案的总效用值分别为：1 号店（5.829）、京东商城（3.166）、当当网（0.087）。三者的具体排名为：1 号店＞京东商城＞当当网。

由此可见，基于前景理论求得的备选方案排名与基于期望效用理论求得的排名不同，需与实际情况进行比较。分别登录 1 号店、京东商城、当当网官网，总结各自的支付方式，具体支持的支付方式如表 10-9 所示。

表 10-9　各备选方案的支付方式对比

项目	1 号店	京东商城	当当网
货到付款	支持	支持	支持
网上支付	支持第三方支付平台、支持多家银行网上银行支付	支持第三方支付平台、支持多家银行网上银行支付、支持开通多家银行的快捷支付	支持第三方支付平台、支持多家银行网上银行支付
银行转账	支持	支持	支持
他人代付	不支持	不支持	支持
礼品卡/券	支持	不支持	支持
分期付款	不支持	支持	支持
账户余额	支持	不支持	支持

由此可见，1 号店、京东商城、当当网三者的支付渠道数量基本相等，但各自在不同的渠道上的接口数不同。如在网上支付平台数上，京东商城与 1 号店及当当网差异较大。其中，当当网支持的第三方支付平台最多，包括支付宝、微信支付、银联支付、翼支付等 11 家在线支付平台。1 号店虽然在线支付平台稍少于当当网，但其支付平台的覆盖面也十分广。而京东商城支持的第三方支付平台最少，仅包含财付通、快钱等 4 家在线支付平台。因此，在第三方支付平台数量这一属性上，京东商城是落后于当当网的。对于当当网与 1 号店之间的排名，虽然当当网支持渠道数多于 1 号店，但当当网支持的很多在线支付都是小众平台，而且这些支付渠道是要满足一定条件才能完成支付的，这在体验上比 1 号店要差。

此外，需特别指出的是，三个备选方案对支付宝的支持程度也影响了消费者的支付体验。《第 35 次中国互联网络发展状况统计报告》指出，2014 年网络支付市场，支付宝拥有 88.2%的品牌渗透率，比 2～4 名的总和都要高。艾瑞网《2014 年中国互联网支付用户调研报告》也指出，从 2014 年中国第三方互联网支付交易规模的市场份额分布来看，支付宝仍然占了半壁江山，竞争格局仅出现微调。具体来看，支付宝占比为 49.6%，财付通占比为 19.5%，银商占比为 11.4%，快钱占比为 6.8%，汇付天下占比为 5.2%，易宝支付占比为 3.2%，环迅支付占比为 2.7%，其他占比为 1.6%。这些数据都表明，支付宝是目前最为主流的第三方支付平台，而京东商城却不支持支付宝平台的接入，这对消费体验造成很大的影响。从收集的网络口碑可发现，大量消费者对京东商城不支持支付宝表示出遗憾、不满、失望等负面的情绪，如“支付的时候用习惯了支付宝，有点小纠结”“唯一不满意的是不支持支付宝支付 有些太麻烦了 还好快递哥都有 POS 机”“居然不能使用支付宝折腾一中午[泪][泪][泪]”等。

此外，从表 10-8 可知，京东商城正负极性打分值的差距是三者中最大的，这表明消费者对其的评价并不集中。其中，其负面口碑占比在三者中也最高，达到 26.19%。这反映出京东商城在此属性上的不满数量偏高，由于期望效用理论是按照概率权重进行加权平均的，不能很好地对偏差较大的数据进行分析，而前景理论通过权重函数，对概率进行了修正，更好地体现出消费者的负面情绪。因此，综上所述，在支付渠道多元化这一属性上，实际情况应为：1 号店＞当当网＞京东商城，基于前景理论构建的 B2C 消费者行为决策模型比基于期望效用理论构建的行为决策模型能更好地贴近实际情况。

10.5　本章小结

本章以 B2C 直营式电子商务平台为研究对象，基于前景理论和模糊数学建立了网络购物情境下的消费者行为决策模型，并通过网络口碑的挖掘，包括分类、聚类、情感分析等方法，量化了决策模型。经过与传统期望效用理论的多属性决策模型进行比较，发现本章确立的决策模型能更有效地解释实际情况。

应用该决策模型，可求出各个属性下的前景值并得出综合前景值，用以评价研究对象在服务流程各阶段的服务质量，以发现服务失败点，得到相应的服务补救实践启示。例如，1 号店可能在前面的子服务阶段服务水平得分均较低于当当网，存在一定的服务失误，但这些阶段的权重较低，如支付服务 0.069，低于售后服务 0.1366，因此 1 号店通过在最后对售后服务阶段提供更高的服务水平，使其在累积得分上反超当当网。

展望有关网络消费者行为决策模型的研究：由于本书在建模时采用的是固定单一的参考点，因此如何选取多参考点、动态参考点，以进一步完善网络消费者行为决策模型，是未来可研究的内容。

第 11 章　电子商务服务证据

近年来，现代服务业正经历着一个高速发展的阶段。从世界的产业结构来看，服务业是全球经济中增长最快的产业，尤其是在发达国家的国民经济中的比重越来越高（沙振权等，2011），而其中电子商务更是现代服务业的典型代表（Chase and Apte，2007）。学术界对服务的研究可以追溯到 18 世纪后半段的后工业化时代，至今对服务管理的研究已经非常深入。而随着对服务研究的不断发展，如今服务已经成为一门系统的、技术的，以与消费者价值共创为目的的综合性社会科学（Spohrer and Maglio，2008；Ng et al.，2011）。

学者们分别对服务的定义、服务的设计、服务质量的评价等方面进行研究，而无论是哪个方面的研究都涉及一个重要的概念——服务证据。服务证据作为服务流程中消费者能够接触到的有形实体，对消费者的服务体验、参与积极性、服务质量的评价等都有很大的影响（Fitzsimmons and Fitzsimmons，2006）。因此，服务证据的研究对企业进行服务管理有重要的意义，服务设计、质量评价、服务流程再造、服务创新等都离不开服务证据（Fitzsimmons and Fitzsimmons，2006）。本章主要从服务设计、质量评价、证据管理、消费者体验四方面对服务证据的相关研究进行回顾与综述，并研究 B2C 电子商务环境下的服务证据。

11.1　服务与服务证据

对服务的研究，最早可以追溯到著名经济学家亚当·斯密，随后马克思、西尔等众多学者开展了积极的研究。1960 年，美国市场营销学会提出的定义是：服务是伴随货物销售一并提供给顾客的利益、满足及其他活动（左文明等，2010）。然而，并不是所有的服务都必须伴随货物的销售。如 Fitzsimmons 和 Fitzsimmons 在其《服务管理：运作、战略与信息技术》一书中根据 Gronross（1990）等学者的观点，总结出服务是一种顾客作为共同生产者的、随时间消逝的、无形的经历（Fitzsimmons and Fitzsimmons，2006）。

但是，服务并不是完全脱离有形的物品，服务流程中消费者依旧能够接触到许多有形实体，它们对消费者的服务体验、参与积极性、服务质量的评价等都具有重要的影响。对这些有形实体的分析最早出现于服务蓝图法的研究中，且是服务蓝图中的重要组成（Shostack，1982，1984，1987，1992）。Shostack（1982）指出，服务过程中往往存在着一些不能定义为产品的物理实体，这些对象或被称作证据，在验证一个服务是否存在或完成方面起到十分重要的作用。这与购买商品的过程不同，商品的证据就是其本身，而服务的组织可分为两部分，一部分是直接与客户接触的因素，另一部分则不是，即对客户而言，分为可见和不可见的部分（Melián-Alzola and Padrón-Robaina，2006）。对于整个服务流程来说，这些有形实体虽然不是服务的核心部分。但是，它们的存在往往会影响到顾客对服务的体验和看法，众多学者将其称为“证据”。如 Berry 和 Bendapudi（2003）认为医院应该改善现有的服务证据，包括建筑物的外观、医疗人员的衣着、科室的装修、设备的摆放和外观等，从而减少病人紧张的情绪；Lo（2011）认为酒店通过提升装饰等手段能影响顾客对服务的第一印象，从而增强顾客体验。

不同学者曾从不同角度来定义服务证据。一是服务设计的角度。Shostack 对服务设计作出深入研究，最早对服务证据进行了定义（Shostack，1982；1984；1987；1992）。Shostack（1982）认为服务证据是服务过程中的物理性证据，即服务的具体表现，在服务蓝图中位于可视线之上（Shostack，1982）。Shostack 在其后续的研究中进一步定义了服务证据，“服务证据是服务形象的核心，在广告和促销方面起到重要的作用。服务证据必须当作服务本身来设计和管理，因为服务证据为顾客提供了一个具体线索从而使顾客能根据自身的需求对服务建立一个‘具象’”（Shostack，1984）。显然 Shostack 关注的是服务设计，并以此角度定义服务证据，研究如何设计服务证据。二是顾客交互的角度。Berry 和 Parasuraman（2004）指出服务证据是顾客能接触到的有形物体，如账单、信件、保证单、广告、合同，甚至包括服务的环境等。Lo（2011）认为服务证据可以被认为是功能型的形式，在服务提供者和顾客之间提供接口。三是综合的角度。Bitner 将人员（people）、服务流程（process）都归属到服务证据，与物质证据一起组成服务证据的三大部分（图 11-1）（Bitner，1993），并从更广泛的角度将服务证据定义为“客户所接触到的、能影响其对服务质量看法的有形事物”（Bitner et al.，2008）。

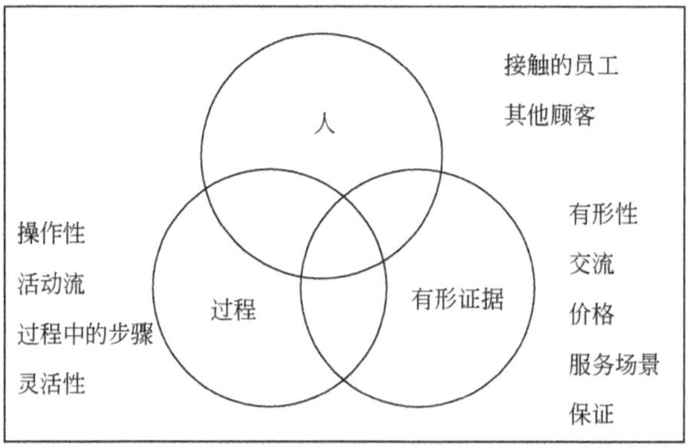

图 11-1　基于顾客角度的服务证据组成

资料来源：Booms 和 Bitner，1981

随着有关服务研究的发展，出现了服务证据的研究。这些研究包括：一是服务接触（service encounter）；二是服务场景（service scape）；三是消费者或雇员的行为。根据 Binter 对服务证据的定义，服务接触、服务场景和消费者或雇员行为都可以被视作服务证据。总结主要的研究如表 11-1 所示。

表 11-1　服务证据管理涉及的方面

项目	人	环境	物理性证据/有形性	过程
Shostack	√	√	√	
Bitner	√		√	√
Berry and Bendapudi	√		√	
Lo	√	√	√	

11.2　服务证据与服务设计

服务证据的研究最早开始于服务设计的研究。对于服务设计者而言，需要将整个服务流程拆分，针对各个子流程进行设计。当然，服务设计不能在仅仅包括主观想法时就开始开发，它需要一种规范的、严谨的、逻辑性的工具辅助。目前广泛应用于服务设计的工具是服务蓝图法。用服务蓝图描述服务过程，服务证据是位于可见性线之上的有形证明（Shostack，1982，1984，1987，1992；Bitner et al.，2008）。

典型的服务蓝图包括 5 种组件：客户行为、直接接触顾客的雇员的现场或可见的行为、后台或不可见的雇员行为、支持过程和有形证据（图 11-2）。有形证据被描述为处于服务蓝图的上端。

服务证据存在于顾客与服务提供者之间的服务接触。在接触的一瞬间，给顾客带来最生动的形象并能形成对服务质量的评价，这被 Normann 称为真实的瞬间（Normann，1984；Bitner et al.，2000）。因此，在服务设计的过程中，服务证据往往是最后设计的一项，往往需要根据一些服务因素进行设计（Bitner et al.，2008；Zeithaml et al.，2009）。这些因素包括：

（1）服务的性质和目标。首先，服务证据的设计要满足服务的核心性质。例如，酒店核心服务是提供住宿服务，所以至少要提供床铺；医院核心服务是为病人治疗疾病，所以必须有必要的药物和医疗设备。其次，服务证据要满足服务的目标，如餐厅应给根据目标的不同设计自身的档次。

（2）资源有效性和空间的需要。服务提供者必须根据自身拥有的资源来设计服务证据，如餐厅如何根据店面大小决定餐台的数量和大小。

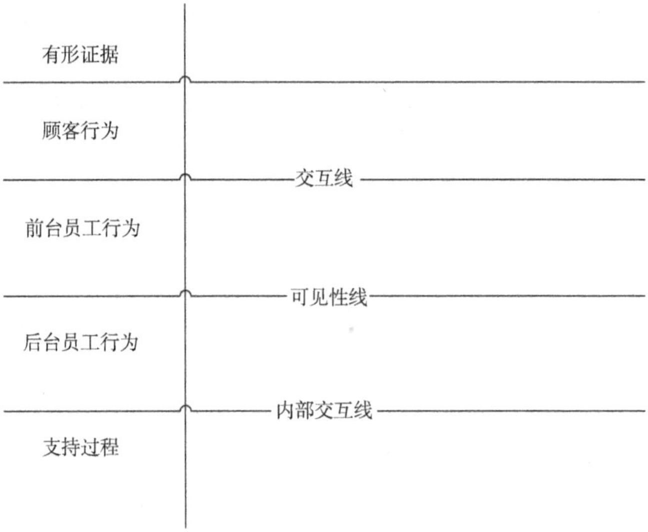

图 11-2　服务蓝图组成

（3）柔性。服务对需求的适应能力在很大程度上取决于当初设计时赋予的柔性，服务证据的设计不仅仅满足当前的需求，还要能满足一定的未来扩展。

（4）安全性。安全型的服务证据对顾客在享受服务过程中起到警示或保护的作用。

（5）美学因素。设计的美学对顾客的感知有着显著的影响，同时也会影响雇员及其提供的服务。

宏观地基于企业管理客户关系的角度来分析，从服务证据到整个服务流程都应该以增强企业与客户之间的关系为目的（Schneider，2007）。在客户关系的演变过程中可以将忠诚分成若干阶段，其中一种主流理论是 Dwyer 的 5 阶段模型，阐述了在知晓、了解、熟悉、承诺、分离 5 个阶段（图 11-3）下，客户与企业的关系程度的变化（Dwyer et al.，1987）。当然，不是所有客户都必须经历 5 个阶段，大多数顾客会停止在最后一个阶段维持当前的关系或就此绝交，而在前 4 个阶段顾客与企业之间的关系不断地加强。

Schneider 从服务接触的角度来解释这一模型，认为除非顾客不再与企业维持关系，否则顾客不论处于哪个阶段都会与企业发生接触。无论是在线接触还是离线接触，接触的质量好坏都会影响到顾客对服务质量的感知。设计良好的服务证据可以让顾客感知到高水平的服务质量，从而维持原有关系甚至向关系更强的阶段移动，反之，如果服务证据无法提供良好的接触，顾客感知到低水平的服务质量，则顾客与企业的关系很有可能因此而进入分离阶段，企业会因此而失去客户（Schneider，2007）。

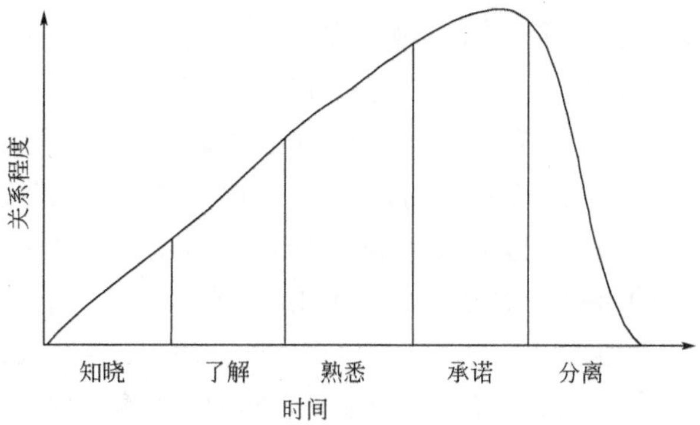

图 11-3　客户忠诚的 5 个阶段

一般来说，一项服务拥有的服务证据对处于不同阶段的顾客来说都是一样的，但处于不同阶段的顾客关注的是不一样的。因此服务证据要尽可能照顾客户关系的 5 个阶段来进行相应的设计：

（1）知晓（awareness）阶段。服务证据要让顾客在服务发生之前知道服务的存在，最常见的服务证据是广告。广告让顾客大致了解服务的内容和企业形象（shostack，1982）。

（2）了解（exploration）阶段。在此阶段中，顾客尚未接受或初次接受服务，需要知晓更多有关服务的信息。服务证据应该蕴含详细的信息，使顾客更充分了解服务的整个流程，如业务大厅有清晰、详尽的业务流程说明和指引。

（3）熟悉（familiarity）阶段。在此阶段中，顾客已经多次与企业接触，对服务有充分的了解。服务证据需要做到清晰、明确、简便易用。通过一系列的积极服务证据，顾客对组织的信任感将会伴随着关系承诺而增加（Morgan and Hunt，1994；Bitner，1995）。

（4）承诺（commitment）阶段。此阶段的客户忠诚度高，针对这些客户，企业可以开展类似折扣促销等活动，让利于老客户，如办理 VIP 卡，让老客户享受优惠（Morgan and Hunt，1994；Berry，1995）。

（5）分离（separation）阶段。此阶段意味着企业客户资源的流失，企业利用服务证据一方面尽可能地挽留客户，如投诉热线、快速的售后服务等；另一方面可以了解客户弃用的原因，如目前很多软件在卸载之后，让顾客填写意见反馈调查问卷（Ives and Vitale，1985；Bitner，1995）。

11.3　服务证据与服务质量

顾客对服务的期望和顾客对服务的感知之间的差距可用于度量服务质量（Fitzsimmons J A and Fitzsimmons M J，2006）。用公式表示为：$Q=P-E$，其中 Q

为服务质量，P 为服务的感知，E 为服务的期望（Parasuraman et al.，1985）。因此，要研究服务证据对服务质量的影响，可先研究服务证据对顾客期望和感知的影响。随着营销理念的不断发展，传统 4P 理论已经转变为 4C 理论，服务营销必须做到以顾客为中心。在整个服务的过程中，消费者与组织发生服务接触时，会在每一个方面都寻找服务的证据（Bitner，1993）。服务证据会影响顾客对服务的期望和顾客对服务的感知（Parasuraman et al.，1985）。

顾客对服务的期望可以分为两个期望水平——适当服务（adequate service）和期望服务（desired service），在两期望水平之间形成顾客对服务的服务容忍区间（zone of tolerance）（Parasuraman et al.，1985），低于适当服务，顾客将感受到挫折并表示不满，高于期望服务则会非常满意，如图 11-4 所示。

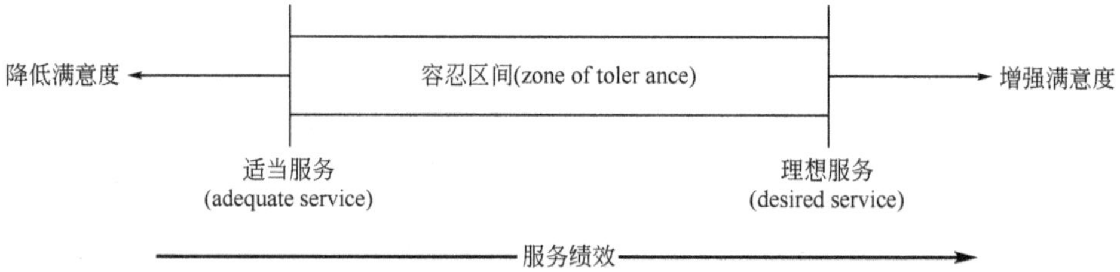

图 11-4　服务绩效的容忍区间

顾客的双重服务期望主要源自两部分：一部分是来自于组织的影响因素，另一部分是来自于顾客自身的影响因素。来自组织的影响因素分为组织的明确服务承诺和含蓄服务承诺，顾客自身的影响因素包括口碑沟通和过去的经历（Berry and Parasuraman，2004）。

顾客在接受服务之前，其服务期望受到服务证据的影响。基于证据产生的整体印象，服务的“真实性”是由消费者通过推演的过程而实现的（Shostack，1977）。服务证据在设计完成后可以作为广告和促销的展示，给对服务没有了解的顾客带来直观的表示，使顾客有初步的印象（Shostack，1984；Lo，2011）。最初的服务证据告诉顾客期望什么类型的服务并且加强或抵消个人体验，对顾客提供明确的服务承诺和含蓄的服务承诺，从而影响顾客的期望（Zeithaml et al.，2009）。有关服务证据的实例有：网上商城明确指出可以接受的支付方式，明确了在支付阶段的服务承诺；酒店豪华的装修通过广告等方式向顾客暗示了服务的档次，使顾客自然而然地产生相应的服务期望。服务证据影响服务承诺，同时也影响顾客对服务的体验导致对口碑的影响。服务证据影响顾客对服务的期望的作用机理如图 11-5 所示。

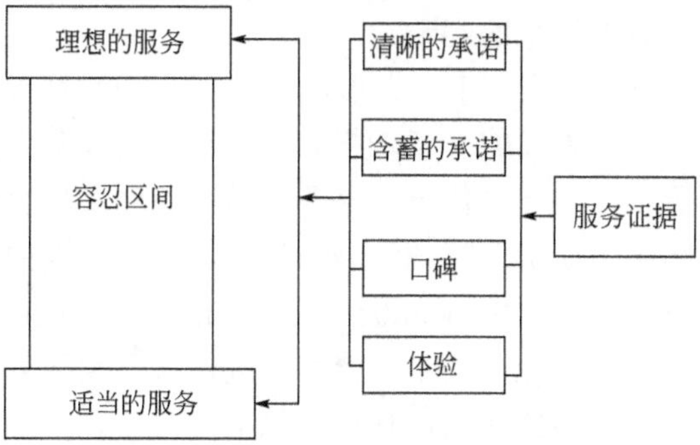

图 11-5 服务证据与服务容忍区间

与顾客期望对应的是顾客对服务的感知。在服务层面，服务证据能够对顾客的感知体验产生深远的影响。基于顾客的角度，当顾客与服务企业接触时，服务证据能给顾客带来生动的印象，从而影响其对服务的评价（Bitner，1990，1992；Bitner et al.，2000）。服务证据提供消费者寻找和需要的线索和确认（或否认）已对服务形成具体的真实性印象。由于营销人员与企业的战略制定者都关注服务证据，并认为这些有形的空间和创造体验的确定性具有重要影响（Gilmore and Pine，2002）。各种服务证据、参与到服务中的人以及服务的过程共同构成了感知服务接触的证据（Bitner，1993）。服务的设计应该将有形证据融入安排中，而有形的证据是为消费者用于确认服务有效性的所有事物（Shostack，1984）。Lo（2011）结合酒店管理，将服务证据理解为影响顾客情绪和对服务体验的一种关系交流。顾客在各个子流程的服务接触中，其感知会因为服务证据的好坏而受到影响。顾客注意服务证据并且判断服务提供者是否做到以下三个方面：①关于他们的客户：顾客往往希望得到深思熟虑过的、注重细节的、舒心的服务；②认为客户很重要：顾客往往会注意自身是否是公司所认为的重要顾客类型；③信任客户：顾客会关注自身是否被信任，如就餐时的餐巾纸是否可以随便使用。

服务质量是顾客感知的关键，是顾客评价服务的主要因素（Zeithaml et al.，2009），因为高质量的服务显然是顾客需要和重视的，提供高质量服务应该提高顾客的回头意愿并且和提供商打交道。相反，体验低质量服务的顾客会更抵触提供商，因为服务不是他们所期望的（Gefen，2002）。服务质量的评价对企业来说尤为重要，但当顾客消费服务时，只存在很少的有形提示。因此，对于顾客而言，评价服务质量比评价商品的质量更为困难（Parasuraman et al.，1985）。

研究表明，顾客认为质量不是一个单一维度的概念，顾客对服务质量的评价包括多个感知要素（Berry and Parasuraman，2004）。Parsuraman 等（1985）开拓性地确认了有关服务质量的具体维度，他们总结了 10 个服务质量的决定因素，随后总结出 5 个具体的维度，构成了如今广泛适用的 SERVQUAL 量表（Parasuraman et al.，1988），如表 2-1 所示。顾客从这 5 个方面将预期的服务和接受的服务相比较，最终形成自身对服务质量的判断。

在 SERVQUAL 的 5 个维度中，有形性（tangibility）是指服务过程当中的一切有形设施、设备和工作人员的外表、服务的有形呈现等服务证据。服务证据作为服务的重要有形展示，其自身代表着服务，是服务质量重要的决定因素之一，其设计的好坏将影响服务质量（Zeithaml et al.，2009）。那么如何通过设计相关服务证据来提高服务质量？J. A. Fitzsimmons 和 M. J. Fitzsimmons（2006）的研究表明应用服务包（service package）的组合特性来进行服务设计可以满足不同程度的服务包特性，从而保证服务的质量，其特性包括：

（1）支持性设施。表示在服务前必须准备好的物质资源，是最基本的服务证据，保证服务能够进行，是服务质量的最低要求，如医院的医疗设备、健身房的运动器材、餐厅的餐具等。

（2）辅助设施。该类设施并不影响服务的进行，往往是顾客额外购买或者自备的物品。但是辅助型的服务证据可以增强用户的体验，能够提升服务质量，如餐厅免费为就餐顾客提供餐巾纸、医院为正在等候的患者提供免费的开水等。

（3）信息。该层次的服务证据，不仅仅保证基本的质量和简单地增强体验，而是让顾客进一步了解服务运营的信息。这类服务证据的设计加强了顾客的参与度，进一步提升服务质量，如公交站建立电子信息屏幕显示公交车的位置、医院电子屏幕显示当前就医号等。

（4）显性服务。指那些可以用感官察觉的和构成服务基本或本质特性的利益，即服务能够完全满足顾客的需求，如汽车维修之后能够正常运转、公交车将乘客运送到目的地等。

（5）隐性服务。指的是顾客能模糊感到的服务带来的精神上的收获或非本质的收获。如在豪华的酒店用餐是有身份的象征，顾客不仅仅得到了服务本质性的利益，即解决了饥饿的问题，还在精神上得到额外的收获，如身份的提高。

11.4　服务证据的管理

服务证据是服务印象、广告和促销的核心。服务证据必须像服务本身一样被精心设计和管理。服务证据的管理超越了传统认识的“打包法”（即将相关的证据组合起来管理），而是控制并设计所有顾客与服务有关的有形证据（Shostack，1982）。因此，总结前人的研究（Shostack，1977，1982，1992；Lo，2011；Bitner，1993；Zeithaml et al.，2009；Baker et al.，2002），选用人、环境、物理证据作为分析的对象。

（1）人。对于顾客来讲，在享受服务的过程中遇到的所有人都会很自然地被视为服务的一部分，这当中包括服务企业所雇用的雇员和服务过程中的其他顾客，顾客的感知往往会受到这些人的影响（Bitner，1993）。因此，在服务证据的管理中，首先是对人的管理。企业必须关注两点：一点是服务提供者或接触员工，对于企业而言，服务提供者应是服务接触的焦点。因此，加强对雇员的管理、培训，提升其对服务传递系统的反应能力、对顾客需求的反应能力和对特殊问题顾客的反应能力，鼓励其主动提供服务（Zeithaml et al.，2009）。另一点是可能影响服务感知的其他顾客，如在医院里，那些来到柜台表现出紧张或生气的人。企业需要培训雇员，让其能交流、训练那些带有负面情绪的顾客（Berry and Bendapudi，2003）。

（2）环境。服务提供时所处的环境是另一个潜在的必要证据（Shostack，1982）。环境心理学的研究指出，有形环境对企业达到营销目标和其他目标具有重要的作用，在服务过程中会对顾客或雇员在认识、情感和生理上造成影响（Zeithaml et al.，2009）。企业在布置服务环境时，需要从三个方面进行：一是周边条件，如温度、光线、气味和颜色等；二是空间布局与功能，灵巧而方便的布局有助于顾客在自我环境下不用依赖其他人就可以完成服务；三是标志、象征和制品，尽可能做到使用标志等清楚地向顾客传递信息，如禁止吸烟标志、安全出口灯等（Baker et al.，2002）。

（3）物理证据/有形性。物理性证据或有形证据是指包括服务的有形表达，如广告和其他形式的交流或通信（Bitner，1993）。顾客在享受服务的过程中往往会接触大量的实物，有些是基础设施，用于保证服务的进行，有些起到辅助的功能，更有些仅仅是对服务进行宣传。按照通信理论，所有通信包括内容信息（实际上就是交流的话题）以及相关的信息（发送者对接收者的感知）（Canary et al.，2008）。因此，企业不仅要保证这些有形证据能对服务的进行有所帮助，还要注意到这些有形证据代表着企业对顾客的态度。

鉴于大多数服务的相对无形性，管理服务证据的策略是非常关键的。服务的有形证据将传达到客户，无论是否意识或规划了证据的作用（Bitner，1993）。Bitner 总结了服务证据管理策略的几个主要步骤，如表 11-2 所示。

表 11-2　服务证据管理策略

步骤	定义
（1）认识证据的战略性影响	为了明确公司的目标，确定证据策略如何支持这些目标，如基本的服务概念、目标市场、公司广阔的愿景
（2）描绘服务证据	理解服务过程以及现存的证据要素，可以应用蓝图法
（3）理清服务路径的角色	理清在一个特定情况下服务路径扮演的角色，有助于辨识机会并且决定在制定设施的决策时需要咨询的对象
（4）评价和辨识证据机会	首先，发现提供服务证据的机会；其次，确认当前的服务证据是否符合需要和目标市场的口味；最后，确认将顾客和员工考虑在内的证据策略
（5）准备更新证据以适应时代的需要	服务证据的一些内容，尤其是服务路径，需要频繁地或至少周期性地更新或现代化

11.5 服务证据与电子商务

11.5.1 电子商务的服务证据

电子商务在经历两次大的发展浪潮后（第一次开始于 20 世纪 90 年代末，终结于 2000 年；第二次开始于 2003 年，持续至今），已经成为现代服务业中的重要组成部分（Schneider，2007）。互联网上的服务场景是有形展示的最新形式，企业可以利用这些形式传播服务体验，使服务在购买前后更加可见（Zeithaml et al.，2009）。对于互联网企业而言，与顾客及其他利益相关体的主要接触点就是网上的展示，设计适应于电子商务的服务证据，在网上进行有效的展示，无论是对传统的企业还是网上企业都至关重要（Schneider，2007）。

电子商务环境下的服务证据与传统的服务证据不存在本质的区别，网上的服务证据依旧是顾客所能接触的、能影响其对服务质量的评价的事物，其目标包括吸引顾客并留住顾客、创建与企业期望一致的印象、与顾客建立信任关系等。但是，电子商务环境下，经营活动的条件、环境与传统情况有很大的不同，其服务证据也会有相应的特点，其中包括：

（1）有更充分的设计空间。最基本的服务证据是支持性的设施，用于确保服务能够实施。传统企业的支持性设施，在设计之初，更多地考虑自身的条件，如场地是否符合大小，而电子商务企业，与顾客最基本的接触就是企业网站，最初的目标就是充分考虑顾客的感受，针对客户需求做设计，限制的条件少，有更充分的设计空间。

（2）虚拟化。虚拟化是网络技术的一个重要特点。在整个电子商务的流程中，顾客在真正收到货物之前可能都是与计算机或其他购物终端接触，传统服务中许多需要实物的流程都被虚拟化所代替。服务证据本是使顾客对服务有充分的真实感知，在虚拟化环境下，如何保持服务的真实性，是服务证据设计的重要问题。

（3）更加个性化的沟通模式。无论是否针对特定人群，传统服务的服务证据亦是基本不变的，如餐厅装修风格对每个顾客是一样的。但电子商务可以实现不同顾客接触不同的服务证据，从而导致顾客认为企业仅仅在服务于其自身，如网站的自由布局、个性化的销售推荐。

11.5.2 B2C 电子商务服务流程中的服务证据

按照第 4 章的分析，基于“服务即流程”的观点，电子商务服务可以分为决策服务、通达服务、交易服务、支付服务、物流服务和售后服务这 6 个子流程。

1. 决策服务

网站品牌在网络购物中起到非常独特的作用，因为一个强势的品牌形象能增加消费者对网络虚拟环境的信任感，并减少对将来未知风险的顾虑，尤其网上形象的树立将成为企业宣传产品和服务的关键。

在决策服务子流程当中，通过设计服务证据，顾客对品牌领域、品牌愿景、品牌定位和品牌写真得到充分的了解，从而提升 B2C 电子商务企业的品牌价值。在这一阶段，服务证据包括很多内容，如可以整合的形式来创建和管理服务证据；广告和推广可以巧妙地链接到全面的证据设计者（Shostack，1982）。服务证据可以按照行为、视角、听觉这三个方面进行分类（表 11-3）。

表 11-3　决策服务中的服务证据

项目	服务证据
行为	促销、口碑传播、社会化电子商务
视角	网络广告、LOGO、标志物或品牌形象代表、计算机图像、视频动画、网站布局
听觉	网站音乐、广告语、品牌名称

2. 通达服务

当消费者决定在一个 B2C 网站上购物时，会试图访问此网站。顾客可以通过手工输入统一资源定位器（uniform resource locator，URL），利用搜索引擎、在其他网站的链接、导航网站，点击互联网广告的链接或访问 SNS（社交网络服务）、BBS（电子公告栏系统）、BLOG（博客）或 Microblog（微博）。在这一过程中，服务证据需要做到两个方面：一是使用方便，如域名容易被记住、网站在搜索引擎中排名靠前、网站链接容易识别等；二是具有吸引力，如网络广告有吸引力、SNS/BBS/BLOG/Microblog 社交工具的内容丰富等。

3. 交易服务

此流程中的服务证据包括商品的分类列表、不同品牌的产品列表、单一产品的详细信息、个性化推荐信息、其他顾客的评论、商家的销售信息等。交易活动中包括客户注册会员、商品搜索选购、下订单（放进购物车）等购物步骤。在整个电子商务服务流程中，交易服务是最为重要的一部分。一旦客户访问到虚拟商店，电子零售过程就改变了传统的选货动作（Schroeder，2005）。此流程中的服务证据包括商品的分类列表、不同品牌的产品列表、单一产品的详细信息、个性化推荐信息、其他顾客的评论、商家的销售信息等。

用户在选择、采购上接触到的服务证据更加虚拟化。由以往商场中的导购员帮忙寻找产品，转变为要通过搜索框或商品列表进行；由以往在商店可以观察到实物，转变为仅能通过图片、文字来获取信息；由以往可以与销售人员或其他消费者交流，转变为网上客服和用户评论。由于虚拟化的存在，电子商务服务证据需要设计得更加直观易懂。当顾客在网站上查找到商品或服务，但又不能完成交易时则会取消购买，因而存在着设计的重要性（Odekerken-Schröder and Wetzels，2003）。

4. 支付服务

各个 B2C 网站接受的支付方式会根据业务特点、客户的定位、分布的实际而有所不同。我国众多电子商务网站支持现金支付、卡类支付、第三方支付、汇兑支付、票据支付等（Schneider，2007）。其中，现金支付、卡类支付和第三方支付是最常见的支付方式。

支付过程中，企业需要做到使交易过程安全、真实、降低风险（Burt and Sparks，2003）。现金支付过程中，顾客接触到的服务证据主要会出现在物流服务中，包括物流配送人员、收据或发票、签名等。第三方支付过程中涉及的服务证据包括第三方支付企业记录的相关信息、用户账户的管理、支付的多次确定等，这些证据更多注重用户的安全性考虑。卡类支付过程中的服务证据，除了电子商务企业提供的支付信息、支付跳转外，还涉及开卡银行的服务证据，如卡号、密保卡、网盾等。

5. 物流服务

一旦支付完成，就进入等待商品阶段。其中涉及两种类型的服务证据，第一种是涉及在途物品信息的服务证据。客户下订单后，可在网站“我的订单”页点击“物流细节”的链接，查询发货单号、配送公司的电话号码、配送人员的姓名与联系方式等信息。物流配送的信息是透明的，可以方便地实时查询商品的物流状态信息。因此，前台的 B2C 网站需要呈现有关订单的信息。通过服务证据提供足够的信息量以确保服务的质量。只有实时地显示物品的状态信息，才能给顾客直观的感受。

第二种是关于物品交割的证据，如货品签收单、发票、收据等。这类证据意味着货物已经交付到顾客手中。对于 B2C 企业来说，主要的核心服务已经提供完毕，只剩下售后服务等后续服务。对于第三方物流企业来说，其提供的服务也完全结束。对顾客而言，这类证据明确表明其获得了物品，如果对物品满意，这些证据意味着服务已经结束，而一旦对物品不满意，这些证据是开展售后服务的重要凭证。

6. 售后服务

分析总结在当当网、亚马逊中国、京东等国内最具影响力的 B2C 网站，其顾客可以通过两种方式反馈商品信息，分别是在 B2C 网站上反馈和线下通过联系售后服务中心。而 B2C 网站可以通过在网站上直接回应顾客和通过在线客服回应顾客。在线售后服务的服务证据包括免责声明、具体的维修与赔付条例、各种形式的即时通信工具与信息、售后客服人员等。

11.5.3　电子商务服务质量

随着电子商务的飞速发展，许多企业开始考虑顾客如何评价互联网上的服务质量，这当中的评价标准与传统的服务评价标准有所不同（Zeithaml et al.，2002）。相较于传统的服务，以电子商务为代表的电子服务存在许多特性。针对电子商务的服务质量评价方法、评价指标就需要有所调整。例如，SERVQUAL 的三位创始人，在 21 世纪初电子商务飞速发展的阶段，将原有 SERVQUAL 与电子商务的特点相结合，得到了 E-S-QUAL 评价模型（Zeithaml et al.，2002；Parasuraman et al.，2005）。Loiacono 等（2002）提出包括 12 个维度的在线服务质量评测工具 WebQual。Wolfinbarger 和 Gilly（2003）考虑 4 个因素（网站设计、可靠性/履行、安全/隐私以及客户服务）提出 e-TailQ。H. W. Webb 和 L. A. Webb（2004）提出消费者对 B2C 网站的感知影响因素概念模型。因此，对于电子商务有形性测量，更多地关注于顾客的感知和信息的设计，它们作为辅助使电子商务的服务证据可见。

在电子商务环境下，服务证据对服务质量的影响有何变化？5 种服务证据（支持性设施、隐性服务、信息、显性服务、辅助设施）由浅入深地影响到服务质量。但是，电子商务中，已经很少存在支持性设施、隐性服务这两类服务证据。Melián-Alzola 和 Padrón-Robaina 回顾涉及服务证据的服务质量维度，对 B2C 电子商务中作为质量因素的有形性（tangibility）进行了详细的研究，得出 B2C 商务网站的有形性项目包括视觉上吸引人的设计等多项内容（具体内容见 2.2.6）。如果将这些内容作为服务证据来研究设计，无疑将提高电子商务的服务质量。

11.6　本 章 小 结

服务证据是服务提供过程中非常重要的内容，对消费者的服务体验、参与积极性、服务质量的评价等都有很大的影响。本章对服务证据进行了全面综述，包括服务证据的概念与内容，服务证据在服务设计中的重要性，服务证据对服务质量管理所起到的作用，以及服务证据本身的管理。在电子商务服务过程中也需要考虑如何设计和提供服务证据，本章详细地分析了电子商务服务过程包括的 6 个子服务过程如何设计服务证据。

当然，对服务证据的未来研究还可在以下几个方面进一步扩展：

（1）服务证据对顾客心理的影响机制。有形证据将对消费者产生相应的影响，如使消费者形成初步印象、产生信任感、提高服务质量和塑造本企业的市场形象等（汪纯孝，1994）。通过研究服务场景中各类要素对顾客场景印象的影响（李慢等，2014），如服务场景中的社会因素和象征因素对顾客行为意愿的影响（李慢等，2013），将有助于揭示服务场景对顾客行为意向的作用机制中知觉和印象阶段的心理状态。因此，进一步可研究服务证据如何对顾客心理和消费行为产生影响，揭示服务证据对顾客心理的影响机制。

（2）服务证据的设计方法。服务证据的设计需要考虑服务的性质、目标与资源条件等，并满足柔性与安全性等要求（Bitner et al.，2008；Zeithaml et al.，2009），另外需要考虑客户关系所处的不同阶段（Dwyer et al.，1987）。但由于服务证据与具体的服务紧密相关，而服务与服务提供者、服务对象与服务的具体内容紧密相关，因此针对不同类型的服务，应考虑如何设计相应的服务证据，服务证据的设计是否存在着通用的方法。

（3）有形服务证据与无形服务要素如口碑和品牌等的关系。服务消费包括购买前、服务接触和购买后三个阶段（洛夫洛克，2012），在三个阶段中服务证据将影响顾客感知的服务质量（卜妙金和汪纯孝，1994）。口碑传播动机包括消费者由于对产品认知、体验和购后使用结果而产生的动机，当消费者处于对产品特别满意或特别不满意的状态时，很容易产生口碑传播行为（张晓飞和董大海，2010），而口碑信息影响消费者的品牌态度（Herr et al.，1991）。因此，有形证据与口碑、品牌等无形服务要素之间存在何种关系是研究的问题。

（4）电子商务环境下的服务证据设计与管理。对于电子商务有形性测量，更多地关注于顾客的感知和信息的设计，它们作为辅助使电子商务的服务证据可见。电子商务情境下的服务证据将呈现出几方面的特点，包括具有更充分的设计空间、虚拟化和更加个性化的沟通模式。电子商务服务流程中，设计服务证据时可将总体的服务流程进行细分，基于各子服务来分别设计服务证据。另外，电子商务情境下服务证据对服务质量的影响机制将产生新的变化。这些都是电子商务环境下服务证据研究的主题。

参 考 文 献

卜妙金，汪纯孝. 1994. 有形证据及其在提高服务质量中的作用［J］. 商业经济文荟，(3)：37-39，36.

曹忠鹏，马钦海，赵晓煜. 2012. 服务补救悖论的研究综述及管理启示［J］. 预测，31 (5)：74-80.

常广庶. 2004. 电子商务环境中的服务质量［J］. 世界标准化与质量管理，(1)：28-30.

常娟. 2008. 针对短文本数据的自动分类方法比较研究［J］. 消费导刊，(4)：177-178.

陈永清. 2009. 品牌识别体系的构成分析［J］. 商业时代，(36)：29-30.

程莉. 2004. 细节的魔方：品类管理操作流程详解［J］. 中国商贸，(1)：76-79.

邓春平. 2006. 基于 CSLC 的 B2C 电子商务客户服务质量比较研究：以中外消费电子行业为例［J］. 消费经济，22 (3)：60-63.

邓明明，张哲辉. 2009. 网站主页界面的人因设计［J］. 包装工程，(11)：213-214.

邓胜利. 2008. 国外用户体验研究进展［J］. 图书情报工作，(3)：43-45.

杜鹤民. 2013. 基于感性意象和 QDF 的应急通信车设计研究[J]. 制造业自动化，(6)：137-139，143.

冯亚北，张健，高明，等. 2009. 基于功能完整性的电子商务网站服务质量评价方法研究［J］. 情报杂志，(6)：69-72.

冯芷艳，郭迅华，曾大军，等. 2013. 大数据背景下商务管理研究若干前沿课题［J］. 管理科学学报，16 (1)：1-9.

高充彦，贾建民. 2007. 顾客满意度不确定性对服务质量评价的影响［J］. 管理科学学报，10 (2)：39-47.

高树蕾，杜文艳. 2010. 供电企业供电服务能力指数研究［J］. 山东电力高等专科学校学报，14 (1)：16-18.

格罗鲁斯. 1998. 服务市场营销管理［M］. 上海：复旦大学出版社.

郭国庆，孟捷，寇小萱. 2005. 非营利机构服务质量感知放大效应分析［J］. 管理学报，2 (2)：206-209.

郭国庆，孟捷. 2006. 非营利机构服务质量传递系统的过滤模型［J］. 管理学报，3 (1)：24-30.

何桢，孔祥芬，宗志宇，等. 2007. 基于 MVA 分析的过程能力指数的置信区间研究［J］. 管理科学学报，10 (3)：30-36.

贺婷婷，闫永君. 2006. 国内外网站评价研究比较及分析［J］. 图书与情报，(3)：28-33.

洪志生，霍佳震，苏强. 2013. 单次服务过程中新老顾客质量感知波动的差异分析［J］. 南开管理评论，16 (3)：109-117.

胡海清，许垒. 2011. 电子商务模式对消费者线上购买行为的影响研究［J］. 软科学，(10)：135-140.

黄爱白，赵冬梅. 2006. B-C 电子商务网站评价指标体系研究［J］. 商业研究，(1)：192-194.

黄永文，何中市，伍星. 2009. 用户评论的分类获取［J］. 计算机应用，29 (3)：61-63.

贾增岁. 2007. 数字图书馆用户界面设计探析［J］. 现代情报，(2)：92- 94.

姜潇，杜荣，关西. 2010. 网上口碑对消费者购买决策影响的实证研究［J］. 情报杂志，29 (9)：200-203.

金立印. 2008. 网络口碑信息对消费者购买决策的影响：一个实验研究［J］. 经济管理，(22)：36-42.
卡尔巴赫. 2009. Web 导航设计［M］. 李曦琳译. 北京：电子工业出版社.
科特勒，阿姆斯特朗. 2002. 市场营销原理（第 11 版）［M］. 梅清豪译.北京：清华大学出版社.
黎萍. 2011. 基于用户体验的 Fashion.de 门户网站重新设计的研究［D］. 华东理工大学.
李慢，马钦海，杨勇，等. 2013. 服务场景中象征要素对顾客行为意愿的影响［J］. 技术经济，32（5）：41-47.
李慢，马钦海，赵晓煜. 2014. 服务场景中社会要素与顾客行为意愿间的关系［J］. 经济管理，36（2）：76-87.
李平，张根保，李淑庆. 2007. 西格玛水平与过程能力指数关系模型探讨［J］. 现代制造工程，(2)：10-12.
李舒亮，陈耀东. 2007. 电子商务网站的规划与设计［J］. 商场现代化，(35)：130.
李业，严明. 2006. 基于服务便利理论的 B2C 服务结构维度探究［J］. 特区经济，(6)：235-236.
里斯 A，里斯 L. 2005. 品牌之源［M］. 火华强译. 上海：上海人民出版社.
廉捷，周欣，曹伟，等. 2011. 新浪微博数据挖掘方案［J］. 清华大学学报：自然科学版，51（10）：1300-1305.
刘冰，卢爽. 2011. 基于用户体验的信息质量综合评价体系研究［J］. 图书情报工作，55（22）：56-59.
刘冰，张耀辉. 2013. 基于网络用户体验与感知的信息质量影响因素模型实证研究［J］. 情报学报，32（6）：663-672.
刘晓峰，白雪娇. 2015. B2C 电子商务服务质量评价研究综述［J］. 哈尔滨商业大学学报（社会科学版），(1)：97-104.
刘玉敏，张晓丽，徐济超. 2004. 顾客满意度测评的质量功能展开方法［J］. 系统工程理论与实践，(9)：20-27.
刘作仪，查勇. 2009. 行为运作管理：一个正在显现的研究领域［J］. 管理科学学报，(4)：64-74.
卢向华，冯越. 2009. 网络口碑的价值：基于在线餐馆点评的实证研究［J］. 管理世界，(7)：126-132.
罗文丽. 2010. VANCL：高成长下的物流挑战［J］. 中国物流与采购，(13)：48-50.
洛夫洛克，沃茨. 2012. 服务营销（第 6 版）［M］. 谢晓燕，赵伟韬译. 北京：中国人民大学出版社.
裴祥喜，孙焱. 2011. 电子商务中电子支付安全探究［J］. 中国商贸，(3)：116-117.
彭赓，和利方. 2009. 电子商务产品的网络营销适应性评价指标及实证分析［J］. 经济纵横，(10)：117-119.
钱爱兵，江岚. 2008. 基于标题的中文新闻网页自动分类［J］. 现代图书情报技术，23（10）：59-68.
沙振权，温飞，胡贝斌. 2011. 现代服务业内涵及演进方向的述评［J］. 华南理工大学学报：社会科学版，13（2）：48-52.
商涛. 2007. 福田汽车品牌识别系统_BIS_的设计和管理［D］. 对外经济贸易大学学位论文.
邵兵家，王亚涛，马蓉. 2010. 我国 B2C 电子商务企业消费者政策的实证研究：基于网站服务协议的内容分析［J］. 情报杂志，(5)：200-203.
邵琮. 2006. 网站主页设计的原则［J］. 新闻实践，(10)：53.
申文果，张秀娟，谢礼珊. 2007. 网络企业服务质量的测量及其影响的实证研究［J］. 管理科学，20（1）：38-45.
沈雷，刘菲. 2010. 浅析基于格式塔心理学的服装网站页面布局［J］. 南京艺术学院学报（美术与设计版），（1）：149-150.
沈阳. 2008. ROST Content Mining System：software for Content Mining and Analysis［R］. Wuhan University.
沈颖，王川. 2011. 网络交易环境下消费者隐私权的保护［J］. 中国商贸，（15）：115-241.
寿志钢，王峰，贾建民. 2011. 顾客累积满意度的测量：基于动态顾客期望的解析模型［J］. 南开管理评论，14（3）：142-150.
寿志钢，张雪兰. 2008. 顾客感知服务质量的测量与改善：基于关键事件技术的方法［J］. 武汉大学学报：哲学社会科学版，61（3）：422-426.
斯科特，尼尔. 2009. Web 界面设计［M］. 李松峰译.北京：电子工业出版社.
苏秦，刘野逸，曹鹏. 2009. 基于服务交互的 B2C 电子商务服务质量研究［J］. 情报学报，（5）：784-790.
孙春华，刘业政. 2009. 网络口碑对消费者信息有用性感知的影响［J］. 情报杂志，（10）：51-54.
孙林岩，李志孝，金天拾. 1997. 认知综合模型及其在人机界面设计中的应用［J］. 西安交通大学学报，（S1）：74-81.
孙林岩. 2005. 人因工程（修订版）［M］. 北京：中国科学技术出版社.
孙小素. 2010. 过程能力指数研究综述［J］. 山东工商学院学报，24（5）：32-37.
孙曰瑶，曹越，刘华军. 2009. BCSOK：品牌建设体系［M］. 北京：经济科学出版社.
滕广青，毕强. 2009. 电子商务网站导航设计新理念：经营目标导向的以用户为核心的电子商务网站导航设计研究［J］. 图书情报工作，（20）：122-126.
汪纯孝. 1994. 有形证据在服务营销中的作用［J］. 商业经济文荟，（2）：41-43.
汪纯孝. 1996. 服务营销与服务质量管理［M］. 广州：中山大学出版社.
汪祖柱，胡兵. 2010. 电子商务网站服务质量的模糊语义评价研究［J］. 情报杂志，29（3）：66-70.
王冠诚. 2004. 消费心理学［M］. 北京：电子工业出版社.
王娟娟. 2014. 电子商务时代的物流发展分析［J］. 中国流通经济，28（3）：54-59.
王巍. 2007. 图形艺术在网页设计中的应用［J］.电影评介，（4）：70-71
王湘红，王曦. 2009. 退货制度影响消费倾向的行为理论和调查［J］. 经济理论与经济管理，（10）：48-51.
王知津，李明珍. 2006. 网站评价指标体系的构建方法与过程［J］. 图书与情报，（3）：45-52.
韦福祥. 2005. 服务质量评价与管理［M］. 北京：人民邮电出版社.
吴朝晖. 2011. 现代服务业的现状、趋势与战略思考［J］. 中国计算机学会通讯，7（1）：39-44.
吴宏波. 2007. 电子商务网站设计的实用原则［J］. 商场现代化，（17）：160.
夏长清. 2006. 构建服务过程管理的整合模型［J］. 经济研究导刊，（6）：43-45.
解宝苗. 2009. 过程能力指数法在服务业中的应用：以商业银行为例［J］. 经济研究导刊，（14）：201-202.
辛宪. 2010. B2C 模式下顾客评价体系对消费者行为的影响［J］. 中国商贸，（24）：40-42.
熊伟，王晓暾. 2010. 基于质量功能展开的可信软件需求映射方法［J］. 浙江大学学报（工学版），（5）：881-886.
熊忠阳，张鹏招，张玉芳. 2008. 基于 x^2 统计的文本分类特征选择方法的研究［J］. 计算机应用，28（2）：513-514.
闫幸，常亚平. 2011. 微博研究综述［J］. 情报杂志，30（9）：61-65.
杨达. 2010. 如何提高电子商务网站的用户体验［J］. 电子商务，（10）：60-62.
杨冬梅. 2010. 企业网站推广策略研究［J］.中国经贸导刊，（20）：90-96.
杨明朗，王红. 2007. 人机交互界面设计中的感性分析［J］. 包装工程，28（11）：11-13.

张碧倩. 2009. 论网站评估体系分析的构建［J］. 现代商业，(23)：212.

张大陆，姚进. 2005. 电子商务环境下面向客户的服务质量评价体系［J］. 计算机工程，(6)：66-68.

张凤荣，李清华. 2002. 人因工程学在互联网站用户界面设计中的应用［J］. 电大理工，(4)：33-34.

张海昕，郭丹，刘正捷，等. 2007. 中国 C2C 电子商务网站的用户体验［J］. 大连海事大学学报：社会科学版，6 (3)：71-75.

张满林，付铁山. 2006. 网络零售商服务质量的评价标准［J］. 商场现代化，(13)：80-81.

张同键，杨爱民，张成虎. 2008. 国有商业银行操作风险控制绩效模型实证研究：基于探索性因子分析和验证性因子分析角度的检验［J］. 重庆大学学报（社会科学版），(3)：36-43.

张晓飞，董大海. 2011. 网络口碑传播机制研究述评［J］. 管理评论，23 (2)：88-92.

张新安，田澎. 2004. 顾客满意度指数述评［J］. 系统工程理论方法应用，13 (4)：289-294.

张一兰. 2007. B2C 电子商务有形商品定价问题研究［D］. 沈阳工业大学学位论文.

赵素蕊，柳冬青. 2007. 网站设计风格与色彩［J］. 商场现代化，(11)：136-137.

周俊，梁樑，余金刚. 2004. 基于顾客满意度最大化的生产指派问题［J］. 管理工程学报，4 (18)：1-5.

周庆山，周城雄. 2003. 我国 B2C 电子商务支付方式及信用风险分析［J］. 南方经济，(11)：69-73.

祝明慧. 2011. B2C 电子商务企业的物流模式及成本研究［J］. 中国商贸，(8)：93-94.

左文明，黄静云，黄秋萍，等. 2012. 基于人因角度的商务网站用户体验研究［J］. 图书情报工作，56 (4)：131-135.

左文明，吴应良，王飞雁，等. 2010. B2C 商务网站服务质量评价研究［J］. 情报杂志，29 (3)：62-65.

左文明，杨文富，黄秋萍，等. 2010. B2C 商务网站服务质量评价体系与模型［J］. 情报杂志，29 (11)：82-85，99.

Abdolshah M, Yusuff R M. Hong T S. 2011. Loss-based process capability indices: A review[J]. Productivity and Quality Management, 7(1): 1-21.

Akao Y, Naoi T, Ohfuji T. 1989. Survey of the status of quality deployment-report from the quality deployment research committee[J]. Quality Control, 19(1): 35-44.

Aladwani A M, Palvia P C. 2002. Developing and validating an instrument for measuring user-perceived web quality[J]. Information & Management, 39(6): 467-476.

Anderson E W, Fornell C, Lehmann D R. 1994. Customer satisfaction, market share, and profitability: Findings from Sweden[J]. Journal of Marketing, 58(3): 53-66.

Anderson E W, Sullivan M W. 1993. The antecedents and consequences of customer satisfaction for firms[J]. Marketing Science, 12(2): 125-143.

Arndt J. 1967. Role of product-related conversations in the diffusion of a new product[J]. Journal of Marketing Research, 4(3): 291-295.

Arnould E J, Thompson C J. 2005. Consumer culture theory(CCT): Twenty years of research[J]. Journal of Consumer Research, 31(4): 868-882.

Baker J, Parasuraman A, Grewal D, et al. 2002. The influence of multiple store environment cues on perceived merchandise value and patronage intentions[J]. Journal of Marketing, 66(2): 120-141.

Barnes S J, Vidgen R T. 2001. An evaluation of cyber-bookshops: The WebQual method[J]. International Journal of Electronic Commerce, 6(1): 11-30.

Barnes S J, Vidgen R T. 2002. An integrative approach to the assessment of e-commerce quality[J].

Journal of Electronic Commerce Research, 3(2): 114-127.

Benaroch M, Appari A. 2011. Pricing e-service quality risk in financial services[J]. Electronic Commerce Research and Applications, 10(5): 534-544.

Bentler P M, Chou C P. 1987. Practical issues in structural modeling[J]. Sociological Methods & Research, 16(1): 78-117.

Berry L L. 1995. Relationship marketing of services-growing interest, emerging perspectives[J]. Journal of the Academy of Marketing Science, 23(4): 236-245.

Berry L L, Bendapudi N. 2003. Clueing in customers[J]. Harvard Business Review, 81(2): 100-106.

Berry L L, Parasuraman A. 2004. Marketing services: Competing through quality[M]. New York: Free Press.

Bickart B, Schindler R M. 2001. Internet forums as influential sources of consumer information[J]. Journal of Interactive Marketing, 15(3): 31-40.

Bickart B, Schindler R M. 2002. Expanding the scope of word of mouth: Consumer-to-consumer information on the Internet[J]. Advances in Consumer Research, 29(1): 428-430.

Bitner M J. 1990. Evaluating service encounters: the effects of physical surroundings and employee responses[J]. Journal of Marketing, 54(2): 69-82.

Bitner M J. 1992. Servicescapes: The impact of physical surroundings on customers and employees[J]. Journal of Marketing, 56(2): 57-71.

Bitner M J. 1993. Managing the evidence of service[M]. The Service Quality Handbook: 358-370.

Bitner M J. 1995. Building service relationships: it's all about promises[J]. Journal of the Academy of Marketing Science, 23(4): 246-251.

Bitner M J, Booms B H, Tetreault M S. 1990. The service encounter: Diagnosing favorable and unfavorable incidents[J]. Journal of Marketing, 54(1): 71-84.

Bitner M J, Brown S W, Meuter M L. 2000. Technology infusion in service encounters[J]. Journal of the Academy of Marketing Science, 28(1): 138-149.

Bitner M J, Ostrom A L, Morgan F N. 2008. Service blueprinting: A practical technique for service innovation[J]. California Management Review, 50(3): 1-24

Booms B H, Bitner M J. 1981. Marketing strategies and organization structures for service firms[J]. Marketing of Services, 25(3): 47-51.

Boshoff C. 2007. A psychometric assessment of E-S-QUAL: A scale to measure electronic service quality[J]. Journal of Electronic Commerce Research, 8(1): 101-114.

Boulding W, Kalra A, Staelin R. 1993. A dynamic process model of service quality: From expectations to behavioral intentions[J]. Journal of Marketing Research, 30(1): 7-27.

Burke R R. 2002. Technology and the customer interface: what consumers want in the physical and virtual store[J]. Journal of the Academy of Marketing Science, 30(4): 411-432.

Burt S, Sparks L. 2003. E-commerce and the retail process: A review[J]. Journal of Retailing and Consumer Services, 10(5): 275-286.

Cadotte E R, Woodruff R B, Jenkins R L. 1987. Expectations and norms in models of consumer satisfaction[J]. Journal of Marketing Research, 24(3): 305-314.

Canary D J, Cody M J, Manusov V L. 2008. Interpersonal communication: A goals based approach[M]. Macmillan.

Chang C C, Lin C J. 2011. LIBSVM: A library for support vector machines[J]. ACM Transactions on Intelligent Systems and Technology, 2(3): 27.

Chang J L, Song T, Li C C, et al. 2009. Modeling e-commerce website quality with quality function deployment[C]. IEEE International Conference on e-Business Engineering: 417-422.

Chang Y C, Wu C W. 2008. Assessing process capability based on the lower confidence bound of Cpk for asymmetric tolerances[J]. European Journal of Operational Research, 190(1): 205-227.

Chase R B, Apte U M. 2007. A history of research in service operations: What's the big idea?[J]. Journal of Operations Management, (25): 375-386.

Chase R B. 1977. Where does the customer fit in a service operation[J]. Harvard Business Review, 56(4): 137-142.

Chen P Y, Hitt L M. 2002. Measuring switching costs and the determinants of customer retention in Internet-enabled businesses: A study of the online brokerage industry[J]. Information Systems Research, 13(3): 255-274.

Chen Q, Wells W D. 1999. Attitude toward the site[J]. Journal of Advertising Research, 39(5): 27-38.

Chen S J, Hwang C L. 1992. Fuzzy multiple attribute decision making methods[J]. Lecture Notes in Economics and Mathematical Systems, 375: 289-486.

Cheung C M K, Lee M K O, Rabjohn N. 2008. The impact of electronic word-of-mouth: The adoption of online opinions in online customer communities[J]. Internet Research, 18(3): 229-247.

Cox J, Dale B. 2001. Service quality and e-commerce: an exploratory analysis[J]. Managing Service Quality, 11(2): 121-131.

Cui G, Lui H K, Guo X. 2012. The effect of online consumer reviews on new product sales[J]. International Journal of Electronic Commerce, 17(1): 39-58.

Davidow M. 2003. Organizational responses to customer complaints: what works and what doesn't[J]. Journal of Service Research, 5(3): 225-250.

Davis A, Khazanchi D. 2008. An empirical study of online word of mouth as a predictor for multi-product category e-commerce sales[J]. Electronic Markets, 18(2): 130-141.

Dwyer F R, Schurr P H, Oh S. 1987. Developing buyer-seller relationships[J]. Journal of Marketing, 51(2): 11-27.

East R, Hammond K, Wright M. 2007. The relative incidence of positive and negative word of mouth: A multi-category study[J]. International Journal of Research in Marketing, 24(2): 175-184.

Fechner G. 1966. Elements of Psychophysics[M]. Adler H E. Trans. New York: Holt, Rinehart & Winston (Original work published in 1860).

Fitzsimmons J A, Fitzsimmons M J. 2006. Service management: Operations, strategy, and information technology [M]. New York: McGraw-Hill.

Forbes S. 2002. Keeping customers happy: Mixing e-service and live help[J]. Customer Interaction Solutions, 21(4): 46-48.

Fornell C, Larcker D F. 1981. Evaluating structural equation models with unobservable variables and measurement error[J]. Journal of Marketing Research, 18(1): 39-50.

Fornell C. 1992. A national customer satisfaction barometer: The Swedish experience[J]. Journal of Marketing, 56(1): 6-21.

Garrett J. 2003. The elements of user experience: user-centered design for the web[M]. New York: New Riders Publishing.

Gefen D. 2002. Customer loyalty in e-commerce[J]. Journal of the Association for Information Systems, 3: 27-51.

Gilmore J H, Pine B J. 2002. The experience IS the marketing[M]. Louisville: BrownHerron Publishing.

Gino F, Pisano G. 2008. Toward a theory of behavioral operations[J]. Manufacturing & Service

Operations Management, 10(4): 676-691.

Govers C P M. 1996. What and how about quality function deployment(QFD)[J]. International Journal of Production Economics, (46-47): 575-585.

Grewal D, Krishnan R, Baker J. 1998. The effect of store name, brand name and price discounts on consumers' evaluations and purchase intentions[J]. Journal of Retailing, 74(3): 331-352.

Gronroos C. 1990. Relationship approach to marketing in service contexts: the marketing and organizational behaviour interface[J]. Journal of Business Research, 20(1): 3-11.

Gronroos C. 1998. Service Management and Marketing[M]. Shanghai: Fudan University Press.

Hair J F, Black W C, Babin B J, et al. 2006. Multivariate data analysis[M]. Upper Saddle River: Pearson Prentice Hall.

Hassenzahl M, Tractinsky N. 2006. User experience a research agenda[J]. Behaviour & Information Technology, 25(2): 91-97.

Hauser J R, Clausing D. 1988. The house of quality[J]. Harvard Business Review, 66(3): 63-73.

Heim G, Field J. 2007. Process drivers of e-service quality: analysis of data from an online rating site[J]. Journal of Operations Management, 25(5): 962-984.

Helander M G. 1997. The Human Factors Profession. Handbook of Human Factors and Ergonomics[M]. Wiley.

Helm S. 2000. Viral marketing-establishing customer relationships by word-of-mouse[J]. Electronic Markets, 10(3): 158-161.

Henning-Thurau T, Gwinner K P, et al. 2004. Electronic word-of-mouth via consumer-opionion platforms: What motives consumers to articulate themselves on the Internet?[J]. Journal of Interactive Marketing, 18(1): 38-52.

Herr P M, Kardes F R, Kim J. 1991. Effects of word-of-mouth and product-attribute information on persuasion: An accessibility- diagnosticity perspective[J]. Journal of Consumer Research, 17(4): 454-462.

Ho C T B, Lin W C. 2010. Measuring the service quality of internet banking: Scale development and validation[J]. European Business Review, 22(1): 5-24.

Hubbert A R. 1995. Customer co-creation of service outcomes: Effects of locus of causality attributions[D]. Degree thesis of Arizona State University.

Ingle S, Connolly R. 2006. Methodological and research issues using E-S-QUAL to measure online service quality in Irish SMEs[J]. Irish Journal of Management, 27(2): 25-32.

Inman J J, Dyer J S, Jia J. 1997. A generalized utility model of disappointment and regret effects on post-choice valuation[J]. Marketing Science, 16(2): 97-111.

Ives B, Vitale M R. 1988. After the sale: Leveraging maintenance with information technology[J]. MIS Quarterly, 12(1): 7-21.

Jansen B J, Zhang M, Sobel K, et al. 2009. Twitter power: Tweets as electronic word of mouth[J]. Journal of the American Society for Information Science and Technology, 60(11): 2169-2188.

Jansen-Vullers M H, Netjes M, Reijers H A. 2004. Business process redesign for effective e-commerce[C]. The 6th International Conference on Electronic Commerce. ACM: 382-391.

Johnston R. 1995. The Zone of tolerance: Exploring the relationship between service transactions and satisfaction with the overall service[J]. International Journal of Service Industry Management, 6(2): 46-61.

Juran J M. 1974. Quality Control Handbook[M]. New York: McGraw-Hill.

Kahneman D, Tversky A. 1979. Prospect theory: An analysis of decision under risk[J]. Econometrica:

Journal of the Econometric Society, 47(2): 263-291.
Kano N, Seraku N, Takahashi F, et al. 1984. Attractive quality and must-be quality[J]. The Journal of the Japanese Society for Quality Control, 14(2): 39-48.
Kaynama S A, Black C I. 2000. A proposal to assess the service quality of online travel agencies: An exploratory study[J]. Journal of Professional Services Marketing, 21(1): 63-88.
Kim E, Lee B. 2009. E-service quality competition through personalization under consumer privacy concerns[J]. Electronic Commerce Research and Applications, 8(4): 182-190.
Kim M, Kim J H, Lennon S J. 2006. Online service attributes available on apparel retail web sites: An E-S-QUAL approach[J]. Managing Service Quality, 16(1): 51-77.
Kim S, Stoel L. 2004. Apparel retailers: Website quality dimensions and satisfaction[J]. Journal of Retailing and Consumer Services, 11(2): 109-117.
Kolesar M B, Galbraith R W. 2000. A services-marketing perspective on e-retailing: Implications for e-retailers and directions for further research[J]. Internet Research, 10(5): 424-438.
LaTour S A, Peat N C. 1979. Conceptual and methodological issues in consumer satisfaction research[J]. Advances in Consumer Research, 6(1): 431-437.
Leonard F S, Sasser W E. 1982. The incline of quality [J]. Harvard Business Review, (60): 163-171.
Li Y, Liu Z, Xu J. 2006. Business process integration of third-party logistics service providers in e-commerce[C]. IEEE/WIC/ACM International Conference on Web Intelligence: 974-977.
Lightner N J. 2004. Evaluating e-commerce functionality with a focus on customer service[J]. Communications of the ACM, 24(10): 88-92.
Lo K P Y. 2011. Designing service evidence for positive relational messages[J]. International Journal of Design, 5(2): 5-13.
Loewenstein G F, Prelec D. 1993. Preferences for sequences of outcomes[J]. Psychological Review, 100(1): 91-108.
Loiacono E T, Watson R T, Goodhue D L. 2002. WebQual: A measure of website quality[J]. Marketing Theory and Applications, 13(3): 432-438.
Lovelock C H. 1984. Services marketing: Text, cases & readings[M]. Englewood Cliffs: Prentice-Hall.
Mahlke S. 2004. Cognitive Components of Emotion[M]. New York: Oxford University Press.
Mari M, Poggesi S. 2013. Servicescape cues and customer behavior: A systematic literature review and research agenda[J]. The Service Industries Journal, 33(2): 171-199.
Matzler K, Hinterhuber H H. 1998. How to make product development projects more successful by integrating Kano's model of customer satisfaction into quality function deployment[J]. Technovation, 18(1): 25-38.
McCollough M A, Bharadwaj S G. 1992. The recovery paradox: An examination of consumer satisfaction in relation to disconfirmation, service quality, and attribution based theories[J]. Marketing Theory and Applications, (3): 119.
McLuhan M. 1964. Understanding Media[M]. New York: McGraw Hill Book Company.
Melián-Alzola L, Padrón-Robaina V. 2006. Tangibility as a quality factor in electronic commerce B2C[J]. Managing Service Quality, 16(3): 320-338.
Menascé D A, Almeida V A F, Fonseca R. 2000. Business-oriented resource management policies for e-commerce servers[J]. Performance Evaluation, (42): 223-239.
Miles G E, Howes A, Davies A J. 2000. A framework for understanding human factors in web-based electronic commerce[J]. International Journal of Human-Computer Studies, 52(1): 131-163.

Milner S, Wheeler P. 2001. Integrating human factors and systems engineering[R]. People in Control: An International Conference on Human Interfaces in Control Rooms, Cockpits and Command Centres: 240-245.

Morgan R M, Hunt S D. 1994. The commitment-trust theory of relationship marketing[J]. Journal of Marketing, 58(3): 20-38.

Moussa S, Touzani M. 2010. A literature review of service research since 1993[J]. Journal of Service Science, 2(2): 173-212.

Ng I, Maull R, Smith L. 2011. Embedding the new discipline of service science[J]. The Science of Service Systems: 13-35.

Nielsen J，Loranger H. 2007. 网站优化：通过提高 Web 可用性构建用户满意的网站［M］. 北京：电子工业出版社.

Norman D A. 1999. The Invisible Computer[M]. New York: MIT Press.

Normann R. 1984. Service Management: Strategy and Leadership in Service Businesses[M]. Wiley.

Oakland J S. 2003. Statistical Process Control(5e)[M]. Burlington: Butterworth- Heinemann.

Odekerken-Schröder G, Wetzels M. 2003. Trade-offs in online purchase decisions: Two empirical studies in Europe[J]. European Management Journal, 21(6): 731-739.

Oliver R L. 1980. A cognitive model of the antecedents and consequences of satisfaction decisions[J]. Journal of Marketing Research, 17(4): 460-469.

Oliver R L, Swan J E. 1989. Consumer perceptions of interpersonal equity and satisfaction in transactions: A field survey approach[J]. Journal of Marketing, 53(2): 21-35.

Ostrom A L, Bitner M J, Brown S W, et al. 2010. Moving forward and making a difference: Research priorities for the science of service[J]. Journal of Service Research, 13(1): 4-36.

Ostrom A L, Parasuraman A, Bowen D E, et al. 2015. Service research priorities in a rapidly changing context[J]. Journal of Service Research, 18(2): 127-159.

Pan J N, Kuo T C, Bretholt A. 2010. Developing a new key performance index for measuring service quality [J]. Industrial Management & Data Systems, 110(6): 823-840.

Parasuraman A, Zeithaml V A, Berry L L. 1985. A conceptual model of service quality and its implications for future research [J]. Journal of Marketing, 49(4): 41-50.

Parasuraman A, Zeithaml V A, Berry L L. 1988. SERVQUAL: A multi-item scale for measuring consumer perceptions of service quality[J]. Journal of Retailing, 64(1): 12-40.

Parasuraman A, Zeithaml V A, Berry L L. 1994. Alternative scales for measuring service quality: A comparative assessment based upon psychometric and diagnostic criteria [J]. Journal of Retailing, 70(3): 201-230.

Parasuraman A, Zeithaml V A, Malhotra A. 2005. E-S-QUAL a multiple-item scale for assessing electronic service quality[J]. Journal of Service Research, 7(3): 213-233.

Park C, Lee T M. 2009. Information direction, website reputation and eWOM effect: A moderating role of product type[J]. Journal of Business Research, 62(1): 61-67.

Park D H, Lee J, Han I. 2007. The effect of on-line consumer reviews on consumer purchasing intention: The moderating role of involvement[J]. International Journal of Electronic Commerce, 11(4): 125-148.

Pearn W L, Kotz S. 2006. Encyclopedia and Handbook of Process Capability Indices [M]. World Scientific.

Piccoli G, Spalding B, Ives B. 2001. A framework for improving customer service through information technology: the customer-service life cycle[J]. The Cornell Hotel and Restaurant

Administration Quarterly, 42(3): 38-45.
Price L L, Arnould E J. 1999. Commercial friendships: Service provider-client relationships in context[J]. Journal of Marketing, 63(4): 38-56.
Puga-Leal R, Pereira Z L. 2007. Process capability in services[J]. International Journal of Quality & Reliability Management, 24(8): 800-812.
Raajpoot N. 2004. Reconceptualizing service encounter quality in a non-western context[J]. Journal of Service Research, 7(2): 181-201.
Reichheld F F, Sasser Jr W E. 1990. Zero defections: quality comes to services[J]. Harvard Business Review, 68(5): 105.
Richins M L. 1983. Negative word-of-mouth by dissatisfied consumers: A pilot study[J]. Journal of Marketing, 47(1): 68-78.
Riegelsberger J, Sasse M A, McCarthy J D. 2003. Shiny happy people building trust? photos on e-commerce websites and consumer trust[C]. Proceedings of the SIGCHI Conference on Human Factors in Computing Systems. ACM: 121-128.
Rosenbaum M S. 2006. Exploring the social supportive role of third places in consumers' lives[J]. Journal of Service Research, 9(1): 59-72.
Rosenbaum M S, Massiah C. 2011. An expanded servicescape perspective[J]. Journal of Service Management, 22(4): 471-490.
Rust R T, Kannan P K. 2002. E-Service: New Directions in Theory and Practice[M]. ME Sharpe.
Rust R T, Lemon K N. 2001. E-service and the consumer[J]. International Journal of Electronic Commerce, 5(3): 85-101.
Ruyter K D, Wetzels M, Kleijnen M. 2007. Customer adoption of e-service: an experimental study[J]. International Journal of Service Industry Management, 12(2): 184-207.
Salton G, McGill M J. 1983. Introduction to Modern Information Retrieval[M]. NewYork: McGraw-Hill.
Santos J. 2003. E-service quality: A model of virtual service quality dimensions[J]. Managing Service Quality, 13(3): 233-246.
Schenkman B N, Jonsson F U. 2000. Aesthetics and preferences of web pages[J]. Behaviour & Information Technology, 19(5): 367-377.
Schmenner R W. 1986. How can service businesses survive and prosper?[J]. Sloan Management Review, 27(3): 21-32.
Schneider G. 2007. Electronic Commerce[M]. 7th edition. Boston: Course Technology.
Schroeder J E. 2005. The artist and the brand[J]. European Journal of Marketing, 39(11/12): 1291-1305.
Shaaban Y A, Hillston J. 2009. Cost-based admission control for Internet commerce QoS enhancement[J]. Electronic Commerce Research and Applications, 8(3): 142-159.
Shen X X, Tan K C, Xie M. 2000. An integrated approach to innovative product development using Kano's model and QFD[J]. European Journal of Innovation Management, 3(2): 91-99.
Shostack G L. 1977. Breaking free from product marketing[J]. Journal of Marketing, 41(2): 73-80.
Shostack G L. 1982. How to design a service[J]. European Journal of Marketing, 16(1): 49-63.
Shostack G L. 1984. Designing services that deliver[J]. Harvard Business Review, 62(1): 133-139.
Shostack G L. 1985. Planning the Service Encounter[M]. Lexington, MA: Lexington Books.
Shostack G L. 1987. Service positioning through structural change[J]. Journal of Marketing, 51(1): 34-43.

Shostack G L. 1992. Understanding services through blueprinting[J]. Advances Management, 1(1): 75-90.

Simon H A. 1955. A behavioral model of rational choice[J]. The Quarterly Journal of Economics, 69(1): 99-118.

SocialBeta. 2014. 新浪发布2013年第四季度财报，微博日活跃用户达到6140万[EB/OL]. http://www.socialbeta.com/articles/news-sina-2013-q4-financial-report.html.

Spohrer J, Maglio P P. 2008. The emergence of service science: toward systematic service innovations to accelerate co-creation of value[J]. Production & Operations Management, 17(3): 238-246.

Strawderman L, Koubek R. 2008. Human factors and usability in service quality measurement[J]. Human Factors and Ergonomics in Manufacturing, 18(4): 454-463.

Sullivan L P. 1984. Targeting variability - a new approach to quality[J]. Quality Progress, 17(7): 15-21.

Sullivan L P. 1985. Letters[J]. Quality Progress, 18(4): 7-8.

Sweeney J C, Soutar G N, Mazzarol T. 2008. Factors influencing word of mouth effectiveness: receiver perspectives[J]. European Journal of Marketing, 42(3/4): 344-364.

Szymanski D M. Hise R T. 2000. E-Satisfaction: An initial examination[J]. Journal of Retailing, 76(3): 309-322.

Tan K C, Pawitra T A. 2001. Integrating SERVQUAL and Kano's model into QFD for service excellence development[J]. Managing Service Quality, 11(6): 418-430.

Tax S S, Chandrashekaran M, Christiansen T. 1993. Word-of-mouth in consumer decision-making: An agenda for research[J]. Journal of Consumer Satisfaction, Dissatisfaction and Complaining Behavior, 6(10): 74-80.

Tse D K, Wilton P C. 1988. Models of consumer satisfaction formation: An extension[J]. Journal of Marketing Research, 25(2): 204-212.

Tullis T, Albert B. 2009. 用户体验度量[M]. 周荣刚译. 北京：机械工业出版社.

Turley L W, Milliman R E. 2000. Atmospheric effects on shopping behavior: A review of the experimental evidence[J]. Journal of Business Research, 49(2): 193-211.

Ugurlu S, Kaya I. 2011. A new reliability index based on fuzzy process capability index for travel time in multimodal networks[J].International Journal of Computational Intelligence Systems, 4(4): 550-565.

Van Riel A C R, Liljander V, Jurriens P. 2001. Exploring consumer evaluations of e-services: A portal site[J]. International Journal of Service Industry Management, 12(4): 359-377.

Vargo S L, Lusch R F. 2004. Evolving to a new dominant logic for marketing[J]. Journal of Marketing, 68(1): 1-17.

Walden D. 1993. A special issue on Kano's methods for understanding customerdefined quality[J]. The Center for Quality Management Journal, 2(4): 3-35.

Wang Y S, Tang T I, Tang J E. 2001. An instrument for measuring customer satisfaction toward web sites that market digital products and services[J]. Journal of Electronic Commerce Research, 2(3): 89-102.

Webb H W, Webb L A. 2004. SiteQual: An integrated measure of Web site quality[J]. Journal of Enterprise Information Management, 17(6): 430-440.

Weber E H. 1978. De subtilitate tactus[M]// Ross H E, Murray D J, Mollon J D. The Sense of Touch. London: Academic Press.

Westbrook R A, Reilly M D. 1983. Value-percept disparity: An alternative to the disconfirmation of expectations theory of consumer satisfaction[J]. Advances in Consumer Research, 10(1): 256-261.

Wickens C D, Lee J D, Liu Y L, et al. 2004. An introduction to Human Factors Engineering, 2nd edition[M]. Upper Saddle River: Prentice Hall.

Wilson A, Zeithaml V A, Bitner M J. 2012. Services Marketing: Integrating Customer Focus Across the Firm[M]. New York: McGraw Hill.

Wolfinbarger M, Gilly M C. 2003. eTailQ: Dimensionalizing, measuring and predicting etail quality[J]. Journal of Retailing, 79(3): 183-198.

Wood S T. 2001. Remote purchase environments: The influence of return policy leniency on two-stage decision processes[J]. Journal of Marketing Research, 38(2): 157-169.

Yang Y, Humphreys P, McIvor R. 2005. Main business service dimensions in an electronic commerce environment[C]. 2005 IEEE International Conference on Web Services: 787-788.

Yap K B, Sweeney J C. 2007. Zone-of-tolerance moderates the service quality-outcome relationship[J]. Journal of Services Marketing, 21(2): 137-148.

Yoo B, Donthu N. 2001. Developing a scale to measure the perceived quality of an Internet shopping(SITEQUAL)[J]. Quarterly Journal of Electronic Commerce, 2(1): 31-46.

Zadeh L A. 1965. Fuzzy sets[J]. Information and Control, (8): 338-356.

Zeithaml V A, Bitner M J, Gremler D D. 2009. Service Marketing: Integrating Customer Focus Across the Firm[M]. 5th edition. New York: McGraw Hill.

Zeithaml V A, Bitner M J. 1995. Service Marketing[M]. New York: McGraw Hill.

Zeithaml V A, Parasuraman A, Malhotra A. 2002. Service quality delivery through web sites: A critical review of extant knowledge [J]. Journal of the Academy of Marketing Science, 30(4): 362-375.

Zhang W, Yu C, Meng W. 2007. Opinion retrieval from blogs[C]. Proceedings of the sixteenth ACM Conference on Information and Knowledge Management, ACM: 831-840.

Zhang X, Prybutok V R. 2005. A consumer perspective of e-service quality[J]. IEEE Transactions on Engineering Management, 52(4): 461-477.

Zhao J, Wang S, Huang W V. 2008. A study of B2B e-market in China: E-commerce process perspective[J]. Information & Management, 45(4): 242-248.

Zuo W, Huang Q, Fan C, et al. 2013. Quality management of B2C E-commerce service based on human factors engineering[J]. Electronic Commerce Research and Applications, 12(5): 309-320.